U0620352

萧绎

《金楼子》及其思想

孙鸿博——著

中华书局

图书在版编目（CIP）数据

萧绎《金楼子》及其思想/孙鸿博著. —北京:中华书局,2018.1
ISBN 978-7-101-12918-2

Ⅰ.萧… Ⅱ.孙… Ⅲ.萧绎(508~555)-传记 Ⅳ.K827＝391

中国版本图书馆 CIP 数据核字(2017)第 268718 号

书　　名	萧绎《金楼子》及其思想	
著　　者	孙鸿博	
责任编辑	吴艳红	
出版发行	中华书局	
	（北京市丰台区太平桥西里 38 号　100073）	
	http://www.zhbc.com.cn	
	E-mail:zhbc@ zhbc.com.cn	
印　　刷	北京瑞古冠中印刷厂	
版　　次	2018 年 1 月北京第 1 版	
	2018 年 1 月北京第 1 次印刷	
规　　格	开本/880×1230 毫米　1/32	
	印张 10⅜　插页 2　字数 260 千字	
印　　数	1-2000 册	
国际书号	ISBN 978-7-101-12918-2	
定　　价	39.00 元	

目　录

绪　论

　　梁元帝萧绎,字世诚,小字七符,生于天监七年(508),是梁武帝萧衍的第七个儿子。根据《梁书》、《南史》记载,他的出生伴随着几个神奇的故事,这使得他的整个人生显得不平凡起来。他天资聪颖,五岁能诵《曲礼》,六岁能作诗。不幸的是,他的健康状态一直不是很好:自出生起即患有眼疾,父亲萧衍曾亲为治疗,然而不但没有好转,反而每况愈下,终盲一目;又曾生有病疮,肘膝皆烂;还曾患有心气疾;等等。这些并没有阻止萧绎的求学之心,他博览群书,下笔成章,有才辩,善言论,艺术修养也很高,曾自图孔子像,自作赞而亲书之,时人谓之"三绝"。他或许有一定的天赋,但是他的努力也是毋庸置疑的。

　　萧绎不好声色,在当时颇有些名声,不过,"不好声色"固然是德性的一种表现,但若想要企及德者,却也是一件不容易做到的事情。他在《金楼子序》中写道:

　　　　余于天下为不贱焉。窃念臧文仲既殁,其言立于世。曹子桓云:"立德著书,可以不朽。"杜元凯言:"德者非所企及,立言或可庶几。"故户牖悬刀笔,而有述作之志矣。①

----

① (梁)萧绎撰,许逸民校笺《金楼子校笺》,中华书局,2011年,第1页。

萧绎知道立德很难,尤其是儒家德者的标准很高,所以他把希望更多地放在立言上。同书《立言》中,萧绎又说:

> 吾于天下亦不贱也,所以一沐三握发,一食再吐哺,何者? 正以名节未树也。吾尝欲陵威瀚海,绝幕居延,出万死而不顾,必令威振诸夏。然后度聊城而长望,向阳关而凯入,尽忠尽力,以报国家。此吾之上愿焉。次则清浊一壶,弹琴一曲,有志不遂,命也如何。脱略刑名,萧散怀抱,而未能为也。但性过抑扬,恒欲权衡称物,所以隆暑不辞热,凝冬不惮寒,著《鸿烈》[①] 者,盖为此也。[②]

欲建功立业而不能,欲萧散怀抱而不得,于是仍然只能把希望寄托在著书(此处指《湘东鸿烈》)立言,所求与“一沐三握发,一食再吐哺”一样,树立名节罢了。

如果说萧绎的自律可以看作是对立德的追求,那么他在政务上的努力则充分体现了他对立功的追求。天监十三年(514)出阁,受封湘东王,天监十六年(517)出为宁远将军,此后历任数职,其中,在丹阳尹上有“良政”之名,吏民作“善政碑”;首任荆州刺史时,逢梁王朝出师南郑,奉诏节度诸军;在江州任上,又曾平定叛乱。虽然其政绩显著,在北伐一事上也算领有军功,但离他“威振诸夏。然后度聊城而长望,向阳关而凯入”的愿望还是差之甚远。可见,立功与立德一样都是难以实现的,相较之下,立言似乎更易通过努力获得。

萧绎勤于著述,参与撰著的书籍仅《金楼子·著书》中著录者即有

---

① 此书《著书》中未见,《隋书·经籍志》(亦称《隋志》)始有著录,题作《湘东鸿烈》。赵图南以为此书实有,宋时已佚,见其所撰《梁元帝著作考》,载于《福建文化(季刊)》,1945年第2卷,第4期,第27—28页。而钟仕伦、吴光兴皆疑《鸿烈》即《金楼子》,说详钟仕伦著《〈金楼子〉研究》(中华书局,2004年,第283—284页)及吴光兴著《萧纲萧绎年谱》(社会科学文献出版社,2006年,第417—418页)。
② 《金楼子校笺》,第810—811页。

三十七种。惜流传至今者凤毛麟角，而《金楼子》即是其中一种。此书虽非完帙，却保留了大概样貌。又加之，此书为萧绎亲撰，其在《金楼子》中数次提出欲借此书立言之企图，如《立言》里提到："生也有涯，智也无涯，以有涯之生，逐无涯之智，余将养性养神，获麟于《金楼》之制也。"所谓"获麟于《金楼》之制也"，实即以《金楼子》为毕生著作之大成之意，这也使得从《金楼子》中挖掘萧绎的思想成为可能。

要从繁杂的《金楼子》中找到类似先秦诸子，特别是孔孟老庄那种高度的思想，几乎是不可能的，但如果只是要考察萧绎的思想那就不一样了。当然，在本书中，笔者不打算也不太可能全面考察萧绎的思想，所以，笔者把范围缩小到去考察与萧绎个体人生关系最为密切的，同时也是南朝士族特别注重的几个方面，那就是与家庭、家族最相关的几个部分——《后妃》、《终制》、《戒子》等中所体现的萧绎的思想。而这些思想同时体现了萧绎个性化的一面与理想化的一面，其中所呈现的萧绎与真实的萧绎是有差异的。为了方便讨论，不妨将之称为萧绎的理想化的人生状态或者是"理想人格"。而本书打算重构的正是萧绎企图实现却最终没有实现的，他在《金楼子》中所建构的理想人格，由此掀开《金楼子》的一角，看看萧绎其人，看看南朝那个社会。

第一章　《金楼子》概述

　　虽然萧绎一直将他那本呕心沥血编纂的《金楼子》视为立言之作，但在后世的人看来却往往并非如此。北宋黄伯思就曾说这本书不过是东抄西抄典籍，实在没什么自创的内容①；清人谭献也说它"未免于稗贩也"②；近代学者刘咸炘更批评这本书是一本书抄文集，充满了陈言旧说，极少有作者自造之词，他甚至觉得把这本书叫做旧说汇编还凑合，绝非什么立言之作③；等等。可见，此书的形式已经关乎此书是否可以作为"立言"之作，或者说关乎此书能在多大程度上反映作者的思想乃至于能否反映作者的思想。更何况《金楼子》本身材料来源就很复杂，加上流传下来的又不是足本，所以要以《金楼子》为核心来讨论萧绎的思想，就不能不先谈谈此书的版本流传、存佚状况、编撰体例与成书时间。

---

① 《东观余论》："但裒萃传记，殊无衿臆语。"黄伯思著《东观余论》，人民美术出版社，2010年，第170页。
② 谭献著《复堂日记》，河北教育出版社，2001年，第107页。
③ 刘咸炘："统观全体，竟是书抄文集，陈言累累，绝少胸中之造，谓之纂言可耳，何谓立乎？"刘咸炘著《刘咸炘学术论集·子学编（下）》，广西师范大学出版社，2007年，第458页。

第一节 《金楼子》的版本与流传

自萧绎殁后,《金楼子》即不知所踪,关于其复现的时间,现在有几种说法,其中特别有代表性的,一是以为《金楼子》很可能是在隋代广开献书之路后便被搜集入隋代秘府,如钟仕伦;一是以为在唐初诸史修纂时《金楼子》尚未出现,如廖铭德。从传世文献的记载看,极有可能是在隋代,至晚在唐初,《金楼子》已经复现,这就要从最早著录《金楼子》的《隋志》说起。

《隋志》把《金楼子》著录为十卷,条下注中仅云"梁元帝撰"[1],无亡佚说明。而其总序中称"今考见存"[2],也就是说关于十卷的说法是按照编修《隋志》时唐代秘府的藏书情况来参考著录的。那么,这个"今"具体又是哪个时期呢?王重民先生曾据"宋本《隋书》所载天圣中(1023—1031)校正本的旧跋,说天圣以前的旧本'惟《经籍志》题侍中郑国公魏徵撰'"[3]考证,《经籍志》当在贞观十年六月以前奏上。如果按照这个说法,那么在贞观十年(636),《金楼子》已藏于秘府之中了。不过,近年来对此问题讨论颇多,多认为魏徵编撰《隋志》证据不足,《隋志》的完成时间仍当依其上呈时间而论,即显庆元年(656)。这就是说,《金楼子》入唐代秘府当不晚于显庆元年,甚至有可能在贞观十年或更早便已为秘府所获。

堪为侧证的是完成于初唐且征引了《金楼子》的文献尚存一二。且不说为人熟知的官修史书《梁书》、《南史》有所征引,便是道宣和尚所修

---

① (唐)魏徵等撰《隋书》,中华书局,2000年,第1006页。

② 同上,第908页。

③ 王重民著《中国目录学史论丛》,中华书局,1984年,第89页。

第一章 《金楼子》概述　　5

的《续高僧传》也有所征引：

> 又作《联珠》五十首，以明孝道。又制《孝思赋》，广统孝本。至于安上治民，移风易俗，度越往古，无德而称。故元帝云："伏寻我皇之为孝也，四运推移，不以荣枯迁贸；五德更用，不以贵贱革心。临朝端默，过隙之思弥轸；垂拱岩廊，风树之悲逾切。洁斋宗廊，虔事郊禋。言未发而涕零，容不改而伤恸。所谓终身之忧者，是也。"盖虞舜、夏禹、周文、梁帝，万载论孝，四人而已。广如绎所撰《金楼子》述之。①

而今存《金楼子·兴王》之《梁武帝传》云：

> 即位五十年，至于安上治民，移风易俗，度越终古，无得而称焉。又作《联珠》五十首，以明孝道云。伏寻我皇之为孝也，四运推移，不以荣落迁贸；五德更用，不以贵贱革心。临朝端默，过隙之思弥惭；垂拱岩廊，风树之悲逾切。齐洁宗庙，虔事郊禋。言未发而涕零，容弗改而伤恸。所谓终身之忧者，是之谓也。盖虞舜、夏禹、周文、梁武，万载之中，四人而已。②

显然，道宣见到并引用了《金楼子》。而道宣《续高僧传》初成于贞观十九年（645），后又加以增补，今传《续高僧传》所涉内容向下及于麟德二年（665），与《隋志》纂修时间相近。

而《隋志》又参考了编于隋代的《隋大业正御书目录》等目录，也就是说，从某种角度讲，我们甚至可以把《金楼子》复现的时间从唐初上溯至隋代，而从道宣的引用来说，其时《金楼子》不但藏诸秘府，亦流传于民

---

① （唐）释道宣撰《续高僧传》，收在［日］高楠顺次郎，渡边海旭等编《大正新修大藏经》（以下简称《大正藏》）第 50 册，台湾佛陀教育基金会，1990 年，第 427 页。
② 《金楼子校笺》，第 209—210 页。

间,且为足本。此后,著录或征引《金楼子》的情况都渐渐增多,如《旧唐书·经籍志》(亦称《旧唐志》)、《新唐书·经籍志》(亦称《新唐志》)均著录了《金楼子》。其中,《旧唐志》称:"毋煚等《四部目》及《释道目》,并有小序及注撰人姓氏,卷轴繁多,今并略之,但纪篇部。"[1] 由此可知《旧唐志》中保留了《古今书录》中的"篇部",而这之中就有萧绎的《金楼子》十卷。《群书四部录》完成于开元九年(721)十一月,《古今书录》则稍晚于《群书四部录》,可知在唐开元中《金楼子》仍然收藏于秘府中。又,《新唐志》亦著录了《金楼子》,此志反映的是唐代开元以后的藏书状况,此亦可为开元中《金楼子》存于秘府的证据,且此时所存的《金楼子》仍当是足本。

至于文献征引的情况,从今存文献可知,至晚在中唐元和以后,《金楼子》流传范围增大,段成式《酉阳杂俎》、张彦远《历代名画记》及崔龟图注《北户录》等皆曾引及《金楼子》内容,其中甚至包括了今本《金楼子》不存的内容,如《酉阳杂俎·广知》中"予以仰占辛苦,侵犯霜露,又恐流星入天牢"[2] 一条。又,段公路《北户录》卷一"蚺蛇牙"条"亦如巴蛇食象,三岁而出其骨"句下有崔龟图注云:"《金楼子》云。《楚辞》云:'蛇有吞象,厥大如何?'"[3] 今本《金楼子》中确有"巴蛇食象,三岁而出其骨"一语,不过《山海经》中亦有此句,且崔氏注中数引《山海经》的内容,然此处却引《金楼子》为证,又崔氏注中数引《金楼子》内容,是知其对该书内容之熟悉与重视。段公路、崔龟图,新旧《唐书》俱无传,据陆希声序称段公路为段文昌之孙,则段成式即非其父,亦为其伯叔,此说明段成式家当藏有此书。而《北户录》中提到咸通十年(869)事,则书当成于是年之后,崔龟图的注显然更在其后了。崔龟图官职前为京兆府

---

① (后晋)刘昫等撰《旧唐书》,中华书局,1975年,第1964页。
② (唐)段成式撰,方南生点校《酉阳杂俎》,中华书局,1981年,第108页。
③ (唐)段公路纂,(唐)崔龟图注《北户录》卷一,《丛书集成新编》第91册,新文丰出版公司,1985年,第109页。

参军,后为登仕郎,皆下级官吏,由此可以想象《金楼子》流传之广。

此外,《枫窗小牍》中记载了今可知最早的《金楼子》本子,而此本上限亦可及于元和时期:

> 余尝见内库书《金楼子》,有李后主手题曰:"梁孝元谓王仲宣昔在荆州,著书数十篇。荆州坏,尽焚其书。今在者一篇,知名之士咸重之。见虎一毛,不知其斑。后西魏破江陵,帝亦尽焚其书,曰:'文武之道,尽今夜矣!'何荆州坏、焚书二语先后一辙也。诗以概之,曰:'牙签万轴裹红绡,王粲书同付火烧。不是祖龙留面目,遗篇那得到今朝。'"书卷皆薛涛纸所抄,惟"今朝"字误作"金朝",徽庙恶之,以笔抹去,后书竟如谶入金也。①

引文中所提到的内库书《金楼子》是可知的最早的《金楼子》版本,这并不是一个普通的本子。所谓"书卷皆薛涛纸所抄"中的"薛涛纸"当即为"薛涛笺",故此,钟仕伦称此本为"薛涛笺本"。钟氏据本段引文认为,"自唐元和以后,《金楼子》便在文人中传抄",并指出这是有记载的最早的抄本。②钟氏并没有对"元和以后"这一时间节点作具体说明,想来应是从薛涛笺出现并流行的时间推导而来的。

关于《枫窗小牍》作者的考辨虽多,但是证据似都不足,唯知此书所记为北宋徽宗崇宁(1102—1106)至南宋宁宗嘉泰二年(1202)间事,而引文所及的内容可与《宋史·南唐世家》所记相互印证。《宋史·南唐世家》云:

> 太宗尝幸崇文院观书,召煜及刘鋹,令纵观。谓煜曰:"闻卿在

---

① (宋)袁褧撰,(宋)袁颐续,尚成校点《枫窗小牍》,收在《宋元笔记小说大观》第五册,上海古籍出版社,2001年,第4753—4786页,引文在第4765页。尚成在《点校说明》中引述前人关于《枫窗小牍》作者的诸种说法,云之所以称"袁褧撰",乃从《唐宋丛书》本,详该书第5455页。

② 参见钟仕伦著《〈金楼子〉研究》,中华书局,2004年,第38页。

江南好读书,此简策多卿之旧物,归朝来颇读书否?"煜顿首谢。①

赵匡义之所以将李煜叫去崇文院观书,是因为其中有李煜在江南时的藏书,也就是说如果李煜曾藏有《金楼子》,则此书确有可能进入宋代的内库之中。又,四库馆臣在为《钦定天禄琳琅书目》所撰提要中提到"宋徽宗有《题南唐旧本金楼子》一篇"②,正可与《枫窗小牍》中"徽庙恶之"云云相发明。由此说明这一用"薛涛纸"所抄的"内库书"《金楼子》确当存在过。

值得注意的是"薛涛纸"这一载体。乐史《太平寰宇记》中云:"旧贡薛涛十色笺。"原注:"短而狭,才容八行。"③也就是说,这种纸笺又短又窄,每张仅能写八行字,原是用来书写诗的,现在却用来抄写十卷次的《金楼子》,即便拿来抄写今存的六卷本内容也算得上是一个浩大的工程,恐怕不会出自一般文人之手。郭若虚《图画见闻志》曾述及宋代内府所收李煜的收藏:

> 李后主才高识博,雅尚图书,蓄聚既丰,尤精赏鉴。今内府所有图轴,暨人家所得书画,多有印篆曰:内殿图书,内合同印,建业文房之宝,内司文印,集贤殿院印,集贤院御书印(此印多用墨)。或亲题画人姓名,或有押字,或为歌诗杂言。又有织成大回鸾、小回鸾、云鹤练鹊、墨锦褾饰(今绫锦院效此织作),提头多用织成绉带,签贴多用黄经纸,背后多书监装背人姓名及所较品第。又有澄心堂纸,以供名人书画。④

从这一段描述中不难看出,李煜在收藏中尤重外观之美,也因此,

---

① (元)脱脱等撰《宋史》,中华书局,2011年,第13862页。
② (清)纪昀总纂《四库全书总目提要》,河北人民出版社,2000年,第2223页。
③ (宋)乐史撰,王文楚等点校《太平寰宇记》,中华书局,2007年,第1463页。
④ (宋)郭若虚撰,米田水译注《图画见闻志》,湖南美术出版社,2000年,第251页。

他的收藏中有用薛涛纸抄写的《金楼子》也就不足为怪了。而作为艺术家的宋徽宗会重视装帧精良的这一版《金楼子》，也是自然而然的事情。

可惜薛涛笺本《金楼子》的命运不佳，先是随着南唐的灭亡流入到宋代的皇家图书馆中，直到徽宗时仍在，而后又随着北宋为金所灭而流入金朝。《枫窗小牍》的作者虽曾有幸见到了这个本子，却也慨叹此本最后不知所踪。

总的来说，薛涛笺本《金楼子》的出现上或及于唐元和终，下不晚于南唐时期，比之唐初，此时《金楼子》的流传范围要广得多。而精装本的出现说明此书在流传中成为赏玩的对象，这无疑是《金楼子》在流传中得到重视的表现。

而北宋时期，除了薛涛笺本藏诸秘府，还有其他关于《金楼子》流传情况的线索，如官修《崇文总目》的著录、《太平御览》的大量征引等。而北宋末年黄伯思的《东观余论》中《跋〈金楼子〉后》一篇尤其值得注意，黄伯思说："梁元帝《金楼子》，自谓绝笔之制，余久欲见之。及观其书，但哀萃传记，殊无衿臆语，恐所著诸书类若是。"① 所谓"余久欲见之"，可知《金楼子》在当时还是有一定声名的。

至如南宋，晁公武《郡斋读书志》、尤袤《遂初堂书目》、陈振孙《直斋书录解题》等皆著录此书，而三部目录皆记作者亲见之书，且晁公武著录此书为十卷十五篇，而陈振孙亦称此书有十卷。可知，尽管薛涛笺本《金楼子》不知所踪，足本《金楼子》仍在流传。

元代以后，关于《金楼子》的记载渐渐少了起来，尽管这个时代有今本《金楼子》的祖本——至正三年（1343）叶森整理本《金楼子》，但这个本子仅有十四篇，且未分卷，以晁公武所著录的十卷十五篇推之，恐非足本。此外，关于这个本子还有进一步探讨的空间，如整理者叶森的身

---

① 《东观余论》，第170页。

份为何,今人钟仕伦、陈志平皆曾加以考证。又如,《永乐大典》所录《金楼子序》后有"至正三年癸未岁春二月望日叶森书于西湖书院大学明新斋"的落款,四库馆臣据此称《永乐大典》所据为元至正(1341—1368)间刊本。

元代的西湖书院不仅仅是读书学习的所在,还是一个刻书的场所。西湖书院原址在杭州,原为宋代岳飞的故宅,南宋绍兴十三年(1143)后改为太学,也因此,南宋国子监雕刻的书板片亦存于此,至于元代仍有"凡经、史、子、集,无虑二十余万"①片。宋亡以后,这里一度改为肃政廉访司治所,后被廉访使徐琰改建为书院。书院改建完成后,曾对原宋国子监所雕刻的板片进行整理工作,这些都被记录在《西湖书院重整书目记》中。除了修补了南宋国子监旧板,西湖书院也刊刻其他书籍,较为有名的有《文献通考》与《国朝文类》。

关于前者,元人余谦为《文献通考》所作序中有"俾儒士叶森、董正梓工"②云云。无独有偶,在刊刻《国朝文类》的过程中,因为太常礼仪院对西湖书院申交的书板质量不甚满意,因而下令修补书板,于是"委令本院山长方员同儒士叶森将刊写差讹字样比对校勘明白,修理完备,印造起解"③。由此可知,叶森在西湖书院长期担任修整图书的工作,且当有不少图书是经他整理后付刻的。而从上文所引的落款可知,叶森曾整理、书写过《金楼子》,这虽然不能说明《金楼子》必然刊行于世,但大致来说,笔者认为叶森或西湖书院至少是有刻印此书的打算的。又,王国维先生在《两浙古刊本考》中《文献通考》与《国朝文类》二书后

---

① 《西湖书院重整书目记》,收在《丛书集成续编》第 67 册,上海书店出版社,1994 年,第 760 页。
② 转引自《王国维全集》第七卷《两浙古刊本考》"文献通考"条下,浙江教育出版社,2009 年,第 50 页。
③ 《丛书集成续编》第 67 册,第 762 页。

均注有"明初板入南监"①的说明,由此推知,西湖书院所雕书板最后被送往南京国子监的恐不在少数。当然,《西湖书院重整书目》中并无《金楼子》,这恐怕是因为西湖书院所藏南宋监本中并无《金楼子》,故而叶森整理的至正本《金楼子》恐有其他来源。但不管其来源为何,此书在明初极有可能同西湖书院所存其他板片一起被运往南京,也因此得以成为《永乐大典》的采择对象。当然即便如此,恐怕也不是《永乐大典》唯一的采择对象,此容后再叙。

而尽管因为《永乐大典》的采择,《金楼子》得以流传至今,但在明代并无关于《金楼子》的著录,就连官修的《文渊阁书目》中亦不见《金楼子》的踪迹,这说明约在此时叶森整理的《金楼子》原稿恐怕已不存了。而《永乐大典》一直藏于秘府,并未刊行于世,这也导致民间并无《金楼子》的传本。与这一情况相应的是,今可见明人著述中征引《金楼子》内容者虽然不少,但征引的内容相对较为集中,这说明其所据未必为其原书,恐怕是从他书中转引而来。

可以说,入明以后,《金楼子》的兴亡系之于《永乐大典》。如果不是四库馆臣自《永乐大典》中辑出《金楼子》,恐怕此书仍无法流传于世。据汪辉祖《书〈金楼子〉后》可知,今传六卷本《金楼子》最初由周永年自《永乐大典》中辑出。②辑佚及整理工作完成之后,是书顺理成章地进入《四库全书》之中,即今所谓《四库全书》本,或谓库本。相较于此本,更为人称道的是鲍廷博得周永年所抄录辑本并受其所托而加以整理并进而刻入到《知不足斋丛书》的版本,即《知不足斋丛书》本,或谓鲍本。鲍本与库本同源,不过所作之整理更为精当。此外,朱文藻、吴骞、孙诒让

---

① 分别见于《王国维全集》第七卷,第 50、55 页。
② 汪辉祖《书〈金楼子〉后》有"启而读之,不惟双节赠言无恙也,太史从《永乐大典》辑录《金楼子》六卷,命致鲍君以文者,亦俨然在焉"之句,是文收在鲍廷博《知不足斋丛书》本《金楼子》之后,引自《金楼子校笺》,第 1383 页。

等亦对《金楼子》有所整理。朱文藻对《金楼子》内容附订的廿六条①以及吴骞附订的四条皆列在鲍本正文之前。孙诒让对《金楼子》的整理涉及五篇中七条内容，收在其《札迻》卷十。又有谢章铤（1820—1903）之手校本。谢章铤自言未知其底本为何人所录，称与周永年抄本不同，其书虽用鲍本对校，不过亦有参考"库本"，此由其正文前所录《提要》可知。至于后来的《子书百家》本、《龙溪精舍丛书》本、《丛书集成初编》本等皆祖《知不足斋丛书》本而来。自四库馆臣于《永乐大典》辑出《金楼子》并厘为六卷至于今，其流传轨迹较为清楚，前人于此也颇多论述，此不赘言。

综上，自萧绎殁后，《金楼子》至晚在唐初已经复现，且已有民间传本。中唐以后征引情况大增，至唐五代时期，则出现了今可知最早的且制作精良的薛涛笺本《金楼子》，此本出现表明该书在流传中得到了相当的重视。两宋时期，关于《金楼子》的著录与征引委实不少，至于南宋，不但晁公武、尤袤、陈振孙等目录学家皆曾亲见此书，说明此书仍以足本流传于世，且此时已有节略本《金楼子》出现，相关情况将在下文中作进一步的探讨。元代至正年间，叶森曾整理过《金楼子》一书，不过此时仅存十四篇，可知此书已逐渐散佚。入明后，叶森整理本虽为《永乐大典》采录而得以保存，但民间恐无传本。直至清人自《永乐大典》中辑出，《金楼子》才又在民间广泛流传起来。不过，因为《永乐大典》自身的编撰体例及渐趋散佚，清辑本《金楼子》的内容不要说跟足本如十卷本的薛涛笺本相比较，便是跟至正三年叶森整理本相比，恐怕也少得多。

---

① 钟仕伦在《〈金楼子〉研究》中提出朱氏附订了 25 条（详原书第 42 页），刘洪波在《〈金楼子·兴王〉校读札记》中指出应为 26 条，从刘氏说。

第二节 《金楼子》的存佚状况

如上文所论，所谓六卷本《金楼子》实为清人的辑录本，且为残本。而要讨论《金楼子》的思想内容，我们就不能不面对其残本能否传达萧绎的思想这一问题，故此，我们须对《金楼子》的存佚状况稍加说明。

关于足本《金楼子》，无论是最早著录它的《隋志》，还是后来的《南史·梁元帝纪》、《旧唐志》、《新唐志》、《宋志》、《直斋书录解题》、《崇文总目》等书，均著录其为十卷。至于足本《金楼子》的具体情况现在已经很难得知，幸好宋代晁公武的《郡斋读书志》为我们多留了一些记录："《金楼子》十卷。梁元帝绎撰。书十五篇，论历代兴亡之迹、箴戒、立言、志怪、杂说、自叙、著书、聚书。通曰'金楼子'者，在藩时自号。"① 也就是说，晁公武所见足本《金楼子》为十卷十五篇，不但如此，其"论历代兴亡之迹、箴戒、立言、志怪、杂说、自叙、著书、聚书"诸语一般认为都是《金楼子》的篇目名称，其中，"箴戒"以下当为篇目原名，而"论历代兴亡之迹"则当指《兴王》。遗憾的是，晁公武仅仅提到了八个篇目的名称，无意中使得后来者在考察今本《金楼子》的内容时少了重要的参照对象。

关于今传六卷本《金楼子》最早的介绍来自叶森所书之序，鲍本保留的《序》较为完整，比库本多了十四个篇名与叶森的署名，清辑本无疑采纳了叶森所列十四篇之名。也就是说，今传《金楼子》仅有十四篇之

---

① （宋）晁公武撰，孙猛校证《郡斋读书志》卷十二"杂家类"，上海古籍出版社，1990年，第516页。不同版本的《郡斋读书志》关于《金楼子》篇数的记载有所不同，如衢本就记为"书十篇"，孙猛考校诸本，核之以《四库全书总目》所叙，以为"《金楼子》原本当为十五篇，近是，疑原本、诸衢本脱'五'字"。本文取"十五篇"的说法。

数,较之原书少了一个篇章,而所缺内容至今无从得知,恐怕以后也无法得知。

至于对六卷十四篇清辑本的介绍当首推四库馆臣。其中,《四库全书总目提要》说:

> 今检《永乐大典》各韵,尚颇载其遗文。核其所据,乃元至正间刊本。勘验序目,均为完备。惟所列仅十四篇,与晁公武十五篇之数不合。其《二南五霸》一篇与《说蕃》篇,文多复见。或传刻者淆乱其目,而反佚其本篇欤?又《永乐大典》诠次无法,割裂破碎,有非一篇而误合者,有割缀别卷而本篇反遗之者。其篇端序述,亦惟《戒子》《后妃》《捷对》《志怪》四篇尚存,余皆脱逸。然中间《兴王》《戒子》《聚书》《说蕃》《立言》《著书》《捷对》《志怪》八篇,皆首尾完整。其他文虽挼乱,而幸其条目分明,尚可排比成帙。谨详加裒缀,参考互订,厘为六卷。①

又,库本《二南五霸》下有这样一条按语:

> 按,此篇仅存三条,与《说蕃篇》同,疑《说蕃篇》中有二南、五霸之事,后人因误分之,非原有之目也。观晁氏《读书志》亦无此目可见。今存其目而删其文,谨识于此。②

从这两段记录中可以看到,今传的十四篇中,虽然其他十三篇的状况也不是很好,但是有目无书的那一篇显然情况更特殊,我们就来看看这有目无书的《二南五霸》。

结合两段记录,馆臣以《永乐大典》本《金楼子》中《二南五霸》所存三则与《说蕃》已有内容相近,又因《说蕃》"首尾完整"——所谓"首尾完

---

① 《四库全书总目》,第3038页。
② 《金楼子校笺》,第549—550页。

整"当是辑录此篇时，今存内容当逐一录在某韵之下，其他"首尾完整"的篇目当亦如此——据以略去《二南五霸》内容，仅存其目。虽然因为内容无存，我们仅能从理论上推测"二南五霸"的面貌，但一来从篇名看来，可知所涉应为周公、召公和春秋五霸七人之事，二来《说蕃》开头七条所记正是这七人之事，若果有其篇，内容是可以获知的。不过，我们自然也看到，对于此篇是否存在，四库馆臣是颇有些怀疑的，他们不是认为"传刻者淆乱其目，而反佚其本篇"，就是认为这篇是"后人因误分之"。而这两种说法之间也是大不相同。所谓"传刻者淆乱其目，而反佚其本篇"，《二南五霸》篇目应存，但非所见之内容；而所谓"后人因误分之"，则恐怕是连篇目都不曾存在过，是后人误分而成。而不论是哪一种意见，四库馆臣甚或可以说是辑录者周永年的处理方式是将原存三条并入《说蕃》中，由此我们不能不产生困惑：《二南五霸》作为单独篇章存在是否有可能？何以出现同一条目归属不同篇章的情况？

要回答《二南五霸》作为单独篇章存在是否有可能，首先得承认把《二南五霸》的内容放在《说蕃》中完全说得通，更何况从馆臣的记录来看，《说蕃》诸条或逐一抄录在某韵之下，故此有"首尾完整"一说，但我们恐怕也无法因此就认为《二南五霸》一篇绝无独立存在之可能。而一旦后一种情况存在，那么《说蕃》中周公七条的位置就颇为可疑了。且看《说蕃》在讲河间献王刘德事时的表述："昔蕃屏之盛德者，则刘德字君道。……"[1]同篇之中先有周公后有刘德的情况下，萧绎却把"蕃屏之盛德"加在刘德的身上，这实在很难让人信服。不必说周公在儒家是何种地位，即使是在本书中，萧绎亦有"周公没五百年有孔子，孔子没五百年有太史公。五百年运，余何敢让焉"[2]之语，可见周公对于萧绎的

---

[1] 《金楼子校笺》，第 603 页。
[2] 语出《立言上》，见《金楼子校笺》，第 798 页。

意义。且"说蕃"之"蕃"正是"蕃屏"之意,而周公七人与刘德之后诸人相比,显然后者与篇名更合。又且,如果说《二南五霸》原无篇名,如果其内容原皆为《说蕃》所属,则何来此篇名?故把《二南五霸》内容尽归《说蕃》中,恐怕不妥。

至于同一条目归属不同篇章的情况,至少有两种可能:一则如《四库提要》所言,当为"传刻者淆乱其目,而反佚其本篇";其二则很可能是文献来源不同的缘故。虽然我们同意《永乐大典》中所采《金楼子》的内容当多来自叶森的整理本,但这并不意味着其为《金楼子》的唯一来源。当然,即令叶森整理本非为《永乐大典》本的唯一来源,也并不意味着有另一种版本《金楼子》的存在,亦有可能是转引自他书。

总之,清辑本《金楼子·二南五霸》虽有目无书,笔者以为,还是应当将相关条目还归到该目之下。如此,《二南五霸》与《说蕃》也算各自相对完整。

至于其他十二篇,从目前来看,存佚状况颇为不同。除了所谓"首尾完整"的《兴王》、《戒子》、《聚书》、《立言》、《著书》、《捷对》、《志怪》七篇可以不必再说外,尚有《箴戒》、《后妃》、《终制》、《杂记》、《自序》五篇内容相对较为混乱,整理者虽然认为这五篇"条目分明,尚可排比成帙",但这五篇的散佚情况却是很难确定的,尤其是《杂记》与《自序》二篇。而在后二者之中,《自序》所存虽然相对较少,但大致内容却更易推得,这实在是因为萧绎有意模仿司马迁著述。而从《自序》开篇自述身世来看,这种可能性极大。文虽残损,但后半内容中必有介绍相关篇章的部分,此从各篇现存内容及萧绎的点评之笔可以推测一二。至于《杂记》一篇,虽然所存内容很多,但从以"杂"名篇可知,所记内容当极为驳杂,这反而不好推测其内容了。又加上《自序》不完整,使得我们很难从作者的自述中推测其撰作意图,因此本文在讨论萧绎的理想人格时虽会借用其中的部分条目,但不会将此篇整篇列为重要讨论对象。

与这两篇相比，《箴戒》、《后妃》、《终制》的情况要好得多。其中，关于《终制》，馆臣虽然怀疑它"前半或有缺文"①，但所幸后半部分内容还比较完整，可惜的是《永乐大典》本未具篇名，现在的名字是整理者根据内容推敲出来的。不过，由现存内容分析，即令原篇名并非如此，恐怕也相去不远，而关于此文的编撰体例与内容，后文将作详细说明，此不赘言。又，《箴戒》虽不完整，但可据《兴王》推测该篇之面貌，而从现存的叙述也可以稍加推测萧绎原来要书写的对象，因此，此篇的不完备对于萧绎著书立说的意旨的影响相对有限。相对而言，《后妃》是较为特别的，此篇内容佚失得较为严重，本来很难用以讨论萧绎的思想，但因萧绎亲撰的母亲传的留存，加之篇端小序的完整，反而使得此篇颇可表现萧绎的思想，本书甚至因此以其为讨论的重点。

综上，清辑本《金楼子》计有六卷十四篇，较之足本少了四卷、一篇，其中卷数乃据内容重新厘定，而所佚的篇章因为材料实在不足，皆无可论之处。至于所存十四篇，我们认为，除《杂记》实在很难推知作者表达意图外，其余诸篇存佚情况虽差异极大，但或多或少还是可以据以分析作者意图的，尤其是与本书所要分析的萧绎理想人格关系密切的《后妃》、《终制》、《戒子》诸篇。

第三节　《金楼子》的编撰体例

古今很多学者都讨论过《金楼子》是否称得上是立言之作的问题，其中不乏持有肯定观点的学者，不过否定者亦不在少数。当然也有学者持谨慎的立场，如曹道衡就曾指出《金楼子》那些大部分采自他书的

---

① 《金楼子校笺》，第 444 页。

篇目中有时也能体现萧绎的真实用意,而这些观点的得出往往是基于对《金楼子》编撰体例的分析。我们现在能看到的相关研究包括了对编撰体例特点的研究,如刘咸炘就说萧绎是"抄八纂二",兴膳宏则说《金楼子》是抄撮而成,这方面亦有学者做过更细致的研究,较早的如钟仕伦就曾将之分为全取前人著述,辑缀前人句子加入个人意见以及纯粹自作等三种情况,又或是最近的如陈志平所说:"《金楼子》今存十四篇,共 549 条,现在可以寻得出处的共 345 条,抄袭比例高达62.84%。"① 他还把《金楼子》的编述方式总结为四种,这在他的《〈金楼子〉研究》中都有详细说明,此不赘引。此外,我们还会看到有学者去探讨这种编撰方式的成因,如兴膳宏就认为《金楼子》的编撰受到了当时抄书风气的影响,他指出萧绎的思想体现在该书对于征引文献的组织上②;或者是讨论这样编撰的结果,如田晓菲就说这是一种私人化的写作。③

　　本书要借《金楼子》来探讨萧绎的思想,照例也要讨论该书的编撰体例与其成因,乃至其编撰目的。对于已有过的较为细致的研究,本章不再作重复的说明,只在后文具体研究涉及时再作论述。此处,我们先要考察的是《金楼子》的编撰体例。前揭《四库提要》中有一段表述非常重要:"其篇端序述,亦惟《戒子》、《后妃》、《捷对》、《志怪》四篇尚存,余皆脱逸。"这当然是对《永乐大典》本《金楼子》的情况所作的一种描述,但同时也包含了馆臣的判断,那就是各篇恐皆有篇端序述,这种判断是非常有意味的。且来看《后妃》的首条:"夫以坤维厚载,实配乾道;月以阴精,用扶阳德。故能辅佐天子,求贤审臣。二妃擅于虞朝,十乱兴乎

---

① 陈志平著《〈金楼子〉研究》,江西人民出版社,2014 年,第 37—38 页。
② 见《关于梁元帝的〈金楼子〉》。
③ 田晓菲撰《诸子的黄昏:中国中古时代的子书》,载于《中国文化》,2007 年 27 期,第71 页。

周室。其所以卜世隆长，诚有以矣。"这显然是萧绎对于后妃价值的总论。且不说馆臣提到的几篇，我们可以再看看《说蕃》中那句"昔蕃屏之盛德者，则刘德字君道。……"如果不计我们认为应该归入《二南五霸》中的前七条，这条当为本篇之始，然而从文意看来，却并非如此，此条前似应有小序。由此，我们认为四库馆臣的观点是可以成立的，即使并非全部，《金楼子》中的很多篇章应是有小序的。

由此生发出去，会不会《金楼子》的各篇章也是有小结的呢？《金楼子》的散佚，使得我们无法给出确切的答案，但作此大胆猜测却是因为书中尚有一些痕迹可见，不妨先从《兴王》的收尾句"盖虞舜、夏禹、周文、梁武，万载之中，四人而已"说起。今传各本中，此句是附在梁武帝传之后的，其与上文之间的确关系密切。此前，萧绎正在极言父亲之孝："伏寻我皇之为孝也，四运推移，不以荣落迁贸；五德更用，不以贵贱革心。临朝端默，过隙之思弥惭；垂拱岩廊，风树之悲逾切。齐洁宗庙，虔事郊禋。言未发而涕零，容弗改而伤恸。"至于本句，在《续高僧传》中，"万载之中"作"万载论孝"，确实是紧承前文。但是，我们也得说，萧绎在这里可不仅仅讲了他的父亲，同时还论及舜、禹与周文王，可见其要论孝，不单单为了证明父亲的孝道，而是要为帝王们立一个道德标准，而这也才符合作者立言的主旨，从这个角度看，这句话亦可看作是《兴王》的小结。还可以一说的是《聚书》。该篇最末一句是："吾今年四十六岁，自聚书来四十年，得书八万卷，河间之俦汉室，颇谓过之矣。"这是对自己聚书情况的总结，是全篇小结无疑。又，今本《著书》实际上是汇集了文献中可见的萧绎著作的序言附在文后，而《永乐大典》中《著书》的最末一句是"已上六百七十七卷"，这自然是总计全部著作的数量，可视为篇末结语。由此可知，即令不是全部的篇章都有小结，但部分篇章有结语应不假。

现在让我们来看看这种篇端有序述，正文或整合他人文字，或自撰,有时加以评论,文末或有小结,以此来表现作者观点的编述方式的意义所在。我们当然无法证明《金楼子》全部的篇章都采用了这样的体例,至少篇末有小结这个问题就只是出于一种假设,但我们相信这恐怕是萧绎所欲达成的体例。司马迁在《太史公自序》中说:"序略,以拾遗补艺,成一家之言,厥协六经异传,整齐百家杂语,藏之名山,副在京师。"①《金楼子》为人所诟病的"抄八纂二"岂非正是"拾遗"之意?而《史记》中传记的体例,传前时有序言,如《外戚世家》之类,正文是人物传记,末附"太史公曰"。固然,《金楼子》的体例与之不完全一致,但很多篇章却颇为相似,以萧绎对于司马迁的推崇不能不有此怀疑。如萧绎在《金楼子》中也说要"成一家之言",这句话正是出自司马迁,除了上引一段以外,司马迁还在《报任安书》中言明《史记》的编撰目的是"究天人之际,通古今之变,成一家之言"②。而《金楼子序》中有"今纂开辟以来,至乎耳目所接"之语,这话听上去简直是要说"通古今之变"。又,萧绎还曾说过:"周公没五百年有孔子,孔子没五百年有太史公。五百年运,余何敢让焉?"这话滥觞于孟子,但显然是承继司马迁而来,要继的也不是孟子的道统,而是周公、孔子、司马迁这一系的道统。可见,萧绎的《金楼子》无论从编撰体例上,还是从"成一家之言"的编撰目的上,都与司马迁的《史记》有着千丝万缕的联系。这种联系如果推回到萧绎成就一家之言的理想上来说,那么重点就不仅仅是"言"的问题,恐怕也有"家"的问题。司马迁在《太史公自序》中明确提到:"先人有言:自周公卒五百岁而有孔子。孔子卒后至于今五百岁,有能绍明世,正《易传》,继《春秋》,本《诗》、《书》、《礼》、《乐》之际。意在斯乎!意在斯乎!小子

---

① （汉）司马迁撰,（南朝宋）裴骃集解,（唐）司马贞索隐,（唐）张守节正义《史记》,中华书局,2000 年,第 3319—3320 页。
② （汉）班固撰《汉书》,中华书局,1962 年,第 2735 页。

何敢让焉。"① 如果萧绎要继承的是这样一种道统的话,那么《金楼子》以儒家思想为主线,自然也就不足为奇了。

《隋志》将《金楼子》归入子部杂家类,与之并列的有《傅子》、《博物志》、《皇览》,以及《高僧传》等各式书籍。从萧绎的本意来看,这显然不是他的人生理想。可是,受个人才能与时代风气的限制,《金楼子》的编撰体例未能超出时人,这是实情,只不过如果不以后世"一家之言"的观念来揣度前人,而是以六朝的编书方式来看,萧绎的《金楼子》自然可视为"一家之言"。也是在此基础上,我们来看萧绎在这部书中所建构出的理想人格。

第四节 《金楼子》的成书时间

诸家书录中,除《宋志》著录作者为湘东王绎,余多著录为梁元帝,而《直斋书录解题》则谓此书乃萧绎"为湘东王时所述也"。明王世贞著《艺苑卮言》中曾录《金楼子》为十卷,不过显自前人书中抄出。清以后的书录中已皆著录是书为六卷,知所见皆清代之辑本。

宋代陈振孙在《直斋书录解题》中称《金楼子》是梁元帝为湘东王时所述,清人钱侗亦持此观点,他甚至提出"诸家书目竟题为元帝撰,失其实矣"②。而清代王鸣盛则持不同意见,他在《十七史商榷》中据《金楼子·兴王》中谓梁武帝"即位五十年"认为这是萧绎即位后语,从而提出《金楼子》当成于承圣元年(552),萧绎即位之后。

---

① 《史记》,第 3296 页。
② (宋)王尧臣等撰,(清)钱东垣等辑释,(清)钱侗补遗《崇文总目辑释》,《续修四库全书》第 916 册,上海古籍出版社,2002 年,第 684 页。

近代以来关于《金楼子》成书时间的研究始于20世纪30年代。余嘉锡在《目录学发微》中以《聚书》不及平侯景所得书，并指出篇中"河间之侔汉室"为未即位时语，又结合《序》中"晚居外相"、"今成介胄之士"等语，推断此书当作于未平侯景之乱以前，断未至萧绎在篇中所自称的四十六岁，更进一步提出"今年四十六岁"与"聚书四十年"为传写之误。而几乎同时的刘汝霖却恰据"四十六岁"诸语判断《金楼子》当成于承圣二年(553)萧绎四十六岁时。

上述研究中，学者考虑的更多的是《金楼子》的完成年代，现阶段学者则普遍认为《金楼子》是一部经历了长期编撰的作品，最早提出这一观点的是钟仕伦。① 关于这个问题，钟仕伦在20世纪90年代初就提出"《金楼子》一书并非一时一地所述，全书各篇的绝笔时间也先后不一"②，并考证了部分篇章的成文时间，指出《聚书》当成于554年，而全书的绝笔大概也在这年。在后来的研究中，钟氏又对这个问题进行了进一步的讨论，指出萧绎自"年在志学"即开始搜纂《金楼子》，而至迟在中大通二年(530)即开始撰写此书，由此年至承圣三年(554)绝笔，此书前后耗费二十五年时间，是萧绎一生追求的目标之一。③

《金楼子》并非成书于一时一地这一观点的提出很有建设性，解决了诸篇之中存在的年代相异的问题，稍后曹道衡、刘跃进《南北朝编年史》、刘跃进《关于〈金楼子〉的几个问题》、兴膳宏《梁元帝萧绎的生涯和〈金楼子〉》等研究皆持相同的观点。其中，兴膳宏更指出《金楼子》写于

---

① 钟仕伦关于这个问题的讨论首见于发表于1993年的《读〈金楼子〉书后》，在后来的《〈金楼子〉研究》中，他进一步完善了他的推理，但观点基本未变，说详原书第一章第一节"《金楼子》的成书时间"，第4—7页。
② 钟仕伦撰《读〈金楼子〉书后》，《四川师范大学学报(社会科学版)》，1993年第4期，第74—79页。
③ 见《〈金楼子〉成书时间考辨》，《北京大学学报(哲学社会科学版)》，2004年第5期，第149页。

萧绎为湘东王时期,但是在他成为皇帝以后,他还在继续写作,并以《聚书》所提到的承圣二年(553)这个时间点作为萧绎写作的最后一年,不过兴膳宏先生也指出"如果假以时日,他还会一直写下去"①。相比之下,杜志强却认为《金楼子》虽然经历了"一个材料的积累和思想的丰富过程",但其"成书却并非历时'二十余年'",在分析了《序》等八个篇目的创作时间后,将《金楼子》的编撰时间考定于552年至553年间,即萧绎登基之后。杜氏的结论虽然与前所列诸君有所不同,但其观点可以说正是受到了其影响,二者的不同在于是否将积累的时间算在了编撰的时间之内。

现在看来,《金楼子》的编撰确当经历了近三十年的时间,而各篇成立的具体时间也很不同,目前《序》《兴王》《后妃》《聚书》《说蕃》《立言》《杂记》《自序》等篇章中有相对明确的时间提示,如《序》中以谥号简宪称呼张缵,而简宪是萧绎即位后追加给张缵的谥号,《兴王》《说蕃》皆称萧衍为高祖,可知皆成于承圣元年(552)之后,而如《后妃》则明确提到"乙丑岁之六月","乙丑岁"实即大同十一年(545),或如《杂记》中批评庐陵威王萧续时曾提到"凶寇济江而凭陵京邑",此当在侯景之乱(548—552)中,等等。不过,就像《自序》自当完成于书成之时,时必在篇中明确提到的"大儿南征不复"("大儿"指萧方等,卒于太清三年)这一时间点,所以对这些篇章我们也只能说该篇成立于提示之前或之后,不能作进一步的判断。至于全书成立的时间,我们认为当以《聚书》为据立论,即不早于承圣二年(553)。

说到这里,顺带一提,关于兴膳宏先生"如果假以时日,他还会一直写下去"的判断,笔者曾经是非常赞同的,不过现在却持有疑义。今存

---

① 兴膳宏著,戴燕译《梁元帝萧绎的生涯和〈金楼子〉》,《异域之眼——兴膳宏中国古典论集》,复旦大学出版社,2006年,第158页。此文日本版原载《六朝学术学会报》第二集,2001年3月。

《金楼子》最末一篇是《自序》,连序言都已经写好,在一定程度上已经说明了萧绎结束全书之意。更何况在《聚书》中,萧绎一面说自己"今年四十六岁",称"聚书四十年",按时间推算已是萧绎称帝的第二年,另一面却以河间献王一介藩王自比,这其中是有非常明确的个体意识的,而这种个体意识实际上与他的帝王身份是有抵牾的。当然,前后花了三十几年来编撰的以图不朽的著作,如果有充裕的时间却不加以修改、完善,似乎也不可能,但一来修改、完善不等于"一直写下去",二来假如萧绎真的一直修撰下去,那后世得到的《金楼子》与今日所见的将有很大的不同,毕竟帝位如能稳固,身份的不同自然会有眼界的不同。

《金楼子》的全貌,今日已无法窥见,不过从流传的六卷本来看,《金楼子》的原书能不能有一个清晰的理念在其中,也是很值得怀疑的。这倒不仅仅是要考虑萧绎的个人才华这个方面,而是准备资料的时间虽然很长,但是最后收尾的时间恐怕不足,太清之乱后留给萧绎安心编撰此书的时间毕竟不长,也是因此,本书才会以《后妃》《终制》《戒子》等与萧绎个体乃至家族关系最为密切的三篇为核心,借助其他篇章的相关内容,来看看萧绎在这部书里所建构的理想人格。

第二章　后妃之德性

在中国古代，后妃非一般的女性可比，她们的出身、在婚姻中的地位、对于子女的教养，等等，在政治上都有着相当的影响力。因此，历来的史书，无论是否设立专门的篇章，都不能不处理后妃的问题。萧绎身为皇家子弟，自然是很懂得这个道理，他的《金楼子》中就写及历代的后妃，更设《后妃》专章，其中对于后妃的书写颇可玩味。而正因为萧绎的特殊身份，我们可以想见的是其后妃观念在一定程度上是与其女性观念重合的，因此要讨论萧绎的后妃观乃至女性观，我们恐怕都得从《后妃》说起。

第一节　残破的《后妃》

就清辑本《金楼子》来说，《后妃》还算是篇幅较长的一篇，仅萧绎亲为母亲撰写的小传就有近 1900 字(不计标点)，但我们也必须看到的是整个篇章残损得比较严重，其中有些条目只剩下几句话，更可推想的是，原文中必定还有其他的条目，只是那些条目已经彻底散佚了。我们现在能做的是，在现有《后妃》特别是相对完整的《阮修容传》的基础上来考察萧绎的思想观念，这也是现代学者通常采用的研究方式，如日本的兴膳宏先生在《由儿子写的一篇母亲传——关于〈金楼子〉后妃传》那样。而《金楼子》本身材料来源的复杂，和它并非足本的前提，使得我们要探讨作者的思想，就必须先来探讨该篇能否反映作者的思想或者说能在多大程度上反映作者的思想，这就要求我们对该篇的存佚状况与编撰体例作简要说明。

一、清辑本《后妃》的基本面貌

要说明这个问题，我们仍须先看四库馆臣关于《金楼子》的介绍：

> 其篇端序述，亦惟《戒子》、《后妃》、《捷对》、《志怪》四篇尚存，余皆脱逸。然中间《兴王》、《戒子》、《聚书》、《说蕃》、《立言》、《著书》、《捷对》、《志怪》八篇，皆首尾完整。其他文虽搀乱，而幸其条目分明，尚可排比成帙。谨详加裒缀，参考互订，厘为六卷。①

从这段文字不难看出，四库馆臣在辑录《后妃》时，此篇条目虽分明，但已不是首尾完整，只有篇前小序还算保留完好。而所存的条目计有七条，除第一条为"篇端序述"，其余六条分别叙舜有虞二妃（二妃事在一条）、汤妃有㜪氏、东汉光烈阴皇后、明德马皇后、梁宣修容等六人事迹，其中，叙有虞二妃、汤妃有㜪氏、梁宣修容事之三条，首尾完整，而叙光烈阴皇后事二条、明德马皇后事一条则明显为残文。

特别值得一说的是《阮修容传》。与《兴王》中称道父亲的德性一样，这篇文字也极言母亲故去产生的影响以表达母亲的德性，不过，对母亲的感情明显更为细腻而深挚。对于"生自深宫之中，长于妇人之手"，尤其是患病之时母亲始终不离左右照顾自己的萧绎来说，与父亲的感情自然是不能与对母亲的感情相比的，也因此，相较于对父亲史传式的记述，萧绎对母亲的记述更像是一篇悼文。如《阮修容传》中曾自述：

---

① 《四库全书总目》，第3038页。

绎始学弱年，患眼之始，衣不解带，冬则不近炎火，夏则不敢风凉，如此者离寒暑也。①

要照顾一位冬天不能近炎火，夏天不能被风吹的孩子，阮修容所付出的艰辛可想而知。然而直到写到母亲过世以后，萧绎方才写出母子间这些细腻而动人的细节，可知萧绎是有意将对母亲生平的叙述与对母亲的思念分开的。在本篇的大半文字里，萧绎一直试图以一个比较客观的角度叙述母亲的生平。加之，此篇与其他后妃的传记同归于《后妃》，基于对萧绎撰写《后妃》意图的揣测，我们在分析中仍是将其作为传记而非悼文处理。

最后还要说的是，《后妃》之末没有小结。无论是该篇原就没有小结，还是如我们假设的，小结在流传中散佚了，对于我们要弄清楚萧绎撰写《后妃》的意旨都增加了困难，它使得我们必须分析现有的内容以推测作者的意图。

二、《后妃》的编撰体例

今存《后妃》有缺文，这对于解读萧绎的思想无疑造成了障碍，好在不仅有虞二妃、汤妃有䄢氏的传记有迹可查，便是仅存片言只语的阴、马二皇后的事迹也并非无迹可寻，现在我们就从现存内容出发，试着从编撰体例入手查找诸条内容的材料来源，为完整理解萧绎的撰作意图提供更多的可能性。

（一）"有虞二妃"条

历来关于有虞二妃事迹的记载很多，然而以内容论之，《金楼子·有虞二妃传》与刘向《列女传·有虞二妃传》所记最为相近。以涂廪事为例，今传文献中除《列女传》外，《孟子》、《史记》亦载此事，今录诸书所

---

① 《金楼子校笺》，第383—384页。

记如下：

> 瞽叟使涂廪，舜归告二女："父母使我涂廪，我其往?"二女曰："衣鸟工往。"舜既治廪，瞽叟焚廪，舜飞去。[1]（《金楼子·有虞二妃传》）
>
> 万章曰："父母使舜完廪，捐阶，瞽瞍焚廪。"[2]（《孟子·万章上》）
>
> 瞽叟尚复欲杀之，使舜上涂廪，瞽叟从下纵火焚廪。舜乃以两笠自捍而下，去，得不死。[3]（《史记·五帝本纪》）
>
> 使涂廪。舜归告二女曰："父母使我涂廪，我其往?"二女曰："往哉!"舜既治廪，乃捐阶，瞽叟焚廪，舜往飞出。[4]（《列女传》）

不难看出，关于这件事，《孟子》只写了父亲瞽叟的谋害，没有说到舜的应对，《史记》则仅描述了舜一人的行为，整个事件与二妃无关。而在《列女传》、《金楼子》中则有了有虞二妃的辅佐。这至少说明《金楼子》中这段材料与《列女传》有相近的材料来源。

而观两书今所存文献，对同一件事的记载也略有差异。再对照《金楼子》中的文字，不难发现二女的回答并不相同。《列女传》仅有"往哉"二字，《金楼子》则为"衣鸟工往"，后者明显带有神话特色，而前者则无。关于"浚井"的记载亦如此。今传《列女传》中没有的信息，当然不意味着过去的版本中没有，宋人曾慥《类说》所录的《列女传》中就存有这段记载的异文：

> 瞽叟使舜涂廪。舜告二女，曰："我其往哉?"二女曰："往哉。

---

① 《金楼子校笺》，第 362 页。
② （清）焦循著，沈文倬点校《孟子正义》，中华书局，1987 年，第 619 页。
③ 《史记》，第 34 页。
④ （清）王照圆撰，虞思征点校《列女传补注》，华东师范大学出版社，2012 年，第 1 页。

鹊汝衣裳,鸟工往。"反,使舜浚井。舜告二女,曰:"我其往哉?"二女曰:"去汝衣裳,龙工往。"①

所谓"鹊汝衣裳,鸟工往"与"衣鸟工往"意思相同,后者恐正是从前者简省而来。"衣龙工往"亦同。曾慥为北宋末南宋初人,其所见《列女传》有"衣鸟工往"之类颇似神话的记录,这就更加说明《金楼子·有虞二妃传》内容与《列女传·有虞二妃传》关系紧密。尽管以内容记,萧绎所记要较刘向所记为少,如《列女传》中有对舜家庭情况的介绍,而《金楼子》无;又有瞽叟诏舜饮酒而乘醉杀舜之事,《金楼子》亦无;又有舜妹"与二嫂谐"及舜在田里哭父母欲害己之事,亦无。不过,萧绎素喜节略材料以表达自己的意思,而从所记事件之丰富、叙事之宗旨等角度来看,萧绎此条内容当摘抄自《列女传》。

(二)"汤妃有䣄氏"条

《金楼子·有䣄氏传》云:

> 汤妃,有䣄氏之女也。殷汤娶为妃,生三子,太丁、仲壬、外丙,亦明教训,致其功。太丁早卒。丙、壬嗣登大位。妃领九嫔,后宫有序,咸无妒媚逆理之人。伊尹为之媵臣,与之入殷,卒致王功。君子谓有䣄明而有序,《诗》云:"窈窕淑女,君子好逑。"言贤女为君子和好众妾,其有䣄之谓也。②

今传《列女传·有䣄氏传》云:

> 汤妃有䣄者,有䣄氏之女也。殷汤娶以为妃。生仲壬、外丙,亦明教训,致其功。有䣄之妃汤也,统领九嫔,后宫有序,咸无妒媚逆理之人,卒致王功。君子谓妃明而有序。《诗》云:"窈窕淑女,君

---

① (宋)曾慥编纂,王汝寿等校注《类说校注》,福建人民出版社,1996年,第31页。
② 《金楼子校笺》,第372—373页。

子好逑。"言贤女能为君子和好众妾。其有莘之谓也。①

上引两段文字,内容差别极小,而最能说明问题的是"汤妃有莘氏"条同《列女传》一样用《诗经》"窈窕淑女,君子好逑"一句,其他相关资料中不见引诗,而以《诗经》中句子作总结则是《列女传》一大特点。

又,《太平御览》引《列女传》云:

> 汤妃,有莘之女也。德高而伊尹为之媵臣,佐汤致王。训正后宫,嫔御有序,咸无嫉妒逆理之人。生三子,太丁、外丙、仲壬,教诲有成。太丁早卒,丙、壬嗣登大位。②

《太平御览》在引书时虽然有时并不照抄原文,且此条内容与今传《列女传》、《金楼子》记事顺序并不一致,但是其较今传《列女传》多出"太丁早卒,丙、壬嗣登大位"一句,而此句亦见于《金楼子》,这不但是说其所据恐非今传《列女传》内容,且可为《金楼子》省抄《列女传》的侧证。

总之,"汤妃有莘氏"条亦当摘抄自刘向《列女传》。

（三）阴皇后事二条

《后妃》中阴、马二皇后的传记已经残损,今以其所记阴皇后事二条为例,试将其与现存萧梁或更早时代的相关记载作以对比。

《后妃》云:

> 光烈阴后丽华,南阳新野人也。初,汉世祖适新野,闻后美,心悦之。后至长安,见执金吾车骑甚盛,因叹曰:"仕宦当作执金吾,娶妻当得阴丽华。"③

仅从所记内容出发,查检诸书,得相似记载如下:

---

① 《列女传补注》,第12页。
② （宋）李昉等辑《太平御览》,中华书局,1960年,第657页,"胜臣"当为"媵臣"之讹。
③ 《金楼子校笺》,第376页。

上微时,过新野,闻后美,心悦之。后至长安,见执金吾车骑甚盛,因叹曰:"仕宦当作执金吾,娶妻当得阴丽华。"更始元年遂纳后于宛。①(《东观汉记》)

阴后,南阳新野人。②(袁宏《后汉纪·光武皇帝纪第七》)

光武光烈阴皇后,南阳新野人。名丽华,宣思(《后汉书》作"恩")哀侯陆女也。陆卒后,女年十九,兄识嫁与世祖,纳后于宛当成里。以后性宽仁,宜母天下,欲授以尊位。后辄退让,自陈不足以当。男为东海王。十七年,郭皇后废后,立为皇后。十九年,太子强废,东海王为太子。③(司马彪《续汉书·后妃传》)

光烈阴皇后讳丽华,南阳新野人。初,光武适新野,闻后美,心悦之。后至长安,见执金吾车骑甚盛,因叹曰:"仕宦当作执金吾,娶妻当得阴丽华。"④(范晔《后汉书》)

因所见材料有限,所得诸条皆来自后汉诸史。上引诸条中,《后汉纪》中无"仕宦当作执金吾"之句,显然与《后妃》不同,而《东观汉记》与范晔《后汉书》则与《后妃》所载较为相似。《续汉书》辑自《太平御览》,此节首尾完整,似亦无"仕宦"之叹。

又,《后妃》云:

汉世祖时,追爵,谥阴贵人父为宣恩哀侯。⑤

相似记载如下:

---

① (汉)刘珍等撰,吴树平校注《东观汉记校注》,中华书局,2008年,第188页。
② (晋)袁宏撰,周天游校注《后汉纪校注》,天津古籍出版社,1987年,第188页。
③ (晋)司马彪著《续汉书》,引自周天游辑注《八家后汉书辑注》,上海古籍出版社,1986年,第312页。
④ (宋)范晔撰《后汉书》,中华书局,1965年,第405页。
⑤ 《金楼子校笺》,第377页。

光武封新野主子邓泛为吴侯……后父阴睦为宣恩侯。①（《东观汉记·光武皇帝纪》）

建武三年，追尊贵人父睦为宣恩侯。睦，皇后父也。②（《东观汉记·阴睦传》）

追爵谥后父隆为宣恩侯，以兄识为侍中，封原鹿侯，识弟兴为期门仆射，兴弟就袭父爵，更封新阳侯。③（《后汉纪·光武皇帝纪第七》）

光武光烈阴皇后，南阳新野人，名丽华，宣思哀侯陆女也。④（《续汉书·后妃传》）

其追爵谥贵人父陆为宣恩哀侯，弟訢为宣义恭侯，以弟就嗣哀侯后。⑤（《后汉书·阴后纪》）

上录五条中，前二条皆出自《东观汉记》，然一出《光武皇帝纪》，一出《阴睦传》（或曰《阴识传》⑥），而《阴皇后传》则无此内容，或在散佚文字中，今不得而知。以《后妃》言及谥号之事看来，其所记更近于袁宏《后汉纪》与范晔《后汉书》。

刘勰《文心雕龙·史传》云："至于《后汉》纪传，发源《东观》。"⑦ 则后汉诸史内容上皆祖于《东观汉记》，故《后妃》中所存阴、马二皇后三条

---

① 《东观汉记校注》，第13—14页。
② 同上，第466页。
③ 《后汉纪校注》，第188页。
④ 《八家后汉书辑注》，第312页。
⑤ 《后汉书》，第406页。
⑥ 由吴树平等辑录、校注的《东观汉记校注》中将此条置于《阴睦传》中，并称据《书钞》卷四十七辑录，查考《北堂书钞》（中国书店据光绪十四年南海孔氏刊本影印，1989年，第134页）卷四十七《追封五》中"追尊阴睦为宣恩侯"条下注中云："《东观汉记·阴识传》云：'建武三年，追尊贵人父睦为宣恩侯。睦，皇后父也。'今案，聚珍本卷十一《阴睦传》'三'作'二'，陈俞本同，但无末句。又，聚珍本卷六《阴皇后传》云：'君孟名睦，后之父也。'"
⑦ （梁）刘勰著，范文澜注《文心雕龙注》，人民文学出版社，1958年，第285页。

故事并见于《东观汉记》也就不足为奇了。又,形式上,后汉史有纪传、编年二史,刘知幾《史通·六家》中云:"为纪传者则规模班、马,创编年者则议拟荀、袁。"① 纪传体中阴、马二皇后自然入传体,而编年体至袁宏也发生了重大变革,即"《后汉纪》在编撰方法上除具有编年记事的基本要求外,还有自身的特点,这就是它吸收了传记体记人的优点,以容纳众多的人物的言行。具体说来,就是在记事的同时,把与此事有关的、时间相近的一些人物连带着写出,或把一人发生于不同时间但可表明此人基本面貌的言行集中写出,此即袁宏称作'言行趣舍,各以类书'的方法"②。也就是说,即便是在编年体后汉史中,阴、马二皇后亦以传记形式出现。

虽然看上去诸条之间差异不大,有时候这几种记载更相似,有时候那几种记载又更相似,然而只要将二条并看就会发现,二事在他书中多在两传之中,唯范晔《后汉书·皇后纪》并叙二事。

(四)马皇后事一条

《后妃》云:

> 汉明德马皇后,身长七尺二寸,方口,美发。③

因内容查检诸书得两条相似记载如下:

> 后长七尺二寸,青白色,方口,美发。④(《东观汉记·明德马皇后传》)

> 明德马皇后讳某,伏波将军援之小女也……身长七尺二寸,方口,美发。⑤(《后汉书·明德马皇后纪》)

---

① (唐)刘知幾撰,(清)浦起龙释《史通通释》,上海古籍出版社,1978 年,第 16 页。
② 瞿林东著《中国史学史纲》,北京师范大学出版社,2010 年,第 143 页。
③ 《金楼子校笺》,第 379 页。
④ 《东观汉记校注》,第 191 页。
⑤ 《后汉书》,第 409 页。

《东观汉记》中有"青白色"一语,而范晔《后汉书》无。纯以内容计,萧绎《后妃》似更近于后者,这与阴皇后事迹的可能来源颇为相近。

固然萧绎不必尽抄范晔《后汉书》,且如前所述,后汉诸史祖述《东观汉记》,虽然其中不少史书都散佚了,以至于其中是否有阴、马二皇后传记或是传记中是否近于《后妃》所记亦很难确定,不过,如果我们稍退一步,约略可以得出萧绎所叙阴、马二皇后事当来自后汉诸史之结论,这确是没有异议的。我们不妨先从梁代人对于后汉诸史的整理工作说起:

> 子野少时,《集注丧服》《续裴氏家传》各二卷,抄合后汉事四十余卷。①(《梁书·裴子野传》)

> 子显伟容貌,身长八尺。好学,工属文。尝著《鸿序赋》,尚书令沈约见而称曰:"可谓得明道之高致,盖《幽通》之流也。"又采众家《后汉》,考正同异,为一家之书……子显所著《后汉书》一百卷,《齐书》六十卷,《普通北伐记》五卷,《贵俭传》三十卷,文集二十卷。②(《梁书·萧子显传》)

> 缅少勤学,自课读书,手不辍卷,尤明后汉及晋代众家……缅性爱坟籍,聚书至万余卷。抄《后汉》《晋书》,众家异同,为《后汉纪》四十卷,《晋抄》三十卷。③(《梁书·张缅传》)

以上三家,萧子显(487—537)与张缅(490—531)皆有考证诸家后汉史同之举,而裴子野(469—530)"抄合后汉事"似亦有考证异同之意。然后者只有抄史之事,而张缅、萧子显更在考证异同的基础上编撰汉史。在《隋志》中,除张缅《后汉略》尚有二十五卷外,萧子显《后汉书》

---

① 《梁书》,第444页。
② 同上,第511—512页。
③ 同上,第491—492页。

一百卷虽见著录但也标明已亡,而裴子野的后汉史抄并无记录,想来他只进行了抄合,而未作进一步的工作。三人之中,萧子显为萧绎族叔,裴子野更被萧绎称为知己,至于张缵则是萧衍舅父张弘策之子,算来是萧绎的表叔,且其弟张缵被萧绎目为知己。

又,《梁书·王规传》云:

> 规集《后汉》众家异同,注《续汉书》二百卷,文集二十卷。[1]

王规(492—536)所注汉史为《续汉书》,似即司马彪所撰。王规本就出身高门,自身为昭明太子所礼,其妹即简文帝萧纲王皇后,虽曾以"自江左以来,未有兹举"[2]回绝萧绎属为酒令之事,但也曾一同被萧纲召集起来编纂《法宝连璧》,且其子王褒亦为萧绎所重。

> 初,昭伯父彤集众家《晋书》注干宝《晋纪》为四十卷,至昭又集《后汉》同异以注范晔书,世称博悉。迁通直郎,出为剡令,卒官。《集注后汉》一百八十卷,《幼童传》十卷,文集十卷。[3](《梁书·刘昭传》)

> 均注范晔《后汉书》九十卷,著《齐春秋》三十卷、《庙记》十卷、《十二州记》十六卷、《钱唐先贤传》五卷、《续文释》五卷,文集二十卷。[4](《梁书·吴均》)

> 方等注范晔《后汉书》,未就。所撰《三十国春秋》及《静住子》,行于世。[5](《梁书·萧方等传》)

刘昭、吴均(469—520)、萧方等(528—549)所注者均为范晔《后汉

---

[1] 《金楼子校笺》,第583页。
[2] 同上,第582页。
[3] 《梁书》,第692页。
[4] 同上,第699页。
[5] 同上,第620页。

书》。其中,方等即萧绎之子。

不难看出,在萧梁时代,后汉史得到了相当的重视,像刘昭、裴子野这样几乎可以算是生活在史学世家中的人都对后汉史的采集工作很感兴趣,并积极投入到注后汉书的工作中去。而杂采诸家,考证异同以注后汉史的人中,直言注范晔《后汉书》的就有三家,内中就有萧绎的儿子萧方等。即便放大到抄合、考证、注释、编撰后汉诸史的人中,与萧绎关系密切至少有往者又占了多数,因此萧绎采后汉诸史而撰《后妃》乃至整部《金楼子》也是很正常的事,更不要说在他自己所聚集的图书中亦有后汉史的存在,其《聚书》云:

> 又聚得元嘉《后汉》并《史记》、《续汉春秋》、《周官》、《尚书》及诸子集等可一千余卷。①

又云:

> 又使孔昂写得《前汉》、《后汉》、《史记》、《三国志》、《晋阳秋》、《庄子》、《老子》、《肘后方》、《离骚》等,合六百三十四卷,悉在一巾箱中,书极精细。②

从上引两条材料中可知,萧绎不但曾收集了《后汉书》,且收集了不止一种。两条材料中,前云“元嘉《后汉》”,后云“悉在一巾箱中,书极精细”,于前者强调其时代稍远,于后者则强调其版本精细,且不论此二书是否为范晔《后汉书》。以萧绎所用之口吻看来,对二书必当十分重视。这也充分体现了萧绎“躬自搜纂,以为一家之言”之意。

就像上面所提到的为后汉史作注者一样,萧绎很可能就是在相关资料中寻一范本,略考异同,各成故事然后汇成一篇。阴皇后事是如

---

① 《梁书》,第516页。
② 同上。

此,马皇后事显然亦应如此。

综上,今传《后妃》中首尾二条以外的内容当是对前人传记的摘抄和改写。虽然今传《后妃》并不完整,但是从现有诸条来看,其他部分的编撰亦当与现存诸条的编撰方式相近,而此篇当为后妃类传无疑。

而从今存数条来自《列女传》与后汉诸史看来,作者在材料的来源上当是有所选择的,此不但与作者重史之思想有关,亦与后妃类传的渊源有关,此将在下文进一步说明。

第二节 《后妃》的内容

《后妃》现存六人传记中,阴、马二皇后的传记已残损,而有虞二妃、汤妃有娎氏与梁宣修容等三人的传记基本上首尾完整,尤其后者为萧绎亲撰,最能体现出作者的意图。萧绎在传记中说母亲有"贤明之称,女师之德。言为闺门之则,行为椒兰之表"①。不难想象,在萧绎的心目中,母亲以其贤明堪为女师,其言行不但可以为闺门女子垂范,更是后宫女子的代表。也因此,要分析《后妃》的内容与主旨就不能不以《阮修容传》为线索,并与《有虞二妃传》、《汤妃有娎氏传》对读,再以后汉诸史所记阴、马二皇后事为辅,以分析《后妃》记述的重点。为了方便讨论,本文打算照儒家对于女性人生轨迹分段的策略,按以下三个阶段来探讨。

一、未嫁之先
《阮修容传》一开篇先介绍了阮修容的家世背景,这在传记一体中

---

① 《梁书》,第380页。

比较常见。其祖父石元恭为武骑常侍,刘宋时,散骑常侍位在三品,尚不算低,至修容父亲石灵宝则为奉朝请,据《南齐书·百官志》云"永明中,奉朝请至六百余人"①,从这里大概可以知道其家本为寒门,跃升到三品是偶然的事件。不过阮修容却生在祖父为散骑常侍前后,算是赶上了家里光景最好的时候,而她自己也的确很不普通,不但生而灵异,且自幼聪明,"年数岁,能诵《三都赋》、《五经》指归,过目便解"。按照后汉诸史的记载,马后曾得筮者和相者必当大贵之断言,而在范晔《后汉书》中更记载了马后"能诵《易》,好读《春秋》、《楚辞》,尤善《周官》、《董仲舒书》"②之事。阮修容出生时的灵异事件及小时候的读书状况与此颇可对应。

当然,阮修容也并不是一个书呆子,在父亲"永明之朝,密勿王事,与茹法亮、纪僧真对直,多在禁省,不得休外处分家计"③之时,作为长女,阮修容负责打点家里上上下下的事务,照顾母亲,爱护弟妹,而使家庭和睦。在有虞二妃、汤妃有娎氏、阴皇后的故事里,极少写及她们在家时之状况,尤其不写她们处治家事,不过马皇后却不同。范晔《后汉书·马皇后纪》在介绍了马皇后的身世以后,再叙其父马援死后,其兄客卿早夭,母亲蔺氏因而悲痛欲绝,精神恍惚,在这种情形下,马皇后虽年仅十岁,却"干理家事,敕制僮御,内外咨禀,事同成人"④。虽然家世不同,一出身低级武官之家,一为罪臣之女,但二者却都有"干理家事"之能。中国人常说"三岁看大七岁看老",从她们年少时的能力也不难想象她们日后在处理夫家事务上的表现。

隆昌元年(494),阮修容因为有了齐武帝的宠妃荀昭容的推荐,在

① (南朝梁)萧子显撰《南齐书》,中华书局,1972年,第323页。
② 《后汉书》,第409页。
③ 《金楼子校笺》,第380页。其中"不得休外处分家计",许德平校本作"不得休外,处分家计",见许德平著《金楼子校注》,第73页。
④ 《后汉书》,第407页。

齐武帝的首肯下得以入宫。关于阮修容入宫前后的具体细节，笔者拟于下节展开讨论，这里只作一个说明，即阮修容大约是经过了后宫遴选女子的一般过程，最后凭借良家子的身份进入了后宫。《后妃》中，除了汤妃有娎氏的入宫未有记录外，有虞二妃的出嫁是她们的父亲尧想要借考察舜的治家能力以了解其治国之能故而将女儿嫁给他。而阴皇后的出嫁虽然在本传中记载得较为简略，但是我们只要将在这前后发生的事情联系起来就会发现这并非一个简单的事件。

尽管刘秀曾发出过"仕宦当作执金吾，娶妻当得阴丽华"的感叹，余英时在《东汉政权之建立与士族大姓之关系》中却提出："阴氏亦为大族，观阴识所率宗亲子弟之多可知。故疑光武娶阴丽华亦兼有交结之意，不仅因阴氏之色也。"[①] 王莽地皇四年（23），刘秀的兄长刘演被杀害。当初刘演起兵时，阴识带领子弟、宗族及宾客随附，刘演起兵时一共也不过纠集了七八千人[②]，而阴识带来的部众就有千余人之多。在这种情况下，刘演之死对于阴识来说是一个灾难。刘秀因刘演之死转去了宛地，阴识也在宛，而恰恰是在这个月，刘秀娶了阴后，联姻之意，不言而喻。

相较之下，阮修容的进宫则显得更接近于范晔笔下的马皇后，马皇后是在光武帝的首肯下得以入太子东宫。因为卜筮者的占卜结果和从兄马严的建议，太夫人蔺氏退掉了陷害马援的窦家的婚事，而求进三女于掖庭，马严即上书光武帝请求允许马皇后姐妹三人参与后宫女子的遴选活动。正像阮修容得了荀昭华的推荐，马皇后显然也得了光武帝的"法外开恩"，得以列入备选名单之中，最终入宫。

至此，我们看到的是几位后妃出嫁前的状况。《后妃》于汤妃有娎

① 余英时著《史学、史家与时代》，收在《余英时文集》第 1 卷，广西师范大学出版社，2004 年，第 55 页。
② 《后汉纪校注》，第 12 页。

氏出嫁前的情况未有说明,对于娥皇、女英二妃则一笔带过,今所存诸条中唯有阮修容出嫁前的情况保存得非常详细。至于阴、马二皇后,借助后汉诸史的记载,我们会发现对于前者未嫁之前的介绍也并不多,但是对于后者的介绍却是相当详细的,甚至晚于其后近五百年的阮修容出嫁前的情况在很多方面都可与之对应起来。

按《仪礼·丧服》的说法,"妇人有三从之义,无专用之道,故未嫁从父,既嫁从夫,夫死从子"①。后妃们自也当同寻常女子一般,未嫁之先理应从父,如有虞二妃为父遣嫁,阴皇后幼年丧父,出嫁之事,则有兄长阴识做主,然而,马、阮二氏却并非如此。我们当然可以从她们的家庭环境中分析出她们与众不同的人生经历,如马皇后父丧母病,而阮修容父亲忙于公干不得回家处治家事。也就是说,这两位后妃不守礼法"干理家事"的背后有着不得不的原因。不过,无论是袁宏、范晔还是萧绎,对于他们来说,这并不是叙述的重点,他们所要强调的是马皇后掌管后宫之能,阮修容为萧遥光掌理家事、为儿子萧绎治家之能皆可从她们幼年"干理家事"中一窥端倪。

二、出嫁从夫

在进入具体的分析之前,我们先不妨以现存相对完整的三篇传记为例,来看看《后妃》记事的重点:

《有虞二妃传》中先后言及有虞二妃、尧、四岳、舜、瞽叟、象等人物。内中涉及尧嫁二女于舜、二女助舜逃廪事、二女助舜逃井事、二女助舜嗣位事等,不难看出所及之故事主要是围绕有虞二妃与舜展开的。

《汤妃有娀氏传》中先后言及汤妃有娀氏、殷汤、太丁、仲壬、外丙、

---

① (汉)郑玄注,(唐)贾公彦疏,彭林整理,王辉点校《仪礼注疏》,上海古籍出版社,2008年,第920页。

伊尹。此传涉及有㜪氏为汤育子、明教训、整治后宫、引伊尹入殷诸事，所及故事之核心显然是有㜪氏与汤。

《阮修容传》内容非常丰富，所及人物、事件众多，此不一一赘举。不过，以文字计，自阮修容入郁林王后宫以后事显然远超过修容在家时之记述，而记随萧绎出藩后事之文字又更多些。

至于阴、马二皇后之记载虽已残损，不过观后汉诸史之记述重点也与上三条状况相似，即记在家事相对少些，出嫁事多些。详及范晔所记马皇后诸事，则为太后事又较他事为多。虽然后汉诸史中阴、马二皇后的资料未必尽为萧绎所取，但是至少在萧绎可见的史料中是有分量的。

综上，正如历来后妃传记一样，萧绎《后妃》将后妃出嫁而为人妻的身份作为记述的重点，其小序已明言如下：

> 夫以坤维厚载，实配乾道；月以阴精，用扶阳德。故能辅佐天子，求贤审臣。二妃擅于虞朝，十乱兴乎周室，其所以卜世隆长，诚有以矣。

在这一段文字中，萧绎所要表达的是他对于君主和后妃关系的认识。首先，他以"坤"对"乾"、以"阴"对"阳"的从属地位来表达他对君主、后妃关系中后妃地位的判断，显然他也是以后妃来配天作和"辅佐天子"的。紧接着，萧绎提出后妃有"求贤审臣"的作用，这可以看作是"辅佐天子"的一种方式。而在最后一句中，萧绎表示虞、周王朝的兴衰与有虞二妃、文王之母大任有着莫大的关联，这也就从正面肯定了贤妃"辅佐天子"的结果。萧绎正是抱持着这样的态度来书写后妃的事迹，而本文则要从每一位后妃的事迹中，寻找她们"辅佐天子"的部分。

仍从阮修容事说起。

将《梁书》、《南史》、《建康实录》本传与《金楼子·阮修容传》对照读来，阮修容先后事齐郁林王萧昭业、始安王萧遥光，遥光败后入东昏侯后宫，又于梁武天监元年(502)被梁武帝纳为台采女。四传之中，前三者记载较略，且多以阮修容生子为主要内容，而后者则远较前三传详细，不过即便如此，其中亦无关于阮修容入东昏宫后具体故事的记载，是知阮修容在遥光败后入东昏宫的两三年间，其过程几可忽略不计。也因此，萧绎在写母亲为人妻的身份时，以其与萧昭业、萧遥光的故事为主，稍及于入萧衍后宫之故事。

按萧绎的记载，阮修容入萧昭业的后宫是在隆昌元年(494)，这一年阮修容十八岁。在萧昭业后宫时，阮修容并未获得任何封号，而且这一段经历对于历史的影响也较小，故南朝诸史对这一段全无记载，但是萧绎身为儿子，却得以了解史家所不知道的秘辛：

> 时值少主失德，好为虐戏，手刺禽鸟，必敛容正色。少主非直深加严惮，乃反赐金钱，前后无算。①

兴膳宏说："阮修容本人也往往因他蒙受了很多灾难，可是她很耐心地努力纠正这个青年皇帝的糜烂生活。"② 指的大概就是这件事。其实关于阮修容在萧昭业后宫的经历，萧绎主要写了三件事情，一为此事，而另外一件则见于《箴戒》中"齐郁林王既嗣位，尝夜中与宦者共刺鼠至晓"③ 事。此条为《太平御览》所引："《金楼子》曰：齐郁林王夜中与宦者共刺鼠至晓，每夜辄得十篮。"此后凡郁林王刺鼠事多注为出自《金楼子》。这一条极有可能就是阮修容告诉萧绎的，而阮修容恐也如兴膳宏所说因为萧昭业遭受了很多灾难。不过，阮修容也并不因此就参与到萧昭业的行为中去，萧绎用"敛容正色"四字来表现阮修容的态度，而从"少主非直深加严惮"一句看来，阮修容大抵还对他有所劝诫，

---

① 《金楼子校笺》，第380页。
② 葛晓音主编《汉魏六朝文学与宗教》，第12页。
③ 《金楼子校笺》，第344页。

可惜这并不能感动萧昭业，他仍然过着荒唐的生活，最多也就是为她的勇敢奖赏些钱财罢了。第三件正是往家里寄钱之事，即将萧昭业赏赐的金钱寄给父母以作家用，这一点充分体现出阮修容对于父母的孝顺与对家人的关心。

及为萧遥光所聘后，阮修容曾两度向萧遥光建言，一为东昏侯向遥光求金事，一为遥光欲谋逆事，都不被接纳。以第二事为例。萧绎记之曰：

> 后遥光还东第，又谏曰："驷马高盖，其忧实重。少主贪虐，不过欲得州城，不如称老归第，于事为善。若其不尔，悔将何及！"①

《南齐书》云："潜谋将发，而遥欣病死。江祏被诛，东昏侯召遥光入殿，告以祏罪。遥光惧，还省便阳狂号哭，自此称疾不复入台……"②萧遥光等谋逆之事已为东昏侯所觉察，在这种情况下阮修容建议他退隐，他没有接受，并且在东昏侯要召见他时，临时起兵，结果兵败后在东第被杀。又及，萧遥光死后，"其子诩等并多蹶弊，悉皆赡恤，饥寒俱解"③。阮修容的所为真算是仁至义尽了。以上诸事记阮修容对于丈夫的谏言，郁林王事中显其正气，而遥光事中见其智慧。

除了谏言以外，萧绎记录了母亲在遥光府中的另外一项活动——"专掌内政"，其传曰：

> 专掌内政，承上接下，莫不得中。遥光非王氏不被礼遇，每因晒戏之际，同类多侮慢王氏，修容每尽礼谨肃，王氏恒酾酒酹地曰："将使自天佑之，吉无不利。"④

---

① 《金楼子校笺》，第 380—381 页。
② 《南齐书》，第 789 页。
③ 《金楼子校笺》，第 381 页。
④ 同上。

在历次嫁人的经历中,唯在萧遥光府中,阮修容得到了重用,所谓"专掌内政"说明其地位已经相当于正妃了。而她也发挥了自己治理家事之能,从"承上接下,莫不得中"一语中可以看出她在处理家庭关系上的能力。而面对不被礼遇的遥光妃王氏,阮氏并不与其他人一样侮慢她,反而尽礼谨肃。

与阮修容相比,有虞二妃的身份要高贵得多,可是她们也并不"骄盈怠慢",反而"谦让恭俭,思尽妇道"①。从"骄盈怠慢"与"谦让恭俭"的对比中,也不难想象有虞二妃的"思尽妇道"中也有"承上接下,莫不得中"之意。而《后妃》称汤妃有蓁氏"领九嫔,后宫有序"② 显然亦有此意。

又,范晔《皇后纪》中叙述了马皇后同样的作风:

> 奉承阴后,傍接同列,礼则修备,上下安之。③

从这句话中,我们不但看到马皇后遵守上下有别、尊卑有别的礼法,也不难发现诸人事迹中,马、阮二氏事仍最为相像。

综上,有德性的后妃在后宫之中要遵守礼法,能对上奉承长辈,对待同列则有友与之情,从而使后宫上下有序,内外有别。

至于阮修容在梁武帝后宫经历的相关记载本就不多,《阮修容传》所记也很有限:

> 天监元年,选入为台采女。赐姓阮氏,进位为修容。于是辨物书数,诏献种稑。④

在梁代,修容虽为九嫔之末,但阮氏"进位为修容"后,身份已不低。

---

① 《金楼子校笺》,第 362 页。
② 同上,第 372 页。
③ 《后汉书》,第 408 页。
④ 《金楼子校笺》,第 381 页。

按《周礼》，后宫女子因身份不同，需要掌握不同的知识，而所谓"辨物书数，诏献种稑"，就是一种阮氏进位修容以后所须进行的相应的活动，其中"辨物书数"属于一种学习活动，内中所及多与礼制相关，而"诏献种稑"则属于一种示范性活动。其实，阮修容对于礼制一贯是重视的。待到为梁武帝所纳后，她对于礼法更加重视，《后妃》所谓"家人有善，莫不仰用"就是说当有下人熟悉礼法时，阮修容会主动请教。总之，阮修容的"辨物书数，诏献种稑"实际上是在克尽后妃之职能。

礼仪以外，阮修容也开始修习佛经：

> 初习《净名经》义，备该元理，权实之道，妙极沙门。末持《杂阿毗昙心论》，精研无比，一时称首。三十年中，恒自讲说，自为《杂心讲疏》，广有宏益。绎始习物名，示以无诳。及在幼学，亲承慈训。绎始习方物名，示以无诳。初受《孝经》、《正览》、《论语》、《毛诗》。①

阮修容所修习的《净名经》是什么呢？《梁书·武帝纪》说梁武帝"兼笃信正法，尤长释典，制《涅盘》、《大品》、《净名》、《三慧》诸经义记，复数百卷"②。梁武帝笃信佛法，尤其擅长阐释佛典，而在所撰的阐释佛经的作品中，就有《制旨净名经义记》。又，据《出三藏记集》将《皇帝敕净名志上出入记第七》置于《皇帝天监五年四月八日乐游大会记第八》之前，则梁武帝修习《净名经》的时间当不晚于天监五年（506）。此外，梁武帝的另一个妃子丁贵嫔的修习佛法，尤其是修习《净名经》也是受了梁武帝的影响。这些都说明阮修容的修佛在相当程度上受到梁武帝的影响。

而萧绎在说及母亲对自己的教育时，提到了《孝经》、《正览》、《论

---

① 《金楼子校笺》，第381页。
② 《梁书》，第96页。

语》《毛诗》等四部书籍。这其中《孝经》《论语》在当时是常见的蒙书，兰陵萧氏亦如此，详见于下文中关于《戒子》的讨论，此不赘言。而值得注意的是，除了武帝诸子并习的《孝经》《论语》之外，萧绎亦受《正览》、《毛诗》。

据《梁书·武帝纪》载：

> 虽万机多务，犹卷不辍手，燃烛侧光，常至戊夜。造《制旨孝经义》《周易讲疏》，及六十四卦、二《系》《文言》《序卦》等义，《乐社义》《毛诗答问》《春秋答问》《尚书大义》《中庸讲疏》《孔子正言》《老子讲疏》，凡二百余卷，并正先儒之迷，开古圣之旨。王侯朝臣皆奉表质疑，高祖皆为解释。修饰国学，增广生员，立五馆，置《五经》博士。[①]

武帝的作品中，《孔子正言》大概与《论语》有些关系，其余二书观其书名即知所阐释的当为《孝经》《毛诗》。又，先言"虽万机多务，犹卷不辍手，燃烛侧光，常至戊夜"，后云"立五馆，置《五经》博士"事，知文中所引诸书当造于此前，而梁武帝"立五馆，置《五经》博士"事在天监四年（505），彼时萧绎尚未出生。由是，阮修容为萧绎选择的蒙学书籍不但合于潮流，更合于梁武帝的偏好。

其实，萧绎幼时并非仅仅学习了他所罗列的四部书籍。据《梁书·元帝纪》云："世祖聪悟俊朗，天才英发。年五岁，高祖问：'汝读何书？'对曰：'能诵《曲礼》。'高祖曰：'汝试言之。'即诵上篇，左右莫不惊叹。"[②] 可以说，诵《曲礼》是萧绎幼年时候的得意之事。又，《金楼子·聚书》云："初出阁，在西省，蒙敕旨赉《五经》正副本。"[③] 所谓"初出阁"

---

① 《梁书》，第 96 页。
② 同上，第 135 页。
③ 《金楼子校笺》，第 515 页。

即指萧绎被封为湘东王,事在天监十三年(514),时萧绎七岁。而"蒙敕旨赉《五经》正副本"则是说萧绎在七岁出宫时,父亲赐给他《五经》正副本之事。萧绎诵《曲礼》在出阁之前,亦在梁武帝赐书之前,然而萧绎却并不提及《曲礼》或《礼记》,不但不在"初受"之书中提及,甚至也不像《昭明太子传》那样,后写"五岁遍读《五经》"[①]之语,这就更令人怀疑萧绎罗列《孝经》、《论语》、《毛诗》等三部书籍正是为了说明阮修容在这方面受到了梁武帝的影响。

此外,《正览》是其中比较特殊的一部书籍。《隋志》录有"《正览》六卷,梁太子詹事周舍撰,梁有《三统五德论》二卷,曹思文撰,亡"[②]。许逸民据此书列于子部儒家类下及附注内容,推测"周撰当亦是采择'圣人之教'(《隋志》语,下同)、'助人君明教化'之作,成为皇室子弟的启蒙读本,当不无可能"[③]。又加之周舍在梁武帝朝的特殊地位,《梁书》称周舍"虽居职屡徙,而常留省内,罕得休下。国史诏诰,仪体法律,军旅谋谟,皆兼掌之。日夜侍上,预机密,二十余年未尝离左右"。可见周舍为梁武帝所重视的程度之高。

综上,萧绎笔下母亲所选择的这些蒙学书籍,《正览》以外不必非为梁武帝所作,甚至,如果更激进一点,阮修容在做选择时也不一定顾虑到梁武帝在复兴儒学上所作的努力,只要想想萧绎对于所受四部书的书名的特意申明,大抵亦可知道他这样的表述重点是要突出父亲对于母亲的影响。

除了上所及遥光妃王氏事外,《阮修容传》在记述阮修容的婚姻生活时极少涉及同列之事,这固然与其经历有关,也与阮修容的个人修养有关。在写及阮修容帮助自己治家之时,萧绎也写及母亲对于妒妇的

---

① 《梁书》,第 165 页。
② 《隋书》,第 999 页。
③ 《金楼子校笺》,第 406 页。

批评:"且妒妇不惮破家,况复甚于此者也!"①"妒妇不惮破家"一句或来自《申子》"妒妻不难破家,乱臣不难破国"②之中。这一句中所提到的"妒妇"表面来说指的是萧绎的妻子徐妃,实际上也或多或少地暗示了梁武帝的正妻郗氏,这一点后文中将有进一步的讨论。至于"况复甚于此者也"则是说妒妇的所为不但可能会导致家破人亡,恐怕还有比家破人亡更严重的后果。而从阮修容的这一评语看来,至少在她自己的眼中,她并非善妒之人。

从被萧昭业虐待却仍试图劝诫,从帮助萧遥光掌理家事,纵然建议不被采纳,因受连累而入东昏侯宫仍不遗余力地照顾萧遥光的子孙,从进位修容后努力地学习礼仪,追随梁武帝的脚步修习佛经、儒典中,我们不能不感受到这位阮宣修容在为人妻子的身份上所付出的努力。而无论是被虐待、被错待还是被漠视,她都不改初衷继续努力,我们从中不难得出阮修容即是萧绎所极力要塑造的"配天作和"的后妃的典范。

与阮修容相同,有虞二妃及汤妃有㜪氏的事迹也都体现了各自在"出嫁从夫"上所作的努力,以下对二传稍作总结。

如上文所及,《有虞二妃传》的叙事重点在于二妃出嫁后的生活,而这之中就包括了她们屡次助舜避难之事:

> 瞽叟使涂廪,舜归告二女:"父母使我涂廪,我其往?"二女曰:"衣鸟工往。"舜既治廪,瞽叟焚廪,舜飞去。舜入朝,瞽叟使舜浚井,舜告二女,二女曰:"往哉,衣龙工往。"舜往浚井,格其出入,舜

---

① 《金楼子校笺》,第382页。
② 语出《申子·大体》,收在吕效祖、赵保玉编《群书治要考译》第三册,团结出版社,2011年,第411页。《申子·大体》原作:"夫一妇擅夫,众妇皆乱。一臣专君,群臣皆弊。故妒妻不难破家也,乱臣不难破国也。"而《金楼子·立言篇下》云:"夫一妻擅夫,众妾皆乱;一臣专君,群臣皆弊。其可忽哉!"见《金楼子校笺》,第908页。联想到《阮修容传》中"且妒妇不惮破家,况复甚于此者也",故疑萧绎此语当出自《申子》原文。

潜出其旁。迫既纳于百揆,宾于四门,选林木入于大麓,每事常谋于二女。①

面对着瞽叟的恶意要求,二妃从没有试图阻止过舜,而是想办法帮助他避免灾祸,并因此得到舜的尊重,他因此"每事常谋于二女"。刘向曾在《列女传·有虞二妃传》后颂曰:"元始二妃,帝尧之女。嫔列有虞,承舜于下。以尊事卑,终能劳苦。瞽叟和宁,卒享福祐。"②也就是说,尽管有虞二妃出身高贵,但因为妻子的身份,在帝舜面前她们使自己处于从属地位,不但如此,她们还竭尽所能,从帮助舜处理家庭关系,尽力维护其与父母兄弟的关系,直到助舜治理天下。

再来看汤妃有娎氏之故事,《后妃》云:

> 妃领九嫔,后宫有序,咸无妒媚逆理之人。伊尹为之媵臣,与之入殷,卒致王功。君子谓有娎明而有序,《诗》云:"窈窕淑女,君子好逑。"言贤女为君子和好众妾,其有娎之谓也。③

所谓"妃领九嫔,后宫有序,咸无妒媚逆理之人"讲的是有娎氏不仅自己不善妒,而且在她的管理之下,后宫井然有序,毫无善妒之人,这一部分主要是突出有娎氏对内和谐家庭之功。而所谓"伊尹为之媵臣",则是说有娎氏为汤求得贤臣,而最终成就了殷商的天下,于内于外皆有裨益。而萧绎在赞扬有娎氏"和好众妾"之下,恐怕也隐含了对善妒行为的批评。

至于阴、马二皇后的事迹,仍须借助后汉诸史。阴皇后对于光武帝刘秀成就帝业及江山的稳固还是很有贡献的,这仍须从二人的联姻说起。更始二年(24)春天,距离娶阴后入门不到一年的时间里,为了在河

---

① 《金楼子校笺》,第362页。
② 《列女传补注》,第2页。
③ 《金楼子校笺》,第372—373页。

北站稳脚跟,刘秀娶了真定郭昌的女儿郭圣通。郭氏背后所代表的力量使得刘秀可以控制住河北的大局,也因此机会登基称帝。可是,当刘秀在建武元年(25)称帝之时,问题也就来了,他须在阴、郭二氏之间选择一位立为皇后。按娶妻的顺序,自然应是阴氏立为后,然而阴氏却把后位"让"给了郭氏。此时,新建立的东汉王朝形势仍岌岌可危,而郭氏背后的力量更有助于刘秀解决危机,且不论"让"这个动作是否迫于无奈,这一动作本身确实解了刘秀的围。据范晔《后汉书·光武十王传》记载,刘秀十一个儿子中,除了楚王刘英系许美人所生外,其他十子阴氏和郭氏各有一半,从这里不难看出,刘秀对于阴、郭二后的重视度大概相差无几。而如果阴后不是带有主动性地"让"出后位的话,只怕也得不到这种待遇。又,建武九年(33),刘秀追封阴后父亲和弟弟的诏书中提到"以贵人有母仪之美,宜立为后,而固辞弗敢当,列于媵妾。朕嘉其义让,许封诸弟。未及爵土,而遭患逢祸,母子同命,愍伤于怀……"① 这说明在刘秀的心中始终记得阴皇后"让"这一举动。

除了"让"德之外,阴皇后也不仗势弄权。《后汉书·阴兴传》中云:"帝后召兴,欲封之……贵人感其言,深自降挹,卒不为宗亲求位。"② 对于刘秀这样一位经历了王莽篡汉的人来说,对于外戚的势力,他是非常忌惮的,他曾经严惩西京外戚宾客,时与阴兴、阴就交结的冯衍就由此获罪。也因此,阴皇后的不仗势弄权想来正合了他的意。

另,阴皇后也非善妒之人。阴皇后的不妒优点是同被刘秀废黜的郭皇后比较出来的,《皇后纪》云:"后以宠稍衰,数怀怨怼。"③ 而废后诏书还说郭后"不能抚循它子,训长异室……既无《关雎》之德,而有吕、霍

---

① 《后汉书》,第405—406页。
② 同上,第1131页。
③ 同上,第403页。

之风,岂可托以幼孤,恭承明祀。"①刘秀的废郭后原因恐不止于此,不过从诏书的语气之中,就可以读出刘秀对于郭后的不满更多地在于她心怀嫉妒并且对非亲生的孩子不够好,担心自己死后出现吕、霍之祸。刘秀对于吕后的行径是深恶痛绝的,他甚至在中元元年把吕后从高庙之中移了出去。相应的,阴皇后既然肯让出后位,在这方面大抵也不会有过激的行为,对于刘秀来说也就"可托以幼孤,恭承明祀"了。

总之,自嫁刘秀之初,阴皇后便为其稳固了阴家的势力,而在刘秀称帝之后,更靠退让缓解了刘秀的困境。她让出皇后之位,维护了家庭的和谐,不为宗亲求位则是对刘秀限制外戚行为的呼应。

后汉诸史把马皇后的形象塑造得非常正面,尤以至今保存完整的范晔《后汉书》为甚。首先,她遵守礼制。如前文所及,马皇后谨守上下有别的分寸,入太子宫后,上至阴太后,中至刘庄的嫔妃们,下至侍御们,马皇后皆以诚相待,但又不逾礼制,因而得以使上下各安其位。当她母亲落葬,起坟微高于制时,她便请家人减削。又,当刘庄减封诸子时,她的第一反应是"于制不已俭乎",可见她重视礼制的态度。其次,她能够以身垂范。马皇后曾说:"吾为天下母,而身服大练,食不求甘,左右但着帛布,无香薰之饰者,欲身率下也。"而为了要起到这样的示范作用,马皇后做事自然非常谨慎。比如在生活上,她非常注意上下有别,《后汉纪》说她"未尝与侍御者私语"②,可谓审慎之至。又,范晔《后汉书·马皇后纪》云:"新平主家御者失火,延及北阁后殿。太后以为己过,起居不欢。时当谒原陵,自引守备不慎,惭见陵园,遂不行。"以谶纬的角度看来,火灾是上天降兆。《三国志·高堂隆传》载:

> 崇华殿灾,诏问隆:"此何咎?于礼,宁有祈禳之义乎?"隆对

---

① 《后汉书》,第 406 页。
② 《后汉纪校注》,第 245 页。

曰："夫灾变之发,皆所以明教诫也,惟率礼修德,可以胜之。《易传》曰:'上不俭,下不节,孽火烧其室。'又曰:'君高其台,天火为灾。'此人君苟饰宫室,不知百姓空竭,故天应之以旱,火从高殿起也。上天降鉴,故谴告陛下;陛下宜增崇人道,以答天意……"①

萧绎在《立言篇上》中亦曾提起此事:

> 往者承华殿灾,诏问高堂隆:"此何灾?"隆曰:"殿名崇华,而为天灾所除。是天欲使节俭,勿复兴崇华之饰也。"②

而新平公主家失火,祸及皇宫北阁后殿,故此,马皇后认为是自己的过错,于是"起居不欢",甚至无颜面对明帝的陵园,因而连祭陵一事也没有参加,这说明马皇后时时自省。不过显然,她也是一个很有智慧的人,做事很讲究方法,如《东观汉记》云:"明德马后置织室,蚕于濯龙中,数往来观视,内以为娱乐,外以先女功。"③本为检查女红,却托以娱乐之名。而且她赏罚分明,广平王等车骑朴素,她便大加赏赐,自己的哥哥家奢侈,她就绝其用度。对于刘庄的态度更是如此,虽然常按刘庄之意志行事,但当刘庄游玩之时,她却极少陪同,还常常劝诫一番。

如果从"扶阳德"的角度出发,大概可以把她的事迹划分为两大类:一是在家庭内部对于刘庄的支持,即为其和谐家庭;二是在政事上为刘庄分忧解劳。她把处理家事的劲头带到了宫中,将后宫也打理得井井有条,理顺了与阴太后、其他嫔妃及刘庄诸子的关系,而这显然为她处理自己最重要的人际关系——与刘庄的关系提供了重要支持。她积极地配合刘庄的身份,形象端庄,能在政治上提出好的建议,同时又协助控制外戚的干政。总之,这位能干的皇后照顾到了她与刘庄关系方方

---

① （晋）陈寿撰,（南朝宋）裴松之注《三国志》,中华书局,2000年,第709—710页。
② 《金楼子校笺》,第844页。
③ 《东观汉记校注》,第193页。

面面的细节,而一旦如此,她与自己的家族,或者说,其为人妻与为人女的身份之间的冲突也就表现了出来,而在冲突之中选择站到自己丈夫的立场正是史家所强调的。

如果将马皇后与阴皇后相比就不难发现,马皇后的行为多是主动自觉的,她积极地站在了刘庄的身边支持他帮助他,这一点是萧绎比较重视的,因为他笔下的母亲也是这样一个积极主动的人。又如前文曾提及阮修容对待遥光妃王氏的"尽礼谨肃"与马皇后的遵守礼法,阮修容面对萧昭业荒唐之举的"敛容正色"与马皇后在明帝热衷娱乐活动时的不随波逐流,阮修容对遥光的谏言与马皇后的谏政之举,皆颇可对应。唯独《阮修容传》不及防患外戚之事,而这恐怕与阮修容的地位及其娘家门第较低相关。

从以上的分析中,不难看出,一旦进入帝王的后宫,出于为人妻子的身份,后妃们要谨守礼制,别上下、内外,为此,她们要克制自己的嫉妒心,努力和谐家庭关系,要不断修习与身份相应的知识,要尽量顺从帝王的意趣,但是在必要的时候还要保持正直的态度,提出意见和建议,等等。史家在表现有德后妃善尽为人妻的职分时,总是使她们主动站到了丈夫的立场上,萧绎也不例外。不过,史家通常还会论及外戚干政之事,而已经残损的《后妃》中没有这样的内容。

三、母以子贵,子以母贵

建康城平,高祖纳为彩女。天监七年八月,生世祖。寻拜为修容,常随世祖出蕃。[1](《梁书·阮修容传》)

天监七年八月丁巳生帝,举室中非常香,有紫胞之异。武帝奇

---

[1] 《梁书》,第163页。

之,因赐采女姓阮,进为修容。① (《南史·梁本纪下》)

天监元年,选入为台采女。赐姓阮氏,进位为修容。②(《金楼子·阮修容传》)

上文中曾经提到过阮修容的经历,这样一位经历丰富的女子最后得以进位修容,是因为她为梁武帝生下了萧绎,才得以从地位低下的采女一跃而为修容。

我们当然不能说后宫女子皆可以凭借生子获得很高的地位,上文提到的楚王刘英之母许美人即是一例。然而许美人虽未入九嫔之属,却因为楚王刘英而被记入后汉诸史,其虽无宠,但因为生了刘英,只要刘英有封地,不管刘秀是否尚在,她都老有所归。

正因为子息的重要性,没有子息的皇后都要想办法抱养一个后代,西汉的孽嬖之后赵飞燕如此,东汉有德的马皇后亦如此。马皇后在嫁给汉明帝后一直未有子息,明帝于是授意她抱养章帝刘炟,马皇后欣然从命,也终于得以巩固自己的地位。

而阮修容的幸运之处在于她所遇到的恰恰是特别重视子息的梁武帝。因为一直未有子息,不得已武帝过继了弟弟萧宏的三子萧正德为儿子,当齐和帝中兴元年(501)九月昭明太子萧统出生时,武帝已经三十八岁了,这也就难怪他对生育子息的事情特别看重。《南史·丁道迁传》云:

贵嫔父道迁,天监初,为历阳太守。庐陵威王之生,武帝谓之曰:"贤女复育一男。"答曰:"莫道猪狗子。"世人以为笑。③

庐陵威王萧续是萧衍的第五个儿子,不过显然梁武帝对他的出生

---

① (唐)李延寿撰《南史》,中华书局,1975年,第234页。
② 《金楼子校笺》,第381页。
③ 《南史》,第340页。

依然颇为重视。

《公羊传·鲁隐公元年》云：

> 桓何以贵？母贵也。母贵则子何以贵？子以母贵，母以子贵。[①]

"子以母贵"与"母以子贵"当然是有所区别的，这里我们仅仅以子息的多寡为前提讨论这个问题。子息众多的情况下，以母贵在先，而在子息薄弱的情况下，则母以子贵。正是因为梁武帝早年子息薄弱，所以阮修容才能凭借生育萧绎而"进位修容"。

成为修容以后，阮氏的时间更多的是给了自己的儿子萧绎。除了前文提到的教导萧绎学习"方物名"及《孝经》、《正览》、《论语》、《毛诗》等蒙学书籍外，阮修容还教导儿子为政之道："及随绎，数番指以吏道。政无繁寡，皆荷慈训。时值水旱，变食深忧。"[②]

与此相应，《金楼子·杂记下》云：

> 余好为诗赋及著书，宣修容敕旨曰："夫政也者，生民之本也。尔其勖之！"余每留心此处，恒举烛理事，夜分而寝。[③]

可见，阮修容确实常常提点儿子为政之道。而"时值水旱，变食深忧"则说明阮修容不仅仅是教导儿子以生民为本，她自己更是以天下之忧为忧，而这也可以看作是阮修容对儿子的身教。这与下文的"居常俨敬，无喜愠之色。恭俭仁恕，未尝疾言亲指"以及"居家恤隐，不严而治。御下以和，而傍无游手。刀尺绮缟，各尽其业"，显然是有密切关系的。正是因为阮修容更注重以身垂范，"御下以和"，而不是疾言厉色地指

---

① （汉）公羊寿传，（汉）何休解诂，（唐）徐彦疏，浦卫忠整理，杨向奎审定《春秋公羊传注疏》，北京大学出版社，1999年，第13页。
② 《金楼子校笺》，第381页。
③ 同上，第1334页。

责,她不但使儿子懂得为政之道,也使家人勤恳做事,各尽职能,而身边无一游手好闲之人。对于自己不懂的,比如"醴酏品式,衣裳制度"之类,如果有下人懂得,她也认真请教,即所谓"家人有善,莫不仰则"。而对于下人偷窃等行为,阮修容也不急于惩戒,《阮修容传》曾记阮修容左右窃取物品之事:

> 尝有银带被匣,左右就边敠①之,将近盈把,乃笑而言曰:"此人后身,会当更属我。"初无一言呵责。值吉日良辰,大小萃聚,并令相次起舞,感恩流惠,爱及童稚。每戒绎曰:"言出于近,千里必应。士之生世,束修而已。广则难周,无劳交结。玉尚待沽,而况人乎?勤营功德,恒事赈赐,此为上也。"②

"银带被匣"是说阮修容有一个为银带所覆盖的匣子,银带为身边人所窃,一来二去被阮修容所发现,不过她也并不直言呵责。再者,在良辰吉日众人聚集的时候,阮修容会对身边人加以赏赐,"士之生世,束修而已"与"勤营功德,恒事赈赐,此为上也"之语更清楚明白地昭示了这一点。而在这一过程中,阮修容再一次对儿子进行了身教。

这些行为除了显示阮修容对儿子教导有方外,更体现了修容治家乃至为政之能,与在娘家处理家事,在遥光府中"专掌内政"等皆有一脉相承之意。

接下来,萧绎就写了母亲的重情,上至父母,连姨母也一并爱戴,因此在父母及姨母过世时,阮修容都悲痛欲绝到不能持礼,又且效丁兰刻

---

① "敠"即扬,有飞举的意思。吴骞以为"'敠'乃'剔'之误"。许逸民认为:"'敠'虽含举义,然谓'就边敠之'亦难圆通,疑其字或当作'剔',剔者剜挑也。"见《金楼子校笺》,第425页。萧旭在《〈金楼子〉校补(一)》中借实例指出"'煬'、'扬'可同音互借也。"此条见 http://www.gwz.fudan.edu.cn/Web/Show/1900。而陈志平、熊清元则以为"敠"为轻侮、怠慢之意,"剔"为挖出,往外挑,所以"敠"应改作"剔"。
② 《金楼子校笺》,第382—383页。

父母像，朝夕敬拜，到祭祀之时更是痛哭流涕；中至弟妹，包括庶生之妹；下及子孙，甚至包括弟妹的后代。正是阮修容这样的重情义，在家中有了徐妃这样善妒的女子后，阮修容不但不加以责罚，反而"爱接弥隆"。此又与上所言言教与身教并举相承。

又，在写及阮修容随自己出藩后，萧绎云："随绎归会稽……询求故实，赡恤乡党，扶老携幼，并沐恩猷。"① 从这段话不难推知，阮修容不惟爱护自己的家人，并能及于乡党。而乡党之外，阮修容又更周济他人："性好赈施，自春及冬，无日而怠。往年谷粒腾涌，蒙袂而济者，不可胜言。"②

显然，阮修容乐善好施，其重情由家人而及于天下，这些都表现出阮修容作为一位后妃母仪天下的情操。在有虞二妃及汤妃有䅈氏的相关记载中并无类似的故事，阴皇后的相关记载中则仅及于回忆父亲时伤心流泪的故事，至于马皇后的相关记载中恰有类似的故事，不妨摘录如下：

> 常衣大练，裙不加缘。朔望诸姬主朝请，望见后袍衣疏粗，反以为绮縠，就视，乃笑。后辞曰："此缯特宜染色，故用之耳。"六宫莫不叹息……太后诏曰：……吾为天下母，而身服大练，食不求甘，左右但着帛布，无香薰之饰者，欲身率下也……③

> 时楚狱连年不断，囚相证引，坐系者甚众。后虑其多滥，乘间言及，恻然。帝感悟之，夜起彷徨，为思所纳，卒多有所降宥。④

> 常与帝旦夕言道政事，及教授诸小王，论议经书，述叙平生，雍

---

① 《金楼子校笺》，第381—382页。
② 同上，第383页。
③ 《后汉书》，第409—411页。
④ 同上，第410页。

和终日。①

上引内容以叙述重点不同而分列三条。首条中所展示的马皇后以身垂范治理后宫之法，与萧绎《后妃》所叙阮修容事最为相似，不过后者的传主与作者本是母子，所记细节非后汉诸史所能比。至于阮修容"变食深忧"与马皇后以"恻然"之心言及因楚元王谋反而牵连甚广之事亦有异曲同工之妙。而"与帝旦夕言道政事，及教授诸小王，论议经书"，实即马皇后教育明帝诸子的状况。阮修容教导萧绎读书与为政，抚养弟妹之后代，接济遥光之后人，乃至赡恤乡党，周济天下等种种行为累积起来，与马皇后相比，毫不逊色。

而接下来萧绎描写的是阮修容所擅长的各种伎术。她以许负之术看到了临川王萧宏及昭明太子之事，又以望气之能看到了刘敬躬（按，今本《阮修容传》作刘敬宫，实即一人）谋反之事。萧宏死于普通七年（526），这一年萧绎二十岁，《金楼子·自序》中云："余将冠，方好《易》卜。及至射覆，十中乃至八九。"②想来两事恐怕有所关联，或是因为萧绎自己开始好《易》卜之术而开始注意母亲的占卜之能，也可能是受母亲卜事准确之影响而好《易》卜，当然萧绎也可能受了他人的影响。而萧绎之所以记阮修容精确地预测了临川王萧宏之死，其中一个目的恐怕是为其对昭明太子萧统之死的准确预测作一个铺垫。相对来说，昭明太子之死影响重大，其直接或间接地导致了此后梁朝局势的变动，诸王之间力量的消长，乃至梁朝的灭亡。而如果说萧统之死对于萧绎的影响还是一个长期的过程的话，那么刘敬躬谋反之事显然与萧绎有着最直接的联系。大同八年（542）正月，刘敬躬谋反，二月初二萧绎就被派去平定刘敬躬，而三月初二即擒得刘敬躬送还建康。显然，阮修容的

---

① 《后汉书》，第413页。
② 《金楼子校笺》，第1358页。

预测与儿子的仕途息息相关。

如前所论，《后妃》小序中"能辅佐天子，求贤审臣"是萧绎所强调的重点，阮修容所擅长的这些伎术显然就有"辅佐天子，求贤审臣"的功效。当然这也与萧绎个人为政生涯中对于伎术的重视有关，《三国典略》云：

> 梁元帝在江陵即位，欲还都建康。领军将军胡僧祐、太府卿黄罗汉、吏部尚书宗懔、御史中丞刘谌等曰："建业王气已尽，与虏止隔一江，若有不虞，悔无及也。且诸宫洲数满百，当出天子。陛下龙飞，是其应乎？"梁主令朝臣议之。黄门侍郎周弘正、尚书左仆射王褒曰："帝王所都，本无定处，其如黔首万姓，未见舆驾入建业，谓是列国诸王。宜顺百姓之心，从四海之望。"时江陵人士咸云："弘正等皆是东人，志愿东下，恐非良计。"弘正面折之曰："若东人劝东，谓为非计，君等西人欲西，岂成良策？"梁主笑之。又于后堂大会文武五百人，问之曰："吾欲还业，诸卿以为何如？"众皆愕然，莫敢先对。梁主曰："劝吾去者左袒。"于是左袒者过半。武昌太守朱买臣入劝梁主，云："建业旧都，莹陵犹在，荆镇边疆，非王者宅。愿陛下弗疑，致后悔也。臣家在荆州，岂不愿陛下住，但恐是臣富贵，非陛下富贵耳。"乃召卜者杜景豪，决其去留。遇兆不吉，答云："未去。"景豪退而言曰："此兆为鬼贼所留也。"[①]

引文中，我们可以看到萧绎即位之前，众臣关于还都建康还是定都江陵的讨论。从引文所描写的画面不难看出，众臣意见相左，而导致出现了僵持的场面，无奈之下，萧绎召卜者杜景豪加以占卜。《南史》亦记载此事，然而并不提及"召卜者杜景豪，决其去留"之事，而《三国典略》

---

① 转引自《太平御览》，第 758—759 页。

的记载却告诉我们,在众人各持己见之后,杜景豪占卜的结果是"未去",即反对还都建业而支持定都江陵的意见,显然这在实际上影响到了萧绎定都的决定。综上,萧绎写阮修容善于伎术之事,正是要强调后妃"求贤审臣"之能。

之后萧绎又写了母亲恭敬礼佛及捐建寺庙之事,有意思的是上文所提到的阮修容周济穷人之事就放在捐建寺庙之后,这似乎是要说明母亲的捐建寺庙在信仰之外也有施舍之意,而从萧绎总结母亲一生时所提到的"每大官供进,并以准取钱,纤毫已上,皆施宣业寺。数年之中,僧徒众食,并是丰饱"① 更可以清楚明白地看到这一点。正是因为阮修容一生的功德,在其去世后,武帝才会下诏言阮修容可以"宣"为谥号,取"能施盛德"之意。

我们能看出萧绎极言母亲之德,他将母亲塑造为一个可以将生活中的每一个角色——女儿、妻子、母亲等都完成得非常出色的女性,而显然,在这些不同的角色中,他更重视的是塑造承担母亲这一角色的修容,这除了因为他最熟悉的是作为母亲的修容以外,恐怕更是因为他相信也在一定程度上体会到母亲的教导获利的不仅仅是作为儿子的自己,在她将以生民为本这一思想教给自己以后,获利的则是天下苍生,而她的"求贤审臣"之功亦有助王治。她的教导获利的不仅仅是作为儿子的自己,当母亲将以生民为本这一思想教给自己以后,获利的则是天下苍生,而她的"求贤审臣"之功亦有助王治。

与《阮修容传》相比,《后妃》尚存的另外两篇相对完整的传记在写及后妃教养子孙问题上就薄弱了些,如《有虞二妃传》中不及舜的子嗣,而汤妃有娀氏虽有三子,且其二得天下,可是相关记载却非常简略。这其实也很好理解,在儒家的观念中有虞二妃的时代实行的是禅让制,故

① 《金楼子校笺》,第 384 页。

早期的故事中实不必有子嗣的存在。汤妃有娎氏的事迹颇类于此，在她的时代，兄弟的传承顺序在先，而父子的传承顺序在后，因此也不会特意强调儿子的问题。而随着时代的发展，嫡长制确立后，《公羊传》中所提及的"子以母贵，母以子贵"的依存关系越来越影响到历史对于后妃的要求，阮修容与萧绎之间就存在着"母以子贵"的关系，而阴皇后与明帝刘庄之间则具有"子以母贵"的关系。

光武帝即位之初，阴皇后让出皇后位子的一个重要理由就是郭圣通已经育有一子。而随着郭皇后被废，阴氏被立为皇后，刘庄得以因嫡长子身份被立为太子，这种身份上的变化实据"子以母贵"而来。而因为郭皇后被废，其子刘强被迫上书让出太子之位，这就是"子以母贵"的反例了。刘庄继承了皇位，并且维护了东汉的稳定，抚育之功必然也是要记在阴皇后的名下的。

马皇后无子，刘庄令其抱养贾贵人之子刘炟。在马皇后，除了刘炟与自己的血缘关系（刘炟母贾贵人实为马皇后的外甥女）而外，如果不尽心对待刘炟，日后他人升位，自己前途堪忧；而在刘炟，如果不是借着马皇后之地位，从一个贵人之子要升为天子也不是那么容易的。由是，自嫡长制确立后，母子之间的这种依存关系在后妃的世界里是无法避免的，而这也引发了后妃如何与帝王的其他子息相处的问题，在这一点上，我们可以得到两个相反的例子。

马皇后的例子是比较正面的。如前所引，"常与帝旦夕言道政事，乃教授诸小王，论议经书，述叙平生，雍和终日"。马皇后与刘炟讨论政事，而与明帝的其他孩子"论议经书，述叙平生"，内中有所区别，但是马皇后这样的态度显然是要算在善待一类里的，而其重要原因恐怕还是她自己无子。又，明帝封诸子而封地减半之时，马皇后追问因由，彼时的刘炟已被立为皇太子，可见其对诸子的关心。

另一个例子是刘秀的第一位皇后郭圣通。前文中曾引及刘秀废郭后之诏书,在范书之中这个废郭后的诏书是放在《皇后纪》中的。而从"不能抚循它子,训长异室……既无《关雎》之德,而有吕、霍之风,岂可托以幼孤,恭承明祀"中,不难看出,做不到"抚循它子,训长异室"的并不只郭后一人,既不会空前,也不会绝后,而这也是后妃为人母的身份中很难避免的问题。总之,因为"子以母贵,母以子贵"这样的依存关系,后妃在为人母的身份上必然要竭尽所能对待自己的儿子或养子,而如果是有德的后妃则不仅爱护自己的子女,也会兼及她人之子。

综上,本节以《阮修容传》为线索,在为人女、为人妻与为人母的不同身份上分析了后妃们的品德,或者说后妃们被表现出来的品德。试将诸位被表现出来的高尚的品德依《后妃》的记述次序简述如下:

有虞二妃德性的主要表现是不以天子之女的身份而骄横跋扈,能尽妇道,辅佐帝舜。

汤妃有㜪氏则为殷汤和好妻妾,并为他带来了贤臣伊尹,最终成就了殷汤的天下。她为汤育有三子,而其中的二子后来得到了天下。

对于阴皇后,史书的记述重点在于她能支持自己的丈夫,维护家庭的和谐,并抚育后代。

诸后汉史对于马皇后的记载相对要多一些,这大概是因为她进宫极早,大部分的事情都发生在宫闱之中。这位马皇后谨遵礼法,在家思尽孝道,入宫以后能将后宫打理得井井有条,能在政治上向刘庄提出好的建议,能和刘庄谈治国之道,同时她更积极协助控制外戚的壮大。

除阮修容而外,萧绎所刻画的几位有德后妃一直是历来史家着意表现的重点,有虞二妃、汤妃如此,她们不但出现在史家的笔端,也成为儒家经典中极力褒扬的女性,而马、邓二后声名远播,《南齐书·后妃传》末"史臣曰"中便有"若使掖作同休,阴教远燮,则马、邓风流,复存乎此"之辞,足见马、邓二后在当时的声名。而萧绎在此基础上刻画了自己的母亲阮修容,相较于此前诸位后妃,他笔下的阮修容是毫不逊色的。在儿子的笔下，她是一个遵守礼法的人，孝敬长辈，友爱弟妹，照顾子孙，能将全部的情意毫无保留地奉献出来，但又能做到上下有别，内外亦有别。而对待自己的丈夫们，她总是能够竭尽所能地贡献自己，能管理好家庭内部生活，能对形势提出有价值的判断。她一生大半的时间都陪在儿子的身边，并通过言传身教来对他产生影响，不但有利于儿子的为政，也对王朝的未来有预见之功。而最后一点实为《后妃》彰扬的重点。

不能不说，萧绎的《后妃》是具有史的性质的，但他本人终究不是一般的史家，他有皇家成员的身份，有宗族的立场，更何况他还处在一个特殊的时代里，这就使得他笔下的后妃难免有一些与众不同之处，而这就必须要回到作者本身，回到他的家族乃至他的时代去。

第三节　后妃观与女性观成立的背景

可以肯定地说，萧绎在编撰《后妃》时是有表达自己的后妃观乃至女性观的诉求的，而无论是这种诉求本身还是该篇实际反映出的后妃观念乃至女性观念，都不可避免地受到多方面因素的影响。从本章第一节对《后妃》可能来源的考察不难发现，萧绎《后妃》的编撰实从之前的后妃书写中获益良多，因此后妃书写尤其是后妃类传的发展与成熟就在相当程度上促成了《后妃》的成立。至于萧绎个人的后妃观点，一方面与当时的或是更早的后妃观念，主要是来自儒家经典，尤其是礼学与史家后妃观念的影响；另一方面则与当时社会风气，主要是与妇女尤其是后妃相关的部分的影响，以及萧梁皇室女性的大致状况相关。其中萧梁皇室中的女性对于萧绎后妃观的形成有着最直接的影响，我们拟在下一节中重点分析。而本节则主要从大的背景出发，即从后妃书写的层面、萧绎个人的知识构成,以及社会风气对于女性的宽容等方面来分析《后妃》成立的背景。

一、后妃书写的成熟

这里所说的"后妃书写"指的是描写后妃个体经历的文学作品,这些作品涵盖了诗歌、传记、小说等众多体裁。不过通过对今存《后妃》所用材料及其编撰方式的考察可知,该篇至少抄取了作于不同时代的四种后妃传记。至于萧绎所亲撰的母亲故事也受到了此前后妃书写的影响,加之具有杂家著作性质的《金楼子》取史家记述后妃的褒贬之意本就不足为奇,因此,不论是从今传《后妃》的编撰目的,还是编撰体例看来,传记一体对其都具有很深的影响力。

关于传记文学的发端,李祥年曾经把它推到上古时代的文化实践中,他说:"独重世系、言辞简略的帝王谱牒和想象丰富、文学性强的英雄史诗是作为初级形态之传记创作的两种最基本的形式。"[1]确实,恰恰是在具有史诗意义的《诗经》里的某些诗歌中保存了关于后妃的早期的记载,且其在后世常被认为表现了后妃之德。这里我们不妨以特别有代表性的《大雅·文王之什》组诗中的《大明》与《思齐》为例。《大明》与《思齐》并不是专门描写后妃的诗歌,但或多或少地论及周室的几位后妃,其中对大任、大姒的描写尤多,如《大明》云:

> 挚仲氏任,自彼殷商。来嫁于周,曰嫔于京。
> 乃及王季,维德之行。大任有身,生此文王。[2]

这八句描写的是大任嫁给王季并生下文王的故事。就大任自身而

---

[1]　李祥年著《汉魏六朝传记文学史稿》,复旦大学出版社,1995年,第2页。
[2]　(汉)毛亨传,(汉)郑玄笺,(唐)孔颖达疏,龚抗云等整理,刘家和审定《毛诗正义》,北京大学出版社,1999年,第967—969页。

言,诗歌仅交代了她的出身与怀孕生子之事,并称赞她有德,对于她的其他方面则无任何描述。同诗又云:

> 文王嘉止,大邦有子。大邦有子,伣天之妹。
>
> 文定厥祥,亲迎于渭。造舟为梁,不显其光。
>
> 有命自天,命此文王,于周于京。
>
> 缵女维莘,长子维行,笃生武王。
>
> 保右命尔,燮伐大商。①

这一段叙述的是文王娶大姒为妻生下周武王的故事。在娶亲细节的描写上虽然较王季为多,但对于其人的介绍仍停留在出身、出嫁与孕育后代等简单的几个方面。这时候的后妃书写自然还谈不上形象塑造的问题,这一点要到《左传》中才发生重大改变。

一般认为,《左传》是在《春秋》的基础上加以扩展而成。虽然是一部编年体史书,但是《左传》在记人方面取得了较大的进步,其"虽然尚不能以'传人'为主,而只能专享善叙事的美誉,然而,任何生动的历史画卷必然亦将是一座生动鲜明的人物长廊"②。的确,《左传》对于人物形象的塑造恰恰就是在叙述一个单独的历史事件或者是一系列历史事件的某个片段中完成的,对于后妃形象的塑造也是如此。以鲁隐公元年(前722)"郑伯克段于鄢"为例。众所周知,"郑伯克段于鄢"是郑庄公称霸道路上的一个事件,在这个事件中,庄公消灭了弟弟共叔段,解决了国内矛盾,这其中就涉及到了庄公的母亲武姜。武姜因为偏爱共叔段,与之里应外合企图篡位,事败后被庄公流放,后因为颍考叔的劝解,终于与庄公于"黄泉"中相见。对于武姜,《左传》既有正面描写,又有侧面烘托,将语言描写、动作描写等结合起来塑造了一个生动鲜活的

---

① 《毛诗正义》,第970—973页。
② 《汉魏六朝传记文学史稿》,第20页。

后妃形象。当然,尽管《左传》将后妃形象的塑造又推进了一步,但是其终究是一部以叙事为主的编年体史书,故此后妃书写仅存在于片段叙事之中。在这一点上,《战国策》与之相似。

现存的《战国策》是经过西汉刘向整理的,不过其书原就记载了各国史事,尤其是推动历史发展的战国策士的故事。其书在刻画人物方面较《左传》又更进一步,不过其中对于后妃的刻画仍以片段式记载为主,如《齐策四》中"齐王使使者问赵威后"即是如此。

在先秦时代,从《诗经》、《尚书》到《左传》、《国语》,再到《战国策》等,后妃书写无论是在描写对象重要性的提升上,还是在后妃形象的塑造上,都取得了很大的进步。但是我们仍然能清楚地看到即使是在与后妃关系密切的片段式的叙述中,后妃也常常不是叙述的中心,并不被视为专门甚至主要的书写对象。至《史记》开创了以人物传记为中心的史书体例以后,情况开始发生变化。

与此前的史书仅在相关事件中有对后妃的描述不同,《史记》专门设立了《外戚世家》来记录汉兴以来的后妃,开篇的序言中称:"自古受命帝王及继体守文之君,非独内德茂也,盖亦有外戚之助焉。"[①]

基于司马迁对于外戚地位的认识,今人在讨论外戚传的成立时亦常从权力结构方面讨论外戚权力与地位问题,如阎爱民《汉晋家族研究》、陈苏镇《〈春秋〉与"汉道"——两汉政治与政治文化研究》、徐冲《中古时代的历史书写与皇帝权力起源》等,即皇帝与外戚之间存在的一种支持关系。诚如徐冲所论,《外戚世家》在《史记》"世家"中位列第十九,"但在西汉王朝的诸世家中却是居于首位的。像《楚元王世家》、《齐悼惠王世家》这样的宗室和《萧相国世家》、《留侯世家》这样的功臣尚居其

---

① 《史记》,第 1967 页。

后,某种程度上可以视为西汉王朝的'世家第一'"①。

关于《外戚世家》的写作宗旨,司马迁说:"成皋之台,薄氏始基。诎意适代,厥崇诸窦。栗姬偩贵,王氏乃遂。陈后太骄,卒尊子夫。嘉夫德若斯,作《外戚世家》第十九。"②

显然,汉高祖薄氏、文帝窦皇后、景帝王皇后、武帝卫皇后等四位后妃正是司马迁重点刻画的对象。将众位后妃括于一传之中,这可以说是后妃类传的起源。对此,刘知幾曾在《史通·题目》中评论道:

> 若乃史传杂篇,区分类聚,随事立号,谅无恒规。如马迁撰皇后传,而以外戚命章。案外戚凭皇后以得名,犹宗室因天子而显称,若编皇后而曰外戚传,则书天子而曰宗室纪,可乎?③

从上下文不难判断,虽然刘知幾将《外戚世家》归类为"史传杂篇",不过他也并不否认其"区分类聚"的特点,只是对于司马迁以"外戚"命名篇章颇有微辞,他认为这不过"随事立号",并没有一个一以贯之的规则,在此基础上他更进一步提出《外戚世家》虽名为"外戚",实际上就是"皇后传"。刘氏的说法虽然不无道理,但在司马迁重点描述的几位后妃中,窦氏、王氏、卫子夫皆被立为皇后,而薄氏只是高祖的姬妾,是在文帝即位后改尊为皇太后的,并无皇后的称号,可见名之为"皇后传"也还不够精确,不过其为后妃类传之始则毋庸置疑。就体例而言,《外戚世家》不仅记述了后妃的事迹,还记述了外戚的事迹,这当然与司马迁立篇的本意有关,不过也影响了后来的史书在叙述后妃时亦不免叙述外戚之事。

---

① 徐冲著《中古时代的历史书写与皇帝权力起源》,上海古籍出版社,2012年,第128页。
② 《史记》,第3311页。
③ 《史通通释》,第92页。

而除了《外戚世家》外，《史记》中另有一篇《吕太后本纪》。高祖吕后本人无疑当在后妃之列，《外戚世家》中虽有些微之记述，不过却是为了迎接薄太后的出场，其主要事迹在《吕太后本纪》中。然吕后之所以入本纪是因为自高祖死后至文帝立之间，天下诸事都系于这位临朝称制的女主身上，即司马迁所谓"既科条之矣"。此外，在叙述相关历史事件时，司马迁亦有对后妃的描写，如在《齐悼惠王世家》中便数及吕后。

《史记》在人物塑造上取得了重大进展，这一点也体现在对后妃形象的塑造上。如在塑造文帝窦皇后时，司马迁就叙述了窦皇后入代的始末，起先吕后打算赐与诸王每人五个宫人，窦皇后就在名单中。为了离自己的老家近些，她跑去求主管发遣宫人的宦者将自己放在去赵王封地的队伍里，不想因为宦者的失误而被置于赐给代王的宫人中。当得到诏令之时，"窦姬涕泣，怨其宦者，不欲往，相强，乃肯行"。司马迁仅用了十六个字就描写出窦皇后对于宦者的怨愤，对于去代地的不情愿却又不得不去的情势。此外，司马迁还写道："窦皇后好黄帝、老子言，景帝及太子、诸窦不得不读《黄帝》、《老子》，尊其术。"这又将窦皇后与当时社会流行的黄老学说一事联系在一起，而因为窦皇后本人的爱好，致使景帝及太子皆受影响乃至"尊其术"，这就简单而形象地写出了后妃（尤其是太后）以其身份对于帝王乃至社会产生重大影响这一事实。

司马迁自言作《史记》有继踵《春秋》之意，故此在塑造人物时就有所褒贬，在后妃书写上尤其体现了伦理方面的褒贬。不过也因为强调传记的伦理教化作用，《史记》不免有局限，这一点在塑造吕后时尤为明显。吕后的故事分见于《吕太后本纪》、《外戚世家》、《齐悼惠王世家》等数处，这就使得如果仅仅阅读其中的任何一篇，就很难全面了解吕后其人。当然这种褒贬引发的另一后果就是在后来的后妃类传中，更为强调后妃在伦理教化方面的意义，萧绎的《后妃》对此也有所继承。不过，尽管萧绎一再表达对于司马迁的推崇，其后妃观念受到司马迁影响这一点也可以想见，但二者的后妃观还是有很大的不同的。

稍晚，刘向受到了《史记》类传体例的影响，按照人物类型完成了最初的几部杂传，这其中就有《列女传》，从而开辟了单独以女性为对象的杂传的先河。尽管传主并不全然是后妃，但是后妃在其书写对象中占了较大比例，因而要考察后妃书写的发展就不能绕过《列女传》。与《史记·外戚世家》相比，《列女传》的叙述范畴有所扩大。除了书写了后妃以外的其他妇女，《列女传》还突破了时代的限制，将上限提至有虞二妃的时代。对于书写的对象，刘向又按照一定标准加以分类，今传本中就有母仪、贤明、仁智、贞顺、节义、辩通、孽嬖等七种，但是将女性群体独立观照并加以分类这还是第一次，比之于《史记》无疑更进了一步。与此同时，《列女传》又在塑造后妃形象上前进了一步，其中不但增加了人物肖像描写，而且在心理描写、语言描写、动作描写上也进一步提高，另外刘向对于细节描写尤其重视。不过囿于编撰目的，《列女传》中后妃的形象也很难得到完整充分的描述，有类型化、符号化的倾向。

在《史记》《列女传》的影响下，东汉时代的后妃书写已经臻于成熟，在史传中尤为突出，刘珍等撰写的《东观汉记》、刘晔的《后汉书》中都对后妃作以描述，二者更多的是继承了《史记》的传统。在体例上，班固《汉书》省"世家"入"列传"，于是外戚入列传为《外戚传》，又改《吕太后本纪》为《高后纪》，更在此基础上添《元后传》一篇，叙汉元帝王皇后事迹。就内容而言，《汉书·外戚传》中亦后妃、外戚兼叙，而其以后妃为主线，外戚事迹为辅的情况更甚于《史记》。至于《东观汉记》，刘知幾《史通·古今正史》曾云："于是又诏史官谒者仆射刘珍及谏议大夫李尤杂作记，表，名臣、节士、儒林、外戚诸传，起自建武，讫乎永初。"[1] 由是

---

[1] 《史通通释》，第341页。

可知,《东观汉记》原设《外戚传》,延续了《史记》、《汉书》以来之传统。《东观汉记》中《外戚传》的位置已不可知,但是《汉书》中《外戚传》却已几乎位于传记篇目之尾部,除了排在最末《自叙传》以外,《外戚传》之后仅有《元后传》与《王莽传》二传,而此二传某种角度来说仍可视为"外戚传"之列。对于后妃传记从《史记》"世家之首"移到了传记之末,徐冲认为"这种编排方式当反映了班固及其背后的东汉朝廷对于西汉王朝之终结的历史认识,却也从反面证明其在整部书中本应占据的位置"①。

在两汉时代,在史传与杂传的共同努力之下,后妃书写进入了崭新的局面,其作为一个群体受到了广泛的关注,而后妃形象也随之渐渐丰满起来。至魏晋南北朝时期,随着史部地位的提高与杂传的进一步发展以及当时社会妇女地位的变化,后妃书写也发生了重大改变。虽然其中相当一部分著作已经失传,但仍然能从史传的撰作中一窥端倪。

应该说后来正史后妃书写在类例上的进一步发展得益于华峤《汉后书》中的《皇后纪》的创设。《汉后书》早已失传,不过《晋书·华峤传》尚有对其书体例的说明,录之如下:

> 初,峤以《汉纪》烦秽,慨然有改作之意。会为台郎,典官制事,由是得遍观秘籍,遂就其绪,起于光武,终于孝献,一百九十五年,为帝纪十二卷、皇后纪二卷、十典十卷、传七十卷及三谱、序传、目录,凡九十七卷。峤以皇后配天作合,前史作外戚传以继末编,非其义也,故易为皇后纪,以次帝纪。又改志为典,以有《尧典》故也。而改名《汉后书》奏之。②

华峤对于班固《汉书》中"外戚传以继末编"的状况甚为不满,认为"非其义也",他提出皇后是帝王的妻子,应该"配天作合",因此更作《皇

---

① 《中古时代的历史书写与皇帝权力起源》,第128页。
② (唐)房玄龄等撰《晋书》,中华书局,1974年,第1264页。

后纪》。华书已佚，难以知其貌，不过，因为其书作为范晔书的蓝本，其类例的变化在某种程度上为范晔所继承。

而在进一步讨论范晔对于正史后妃书写的贡献之前，值得一说的是与华峤时代相近[①]，较范晔却早得多的陈寿《三国志》中的后妃书写。《三国志》分为《魏书》《蜀书》《吴书》三部分，其中，《魏书》中有《后妃传》，《蜀书》中有《二主妃子传》，《吴书》中有《妃嫔传》。以篇名看来，自然是《后妃传》最高了；以内容观之，则《蜀书·二主妃子传》虽名曰"妃子传"，然所记但云"前主甘皇后"、"穆皇后"、"后主敬哀皇后"、"张皇后"，等等，以"后"称之显然有与《后妃传》分庭抗礼之意。至于《吴书·妃嫔传》则等级最下。以后人对于陈寿将魏作为正统一事多加诟病看来，《后妃传》这种级别上明显较《二主妃子传》为高的篇名想来并非后人添加上去的，据此推测，以"后妃"为篇名，括后妃于一传约当始于此。

不过，相较于命名，范晔对于正史中后妃书写的定型做出了贡献。范晔在《后汉书》帝纪之末列传之前设《皇后纪》，所强调的亦是皇后"配天作合"的身份与地位。而在《皇后纪》的序言[②]中，范晔曾对本卷的编撰体例加以说明，他强调自己所记载的一定是"同居正号者"，而非"以私恩追尊"者，也就是说他要记载的一定是帝王本人册封的自己的皇后，那些生前未获所奉，死后由帝王因生养等各种原因追尊以皇后之号的妃嫔则不记入此纪。这与《史记·外戚世家》称高祖薄姬为文帝即位后追尊的薄太后大为不同，可以说范晔的做法有创例之意义。随后，范晔又对《皇后纪》中所涉及的"亲属"事迹作以说明，并特意指出"以缵西京《外戚》"，即继承班固《外戚传》的做法。然而，这种继承的前提是"其

---

① 前引《晋书·华峤传》中称华峤"会为台郎，典官制事，由是得遍观秘籍，遂就其绪"。也就是说华峤是在晋武帝泰始(265—274)年间任中书著作郎的时候开始撰写《汉后书》的。而陈寿自蜀入晋，为张华荐为著作郎也差不多是这个时候的事情，故其作《魏书》恐稍晚于华峤。
② 范晔关于《皇后纪》书写对象的说明见于《后汉书》，第401页。

余无所见",也就是说只有当后妃亲属事迹不能单独立传书写时,方放入《皇后纪》中。

此后正史中的后妃类传在内容上大概延续了范晔的做法,如稍早于萧绎的沈约的《宋书》中有《后妃传》一卷,而萧子显所撰《南齐书》则有《皇后传》一卷。值得注意的是,二书同《三国志》一般,将后妃置于列传之中。自此以后,正史中后妃皆入列传一类,不复入纪,且在绝大部分情况下,后妃类传居于列传之首①,而这类传记的篇名大部分也就直接命名为"后妃"②。

当然,我们相信在魏晋南北朝时期大量兴起的杂传,如皇甫谧《列女传》中对于女性尤其是后妃的书写对萧绎《后妃》亦当有所影响,囿于材料缺乏,不作进一步展开。

而随着后妃书写的日臻成熟,其不论是在内容上还是在形式上都对《金楼子·后妃》产生了重要的影响。内容方面如萧绎的《后妃》中相当一部分内容就直接采录了前代后妃传记的内容。至于形式方面,前代后妃书写中所形成的类传体式、类传篇名、类例等方面都为萧绎乃至后来的后妃书写提供了范例,这其中尤其值得一提的是范晔的《后汉书》。在上一节的论述中,笔者一直试图将萧绎所作的《阮修容传》与范晔《后汉书·马皇后纪》对读,不难发现,无论是从叙事的大体顺序,突出德性的方法,还是从行事作风看来,二文都有相似之处。总之,萧绎的《后妃》的成立离不开魏晋南北朝时期后妃书写成熟的背景。

---

① 《元史》的情况较他史不同,其列传第一篇为《后妃第一》,列传第二篇则记睿宗、裕宗、显宗、顺宗事,因此,其列传第三篇名为《后妃第二》,记睿宗、裕宗、显宗、顺宗妻事。

② 后之正史中,《魏书》、《北齐书》、《周书》之中,皆有后妃传,名曰《皇后传》,至《新五代史》,编撰者以为"至于唐、晋以后,亲疏嫡庶乱矣",故将《后妃传》名之为《家人传》。

二、后妃观念的变化与影响

自从汉代儒家官学地位确立后,后妃观念在很多情况下基于儒家思想的价值判断。魏晋南北朝时期儒学虽然一度式微,但在梁代,在武帝的提倡下儒学得到了复兴。如前所引,葛洪在《抱朴子》中对于妇女行为的评论正是受到了儒家观念的影响。受儒学思想影响的道士尚且如此,何况虽然受多家思想影响却往往以儒家为正统的萧绎?因此,本文在考虑萧绎后妃观念的影响因素时,首先考虑来自儒家经典尤其是礼学相关著作中后妃观念的影响。

儒家经典之中,除了记载周代礼仪的《礼经》中有明确论及后妃的内容外,其他四部经典也表达了一定的后妃观念。如《尚书·尧典》中所记载的内教思想,如《诗经·大明》中对于后妃生育等德性的赞扬以及《正月》中"赫赫宗周,褒姒灭之"①对于天子宠幸妇人而不德的批评,《春秋》的褒贬与《易经》中强调的阴阳协和,等等,相关事例众多,此不一一列举。简而言之,经孔子编定的《五经》吸纳了周代的礼法观念,最终形成了儒家思想中评判后妃的标准和基础。

随着儒学地位的确立,汉儒对于儒家经典的解读与研究兴起,其中东汉末的郑玄为"三礼"所作的注,对于魏晋南北朝时期礼学发展影响最为深远。魏晋南北朝时期,"三礼"之学在当时已成显学,南朝时期更是礼学的大发展时期,雷次宗、刘瓛、王俭、贺玚等皆是礼学大家。梁武帝本人对于礼学亦颇有研究,《南齐书·礼志》中载有梁武帝参与讨论郊堂是否共日之礼。对于萧绎个人来说,家学的影响不容小觑,故此《南史》载有他五岁即能诵《曲礼》之事,而出藩后武帝为他选择师、友、学,在礼学上也对他颇有影响。如他的侍读贺革即是礼学专家贺玚之

---

① 《毛诗正义》,第714页。

子,不但通《三礼》,还遍治《孝经》、《论语》、《毛诗》、《左传》。又及,《金楼子·聚书》中记载的萧绎藏书中赫然就有"三礼"之书,故此可以说,萧绎受到了良好的儒学尤其是礼学的教育,而这是他认识后宫制度、评价后妃等的一个重要前提。

与礼学发展平行的是,在魏晋南北朝时期,尤其在梁代,礼制得到了重大发展。大的方面说来,礼制的形态从先秦时期流传下来的冠、婚、丧、祭、乡、相见等所组成的"六礼"发展成为吉、嘉、军、宾、凶等所组成的"五礼",这五个方面或多或少都与后妃制度及礼仪相关。据梁满仓《魏晋南北朝五礼制度考论》分析,五礼制度的框架在魏晋之际已基本确立,但初期具有不成熟的特点,"从西晋到南朝萧齐,五礼的分类及内容一直处在不断的变化之中就是这个特点的显著表现"[1]。五礼制度的成熟是在梁武帝时期。自梁代建立之初,武帝即兴办国学,治五礼,而所选的皆是当时的礼学名家,如令明山宾掌吉礼、颜植之掌凶礼、何场掌宾礼、陆琏掌军礼、司马褧掌嘉礼。此外,梁武帝还组织编写了五礼制度,总计1176卷。萧绎的《后妃》正当作于礼制基本成熟的武帝时期。

汉代儒学地位确立以后,后世在对后妃加以批评时,越来越以"五经"构建起的相关礼仪与制度为评价的基本标准,《后妃》的重要来源——诸正史中所体现出的史家的后妃观念正体现出了这一过程。

开创了后妃类传的《史记·外戚世家》中即载有对于后妃的看法:

> 自古受命帝王及继体守文之君,非独内德茂也,盖亦有外戚之助焉。夏之兴也以涂山,而桀之放也以末喜。殷之兴也以有娀,纣之杀也嬖妲己。周之兴也以姜嫄及大任,而幽王之禽也淫于褒姒。故《易》基《乾》、《坤》,《诗》始《关雎》,《书》美釐降,《春秋》讥不亲

---

① 梁满仓著《魏晋南北朝五礼制度考论》,社会科学文献出版社,2009年,第135页。

迎。夫妇之际,人道之大伦也。礼之用,唯婚姻为兢兢。夫乐调而四时和,阴阳之变,万物之统也。可不慎与?人能弘道,无如命何。甚哉,妃匹之爱,君不能得之于臣,父不能得之于子,况卑下乎!即欢合矣,或不能成子姓;能成子姓矣,或不能要其终:岂非命也哉?孔子罕称命,盖难言之也。非通幽明之变,恶能识乎性命哉?[①]

在表达了对于外戚历史作用的重视之后,司马迁即从正面举以涂山氏、有娀氏、姜嫄、大任之例为证,反面举以末喜、妲己、褒姒之例为诫。从论述中不难看出,司马迁对于外戚对历史能产生影响是充分肯定并引以为鉴戒的,这是后妃类传成立的重要前提。

紧接着司马迁考诸《六经》以说明天子须得谨慎处理外戚关系,即所谓"《易》基《乾》、《坤》,《诗》始《关雎》,《书》美釐降,《春秋》讥不亲迎"。虽然方式不同,但《六经》对于婚姻关系尤其天子婚姻的重视态度如一。而这里尤其值得一提的是"《春秋》讥不亲迎"一事,目前的研究认为现有的文献中"西汉确无天子亲迎之事"[②],那么司马迁提出这一条恐怕就有借《六经》以论政之意。

此后,司马迁又论述了妃匹之爱与繁育后代二事。《史记·外戚世家》仅记载了汉代的后妃,这二事可以看作是司马迁对汉初以来至武帝获麟为止关于后妃史事的总结。以后者为例,繁育后代在周以来的礼仪制度与历史描述中都被视为后妃重要的职能,正如前揭《公羊传》中"子以母贵,母以子贵"的论述,然而司马迁却提出"即欢合矣,或不能成子姓;能成子姓矣,或不能要其终:岂非命也哉"。笔者以为,这一点不是对后妃生育职能的否定,而是针对汉初以来历代帝王皆不能避免的继承人问题。如吕后为保障自己的地位,遍杀高祖诸子,又伪取他人之

---

① 《史记》,第 1967 页。
② 陈戍国著《中国礼制史·秦汉卷》,湖南教育出版社,2002 年,第 270 页。

子为惠帝子;又如文帝三子皆短命故有景帝之继位;以及武帝陈皇后花费巨资求子,"与医钱凡九千万,然竟无子"①;等等。

司马迁虽然崇拜孔子,但他并不仅仅以儒家的立场来作是非评价,在《外戚世家》中即体现出这一点。如他并不像儒家经典那样强调女性在繁育后代上的重要责任,他甚至将后妃是否能养育归之于"命"。

司马迁对于这一问题的判断为班固所继承,班氏在《汉书·外戚传》中采录了不少《史记·外戚世家》中的记载,且《汉书》成书于东汉,其所记载的内容较司马迁为多。又,相对于司马迁,班固对于西汉的兴衰更为了解。尤其东汉政权建立后,对西汉政权经验的批评与继承都无法不对其产生影响,而他关于后妃的态度载于后妃类传后的史论之中:

> 《易》著吉凶而言谦盈之效,天地鬼神至于人道靡不同之。夫女宠之兴,由至微而体至尊,穷富贵而不以功,此固道家所畏,祸福之宗也。序自汉兴,终于孝平,外戚后庭色宠著闻二十有余人,然其保位全家者,唯文、景、武帝太后及邛成后四人而已。至如史良娣、王悼后、许恭哀后身皆夭折不辜,而家依托旧恩,不敢纵恣,是以能全。其余大者夷灭,小者放流,呜呼! 鉴兹行事,变亦备矣。②

从"女宠之兴"开始,班固表达了对于后妃以色事君的不以为然。他指出后妃凭女色获得宠爱,并由此享受至尊的地位,不必凭借任何勋劳就可以获得极大的富贵,正是灾祸的根源。而后他就将自高祖至于平帝之间以女色而获宠爱的人作以区分,指出凡能谦逊自处,不敢任意胡为的家族方能得到保全,其余的严重的被灭族,轻的也要遭到流放的命运,由是提出要以前事为鉴。

此外,汉代尚有刘向编次的《列女传》,其书中对于后妃的态度无论

---

① 《史记》,第 1980 页。
② 《汉书》,第 4011 页。

是从时代上，还是从内容上来说，都具代表性。《汉书·刘向传》记之曰：

> 向睹俗弥奢淫，而赵、卫之属起微贱，逾礼制。向以为王教由内及外，自近者始。故采取《诗》《书》所载贤妃贞妇，兴国显家可为法则，及孽嬖乱亡者，序次为《列女传》，凡八篇，以戒天子。[①]

是知西汉元、成之间，后妃僭越礼制、秽乱后宫，外戚专权、掌握朝政，刘向对此深感忧虑，因而序次了《列女传》，其目的在于"戒天子"。刘向主张王教是可以由内及外的，因而天子如果能够对身边亲近之人（包括外戚们）加以整治，就能"兴国显家"，否则会造成乱亡。《列女传》所载虽以后妃事为主，但也涵括了其他女性的事迹，当然这是以"戒天子"的目的为核心的。而他所采用的方法是从《诗经》《尚书》以来的记载中选择贞妇的例子以为榜样，选择孽嬖的例子以为鉴戒。原书分八篇，今传版本则被厘为母仪、贤明、仁智、节义、辩通、孽嬖七卷。尤其值得注意的是作者的身份。《列女传》在传统目录中常列在史部"杂传"类，然而对于刘向这位汉代宗室来说，作《列女传》不惟有史家的立场，更兼有宗室的立场，即巩固刘汉之江山。

如前所论，《列女传》中相当多的篇章在结论部分都会引及《诗经》的内容，这无疑是受到儒家学说影响的表现。加之，该书具有"戒天子"的目的，可知刘向在《列女传》中受到了儒家学说的影响，从而将后妃们置于从属的地位来加以讨论。

与之相异的是，班固在讨论时却并未完全将后妃们放在从属的位置上，如他吸收了司马迁关于妃匹之爱是无法以理性来控制的论述，即所谓"君不能得之于臣，父不能得之于子"。这虽然并未否定天子在处

---

① 《汉书》，第1957—1958页。

理后妃问题上的绝对权威,但是对后妃们对于天子影响力采取的是较为客观甚至正面的态度。此外,班固还注意到了后妃家族的存续与否,与她们及她们家族能否保持谦逊有关系,由此要她们以前车为鉴,班固的《外戚传》某种程度上可以说是站到了后妃的立场上。班固之时,对于儒家经典的遵奉是远超过司马迁所处的时代的,他对于后妃的态度恐怕与东汉女性地位相对较高不无关系。

至魏晋南北朝时期,对于后妃的态度渐渐严格起来。除了前文提到的华峤《汉后书》以后妃"配天作合"之外,稍晚的陈寿也持相近的态度,其《三国志》各后妃传后皆有关于后妃的评论,即:

> 魏后妃之家,虽云富贵,未有若衰汉乘非其据,宰割朝政者也。鉴往易轨,于斯为美。追观陈群之议,栈潜之论,适足以为百王之规典,垂宪范乎后叶矣。[①]（《魏书·后妃传》）

> 《易》称有夫妇然后有父子,夫人伦之始,恩纪之隆,莫尚于此矣。是故纪录,以究一国之体焉。[②]（《蜀书·二主妃子传》）

> 《易》称"正家而天下定"。《诗》云:"刑于寡妻,至于兄弟,以御于家邦。"诚哉,是言也! 远观齐桓,近察孙权,皆有识士之明,杰人之志,而嫡庶不分,闺庭错乱,遗笑古今,殃流后嗣。由是论之,惟以道义为心、平一为主者,然后克免斯累邪![③]（《吴书·妃嫔传》）

陈寿对于后妃的评价采用的是与刘向相近的方式,即引用儒家经典来加以评价,而他的评价标准正是基于礼制基础上儒家经典中的后妃价值评判标准。

---

① 《三国志》,第 169 页。
② 同上,第 909 页。
③ 同上,第 1203 页。

至如范晔则云：

> 东京皇统屡绝，权归女主，外立者四帝，临朝者六后，莫不定策帷帟，委事父兄，贪孩童以久其政，抑明贤以专其威。任重道悠，利深祸速。身犯雾露于云台之上，家婴缧绁于圄犴之下。湮灭连踵，倾辀继路。而赴蹈不息，燋烂为期，终于陵夷大运，沦亡神宝。《诗》、《书》所叹，略同一揆。故考列行迹，以为《皇后本纪》。①

范晔首先谴责了“皇统屡绝，权归女主，外立者四帝，临朝者六后”的情况，指出这是导致东汉亡国的重要原因。范晔《皇后纪》中有和熹邓皇后的传记，这位两度临朝称制，“科条”天下的女主虽在纪中，但是《后汉书·皇后纪》与《史记·吕后本纪》毕竟不在同一层次。这一方面说明东汉以后内教日趋严格，另一方面范晔是刘宋时人，此时史家心目中后妃地位较之晋时更低一些。

又，范晔《皇后纪·赞》云：

> 坤惟厚载，阴正乎内。《诗》美好逑，《易》称归妹。祁祁皇孋，言观贞淑。媚兹良哲，承我天禄。班政兰闺，宣礼椒屋。既云德升，亦曰幸进。身当隆极，族渐河润。视景争晖，方山并峻。乘刚多阻，行地必顺。咎集骄满，福协贞信。庆延自己，祸成谁衅。②

这一大段论述仍不可避免地利用了儒家的学说，此后沈约《宋书》、萧子显《南齐书》皆同此类。我们当然承认，在萧绎所处的南朝时期，史作为一个学术门类，其社会地位早已发生了变化，而此时史书的撰作亦未完全被政府控制。加之，这是一个众所周知的今文经学地位衰退的时代，按说史家在撰作中可以保持一种相对超然的立场，能够较为客观

---

① 《后汉书》，第401页。
② 同上，第456页。

地针对历史事件做出评判,但今文经学衰退不等于全部儒学一蹶不振,更何况当时著史者多自幼学习儒家经典,代代相因,这就使得他们在评价社会事件时总不免受儒家思想的影响,而这也包括了评价后妃之事,萧绎在作《后妃》时自然也受此影响。

三、社会风气的变化与女性社会地位的提高

要分析萧绎的后妃观念乃至女性观念,就不能不对女性社会地位上升这一背景尤其是齐梁间的情况重作交代。实际上,在漫长的封建社会中,魏晋南北朝时期妇女的社会地位是相对较高的,也因此当时妇女的行为不但引来了后人的批评,便是时人也有对此大加批评的。葛洪在《抱朴子》中就曾对当时社会妇女的习气发表过不少意见,其《疾谬》云:

> 抱朴子曰:《诗》美雎鸠,贵其有别。在礼:男女无行媒,不相见;不杂坐,不通问,不同衣物,不得亲授。姊妹出适而反,兄弟不共席而坐。外言不入,内言不出。妇人送迎不出门,行必拥蔽其面。道路男由左,女由右。此圣人重别杜渐之明制也。①

> 且夫妇之间可谓昵矣,而犹男子非疾病不昼居于内,将终不死妇人之手,况于他乎?昔鲁女不幽居深处,以致虡莝之变。孔妻不密潜户庭,以起华督之祸。史激无防,有汗种之悔。王孙不严,有杜门之辱。而今俗妇女,休其蚕织之业,废其玄紞之务。不绩其麻,市也婆娑。舍中馈之事,修周旋之好。更相从诣,之适亲戚,承星举火,不已于行。多将侍从,暐晔盈路,婢使吏卒,错杂如市,寻道亵谑,可憎可恶。②

---

① 杨明照撰《抱朴子外篇校笺》,中华书局,1991年,第614页。
② 《抱朴子外篇校笺》,第616页。

或宿于他门，或冒夜而反。游戏佛寺，观视渔畋，登高临水，出境庆吊。开车褰帏，周章城邑，杯觞路酌，弦歌行奏。转相高尚，习非成俗，生致因缘，无所不肯，海淫之源，不急之甚。刑于寡妻，家邦乃正。愿诸君子，少可禁绝。妇无外事，所以防微矣。①

引文从"《诗》美雎鸠，贵其有别"开始，对传统礼法中男女有别的相关规定作以说明，以述圣人防微杜渐之意。接着，从"且夫妇之间可谓昵矣"至于"有杜门之辱"，表明即便亲近如夫妻，也要坚守男女有别的规定，并举反面事例说明女子如不幽居内户将可能导致门庭受辱。而第二段引文自"今俗妇女"以下，至第三段"生致因缘，无所不肯"，则皆描述当时妇女背弃这传统妇德的状况，说明当时的妇女不再以"蚕织"、"玄紞"、"绩麻"、"中馈"等为务，违背了传统妇女幽居的生活，而相从访亲戚，游戏佛寺，甚至于夜不归宿。过去妇女出嫁以后回娘家，甚至不能与亲兄弟杂坐，可是现在出门游玩之时，竟然把马车的帷帘都掀开了，还一路饮酒听乐。葛洪认为这是"海淫之源，不急之甚"，对此提出了严正的批评。事情既然已经发展到要严正批评的地步，就说明这已经不是一人一家之所为了。

与此相应的，《晋书·谢道韫传》中就记载了谢道韫与外人杂坐闲谈之事：

太守刘柳闻其名，请与谈议。道韫素知柳名，亦不自阻，乃簪髻素褥坐于帐中，柳束修整带造于别榻。道韫风韵高迈，叙致清雅，先及家事，慷慨流涟，徐酬问旨，词理无滞。柳退而叹曰："实顷所未见，瞻察言气，使人心形俱服。"道韫亦云："亲从凋亡，始遇此士，听其所问，殊开人胸府。"②

---

① 《抱朴子外篇校笺》，第618—619页。
② 《晋书》，第2516—2517页。

关于谢道韫的故事,历来的记载委实不少,而引文中所描写的谢道韫恰好可与葛洪所批评的女性作对照,则谢道韫自当在葛洪所批评的对象之中。然而,《晋书》将谢道韫记入《列女传》,而《世说新语》又谓之"贤媛",这与葛洪的态度颇为不同。又,如《晋书·钟琰传》云:

> 王浑妻钟氏,字琰,颍川人,魏太傅繇曾孙也。父徽,黄门郎。琰数岁能属文,及长,聪慧弘雅,博览记籍。美容止,善啸咏,礼仪法度为中表所则。既适浑,生济。浑尝共琰坐,济趋庭而过,浑欣然曰:"生子如此,足慰人心。"琰笑曰:"若使新妇得配参军,生子故不翅如此。"参军,谓浑中弟沦也。[1]

钟琰出身高门,《晋书》称赞她"礼仪法度为中表所则",也就是说她对于礼法的尊崇已经可以当作准则了。然而作为王浑的妻子,她却跟自己的丈夫说,如果当初嫁与的是小叔子王沦,生出的孩子会更漂亮。与此相应的是,《世说新语·贤媛》记载了谢道韫嫁给王凝之后回娘家,向谢安表达了对嫁与王凝之一事的不满,她竟发出了"不意天壤之中,乃有王郎"[2]的叹息,可见其不满的程度。这也都记载在《晋书·列女传》中。从以上二事作为"列女"、"贤媛"的事迹被赞叹,不难看出当时人对于妇女评鉴标准的改变。我们不妨再引一段《世说新语·贤媛》的内容:

> 谢遏绝重其姊,张玄常称其妹,欲以敌之。有济尼者,并游张、谢二家。人问其优劣,答曰:"王夫人神情散朗,故有林下风气。顾家妇清心玉映,自是闺房之秀。"[3]

---

① 《晋书》,第 2510 页。
② (南朝宋)刘义庆撰,(梁)刘孝标注,余嘉锡笺疏《世说新语校笺》,中华书局,2007年,第 820 页。
③ 同上,第 822 页。又,《晋书》亦载此事:"初,同郡张玄妹亦有才质,适于顾氏,玄每称之,以敌道韫。有济尼者,游于二家,或问之,济尼答曰:'王夫人神情散朗,故有林下风气。顾家妇清心玉映,自是闺房之秀。'"见书第 2517 页。

从济尼的回答中不难看出,谢道韫与张玄之妹张彤云高下立现。而有"林下风气"的谢道韫显然占了上风,使得具备传统"闺房之秀"的张彤云屈居于其下。

从魏晋时期的妇女的才识得到赏识,也不难看出社会对她们采取了更为宽容的态度,这也使得她们在一定程度上取得了婚姻自由。如《晋书·王濬传》云:

> 刺史燕国徐邈有女才淑,择夫未嫁。邈乃大会佐吏,令女于内观之。女指濬告母,邈遂妻之。①

故事记载了徐邈让女儿从内室之中观察适婚男子来择偶之事,而当女儿选择了王濬时,徐邈毫不犹豫地将女儿嫁给了她。又,《世说新语·惑溺》记载了贾充的小女儿与韩寿私通,贾充发现后将女儿嫁给了韩寿的故事。② 这个故事与徐邈嫁女一样,都说明在当时社会妇女在一定程度上是享有婚姻自主权的。

更不要说到了南朝时代皇室中女子又有再嫁之事,如《南史·何瑀传》云:

> 瑀尚武帝少女豫章康长公主讳次男。公主先适徐乔,美容色,聪敏有智数。文帝世,礼待特隆。瑀豪竞于时,与平昌孟灵休、东海何勖等并以舆马相尚。公主与瑀情爱隆密,何氏疏戚莫不沾被恩礼。瑀位右卫将军,公主薨,瑀开墓,孝武追赠瑀金紫光禄大夫。③

---

① 《晋书》,第 1207 页。
② 据刘孝标注与余嘉锡笺疏,与韩寿私通者或为陈骞女,陈骞知真相后将女嫁与韩寿,故事的主人公虽与今传《世说新语》所记不同,但是故事的内涵不受此影响。详书第1079—1080 页,"韩寿美姿容"条下注与校笺。
③ 《南史》,第 324 页。

这里，这位公主先嫁给徐乔，又嫁给何瑀，且与何瑀感情很好，从而使何氏一门受益。

又，《南史·谢朓传》云：

> 朓及殷睿素与梁武以文章相得，帝以大女永兴公主适睿子钧，第二女永世公主适朓子谟。及帝为雍州，二女并暂随母向州。及武帝即位，二主始随内还。武帝意薄谟，又以门单，欲更适张弘策子，弘策卒，又以与王志子谭。而谟不堪叹恨，为书状如诗赠主。主以呈帝，甚蒙矜叹，而妇终不得还。①

这位被再嫁的永世公主正是萧衍的女儿，萧绎的姐姐，因丈夫"门单"而被父亲改嫁。且离婚之后，前夫谢谟竟然还能与之通书信。

又，《宋书·蔡兴宗传》云：

> 敬猷遇害，兴宗女无子嫠居，名门高胄，多欲结姻，明帝亦敕适谢氏，兴宗并不许，以女适桑。②

蔡兴宗的女儿嫁给南平王刘敬猷，敬猷被前废帝害死，其女因此寡居，然而当时的"名门高胄，多欲结姻"，明帝亦"敕适谢氏"，显然都不认为寡妇再婚是一件羞耻之事。

而与此形成鲜明对比的是，萧绎在为母亲所作传中记载的母亲数次改嫁之事遭到了清人的批评。王鸣盛《十七史商榷》中云：

> 又言齐世祖因荀昭华荐以入宫，及隆昌中，少帝失德，太后以端正反获赐与；建武中，遥光聘焉。又历叙在遥光府诸善行，是太后先事二帝一王，然后为梁武帝所纳。《金楼子》初不讳言，而无入

---

① 《南史》，第535页。
② （梁）沈约撰《宋书》，中华书局，1974年，第1584页。

东昏宫事。①

又,李慈铭《越缦堂读书记》云:

> 《后妃篇》历叙其母宣修容(云本姓石,扬州会稽上虞人,武帝赐姓阮,《梁书》作余姚人)。之为齐少帝(旧郁林王)、始安王所宠幸;可谓不识羞耻。②

按,王鸣盛称"太后先事二帝一王,然后为梁武帝所纳",实际上,《金楼子》中并未讲及阮修容入东昏宫事。王氏《十七史商榷》本就是对史书的考订和校勘,其结论是综合了《金楼子》与正史的记载。

对比王、李二氏对于阮修容的批评,不难看出,王氏语气稍缓,只谓"初不讳言",李氏则直斥"不识羞耻"。众所皆知,在中国古代,对妇女道德的要求是越来越高的,到了明清二代几已到了严苛的地步,所以王、李二氏才会如斯评价。如果回到阮修容的时代,她所得的评价就不致如此。

要讨论何以会出现这样的不同,首先恐怕就得从魏晋南北朝时期妇女的社会地位说起。而值得一说的是,萧绎如何对待家中真正失德的女性——他的妻子徐妃。《梁书·徐妃传》中并无任何徐妃失德之事,但是后面的"史臣曰"中却有"世祖徐妃之无行,自致歼灭,宜哉"③一句,想来姚察必当知道徐妃的"无行"之事,但却并未进行详细的记载。而李延寿在《南史·徐妃传》中则记载了不少徐妃之事:

> (徐妃)与荆州后堂瑶光寺智远道人私通……帝左右暨季江有姿容,又与淫通。季江每叹曰:"柏直狗虽老犹能猎,萧溧阳马虽老

---

① (清)王鸣盛著,黄曙辉点校《十七史商榷》,上海书店出版社,2005 年,第 457 页。
② 《越缦堂读书记》,第 42 页。
③ 《梁书》,第 164 页。

犹骏,徐娘虽老犹尚多情。"时有贺徽者美色,妃要之于普贤尼寺,书白角枕为诗相赠答。①

引文中记载徐妃与人私通之事便有三件,这实在是悖德之举,萧绎对此是否知情呢?

《梁书·忠壮世子方等传》云:

> 世祖观之甚悦,入谓徐妃曰:"若更有一子如此,吾复何忧。"徐妃不答,垂泣而退。世祖怨之,因疏其秽行,榜于大阁。②

显然,萧绎对于徐妃淫乱之事是有所了解的,可是他也没把这当作是很严重的事,如果不是因为"徐妃不答,垂泣而退"这一行为使他愤怒的话,他也不会"疏其秽行,榜于大阁"。

又,《南史·梁本纪下》云:

> 帝制《金楼子》述其淫行。初,妃嫁夕,车至西州,而疾风大起,发屋折木。无何,雪霰交下,帷帝皆白。及长还之日,又大雷震西州听事两柱俱碎。帝以为不祥,后果不终妇道。③

《金楼子》中的确有一段类似的记载,录之如下:

> 余丙申岁婚。初婚之日,风景韶和,末乃觉异。妻至门而疾风大起,折木发屋。无何而飞雪乱下,帷幔皆白,翻洒屋内,莫不缟素。乃至垂覆阑瓦,有时飞坠,此亦怪事也。至七日之时,天景恬和,无何云翳,俄而洪涛波流,井涧俱溢,昏晓不分。从叔广州昌住在西州南门,新妇将还西州,车至广州门,而广州殒逝,又怪事也。丧还之日,复大雨霆,车轴折坏,不复得前。尔日,天雷震西州厅

---

① 《南史》,第 342 页。
② 《梁书》,第 619 页。
③ 《南史》,第 342 页。

事,两杜俱时粉碎,于时莫不战栗,此又尤为怪也。①

上引两段相似的记载尤其是后者,读来令人颇觉费解,因为其中涉及了很多谶纬灾异之事。像"帷幔皆白,翻洒屋内,莫不缟素"还算好理解,只要看到"帷幔皆白",看到"缟素",就知道这准是个不吉利的事。而萧绎又记载,因为徐妃七日回门时经过萧绎从叔萧昌家门口,萧昌就死了,这当然就更不是什么好事了。当然,这之中有一个问题,即按照《梁书》记载,徐氏于天监十六年(517)拜为湘东王妃,而《南史》又载萧昌死于天监十七年(518),故此,钟仕伦疑"丙申"或为"丁酉"之误②,的确有此可能,不过,此处我们更强调的是萧绎对于谶纬征兆的态度。

至于内中所及"疾风大起,折木发屋"之类,虽然看上去似乎是写灾异内容的套话,但是对于萧绎这样一个父亲擅于"阴阳纬候,卜筮占决"③等伎术,母亲"善许负之术"又"兼善云气"④,又有"晓仰观"一类家学渊源⑤,而他自己又会卜算的人来说,这样的记载自当是别有深意了。

《开元占经·八谷占》中有一段记载是将"大风寒"乃至"折木发屋"与贵贱联系在一起的说法⑥,而贵贱的程度不但与风寒的大小有关,也与发生事件的日子有关,由此看来萧绎这段记载之中恐怕也包含了跟"不终妇道"有关的暗示,所以李延寿才会将二者联系在一起。换句话说,萧绎自己并不介意将这样的事情写在自己以图不朽的著作《金楼子》中。

① 《金楼子校笺》,第 1158—1159 页。
② 说详《〈金楼子〉研究》,第 67—68 页。
③ 《梁书》,第 96 页。
④ 《金楼子校笺》,第 382 页。
⑤ 据萧绎的记载,阮修容的先祖石鉴以晓仰观见知于王隐,详《金楼子校笺》,第 380 页。
⑥ 详(唐)瞿昙悉达撰《唐开元占经》,《景印文渊阁四库全书》,第 807 册,台湾商务印书馆,1986 年,第 971 页。

其次,还须从阮修容的个人经历说起,《金楼子·阮修容传》云:

> 隆昌元年,齐世祖因荀昭华荐以入宫,时值少主失德,好为虐戏,手刺禽鸟,必敛容正色。少主非直深加严惮,乃反赐金钱,前后无算。每对之而泣,人问之故,答曰:"朝请府君、陈夫人在家,供奉未足,用此何为?"有诸尼入台斋会,乃密以达之,径寄南金数百两还家,此人仍负之而趋。其人后肉袒衔璧,乃云:"不忆有此。"及建武之时,始安王遥光聘焉。专掌内政,承上接下,莫不得中……天监元年,选入为台采女。赐姓阮氏,进位为修容。[①]

又,《梁书·阮宣修容传》云:

> 齐始安王遥光纳焉。遥光败,入东昏宫。建康城平,高祖纳为彩女。[②]

又,《南史·文宣阮太后传》云:

> 初,齐始安王遥光纳焉。遥光败,入东昏宫。建康城平,为武帝采女。[③]

《梁书》和《南史》的记载几乎一模一样,言修容先后事始安王萧遥光、东昏侯萧宝卷及梁武帝萧衍,而《金楼子·阮修容传》则不言阮修容入萧宝卷后宫事,而记其入萧昭业后宫事。为什么会有这样记述的区别呢?

这就涉及对于阮修容身份的判定。上面摘引了《金楼子》中关于阮修容在萧昭业宫中的状况。萧绎先说阮修容的进宫是得了齐武帝萧赜的令。萧赜死于永明十一年(493),阮修容于隆昌元年(494)进宫,只要

---

① 《金楼子校笺》,第380—381页。
② 《梁书》,第163页。
③ 《南史》,第340页。

把得令和入宫分作同一件事情的两个步骤，这也就可以理解了，问题是：为什么要加上是齐武帝诏令阮修容进宫这一事件呢？

永明十一年，萧昭业父亲文惠太子死去，萧昭业因而升为皇太孙，被萧赜赐居东宫。在这一前提之下，萧赜为他斟选了一批女子进宫也就不难理解了，而阮修容大约就是此时获得的诏令。萧绎书写这样一个事件，等于是在说阮修容的进宫是在萧赜的授意下，以良家子的身份进去的，与萧昭业即位后诏美色进宫的荒淫无道之事无关，有为母亲正名之意。再看那个"手刺禽鸟"的故事，不难发现，虽然阮修容进了宫，身份上这位废帝就是她的丈夫，可是她的地位是很低下的，大概只相当于一个宫女，没有任何身价可言。直到嫁与始安王萧遥光以后，她的身份才得到认可。

隆昌元年七月，萧昭业见杀，萧鸾议立文惠太子二子即萧昭业的弟弟萧昭文为帝，是月丁酉即位。冬十月，昭文见废，萧鸾自立为帝，历史上把他称作齐明帝。而自萧昭业被废至齐明帝即位，虽只数月，但帝号却已改了两次，而即便史无明文，我们却不难推测在这段时间内阮修容一直身处后宫之中。只不过这一次她不再是遴选入宫的，而是像任何一个王朝更替故事里的后宫女子一样，被作为先帝的所有物看待，在主人被杀之后，作为战利品被接收。

萧鸾即位后改元建武，萧遥光常常入宫，而所谓"及建武之时，始安王遥光聘焉"大约就是指这个时候。萧遥光在萧鸾后宫中见到了阮修容并延娶了她。对于这件事，《梁书》用"纳"字，而《金楼子》则用"聘"，"聘"自然是比"纳"要高级些了，而以阮修容彼时之身份、地位，用"纳"这个字其实更合适。好景不长，永泰元年（498），萧鸾死，其子萧宝卷即位，政事的变迁也给这个家庭带来了变动。萧遥光暗自打起了废帝的主意，因为刘暄告密致使计划落空，又在萧宝卷召他入宫时担心被杀而仓促起兵，终于败而被杀。阮修容就是在这样的情况下进入了东昏之宫,就如萧昭业被杀以后的情形一样。天监元年(502),萧衍平建康,阮修容自然也就进了萧衍的后宫。值得庆幸的是,她至少还获得了采女的身份。

这里需要说明的是,《梁书》、《南史》之所以要记载阮修容为萧遥光所纳事,当与所据史料有关。将两史中阮修容的传记相比较,内容相近,而《南史》本就有增删《梁书》之意,故《南史》此处当据《梁书》而来。至于《梁书》资料的来源,清人赵翼曾考证"《梁书》悉本国史,国史所有则传之,所无则缺之也"①,故这段记载实本自梁代国史,此史只从萧遥光记起,而不记郁林王宫中事,这是因为如果不记载阮修容曾嫁与萧遥光,就无法说明阮修容入萧衍后宫的原因和过程。至于为何不从隆昌元年记起,这一方面可能是因为修国史者对于阮修容入萧昭业宫中事并不清楚,另一方面也可能是因为嫁与萧遥光才是阮修容身份得到承认的开始。而萧绎则不同了,他的记录很可能就来自母亲的口述,他记录了母亲在郁林王宫中的遭遇,是为了突出母亲直谏的形象。如果阮修容在东昏宫中有类似之事,相信萧绎也会不吝笔墨加以记录的。

总之,阮修容的数次改嫁有一个共同的特点,即作为失败者的所有物为胜利者获得,这在动乱的南朝是屡见不鲜的。至少在萧衍的后宫之中,就不只阮修容一人如此,如萧综之母吴淑媛亦是萧衍从东昏宫中纳取。

综上,范晔《后汉书·列女传》中"贞女亮明白之节"的德性并不为萧绎所看重,想来其《后妃》原文也不会特意赞叹这种妇德。对于萧绎来说,母亲再嫁并非失德,即令是以一个堪为女师的后妃的标准来衡量,也无须讳言。

从《抱朴子》所批评的女性生活方式到《世说新语》、《晋书》所反映

---

① (清)赵翼著,王树民校证《廿二史札记校证》,中华书局,2001年,第193页。

的"林下风气"更胜于"闺房之秀"的社会风气,再到女性在一定程度上享有婚恋的自由,这些都在告诉我们魏晋南北朝女性所受到的束缚相对较弱,社会地位相对较高。而萧绎的《金楼子》得以无须避讳母亲的再嫁、妻子的失德,自然正是受到社会风气的影响。

第四节　萧绎的后妃观与女性观

有梁一代,除了最后一个皇帝萧方智外,其余三位皇帝皆无在位之后,尤其是萧绎本人,未立皇后,先有出妻,这位出妻即是他的妻子徐妃。据《梁书》、《南史》中的相关记载,萧绎与徐妃关系并不好,因此虽然原书《后妃》已残损,但其篇止于叙述萧绎的母亲阮修容是确定无疑的。他的母亲阮修容历经三朝后宫,而他本人更生于深宫之中,这种特殊的背景使他在编撰《后妃》时不仅持有史家的立场,还持有宗室的立场,而启发他后妃观念的直接因素即是他所处的家庭。而以《阮修容传》完成并被收入《金楼子》的时间来看,萧绎在编撰此篇时面对的主要还是他父亲的后宫状况。

梁代后宫制度承齐而来,略有更动,不过大体仍是一后、三夫人、九嫔的建制,九嫔以下又设五职、三职,东宫又设良娣、保林二职。据《梁书》、《南史》的相关记载,在梁武帝的后宫中,封号在三夫人以上者唯丁贵嫔一人,吴淑媛、董昭仪、阮修容、葛修容等皆列九嫔之属,至丁充华则为五职之属。梁武帝后宫的一大特点是无在世之后。梁武帝正妻郗氏卒于齐东昏侯永元元年(499),在武帝即位后被追崇为皇后。郗氏以妒闻名,《南史》、《建康实录》都记载了她在死后还化身为黑龙,搅得梁武帝合体不安,不但终身未再立后,每有所御,还要向她祝祀。这一则故事虽不必尽信,但郗氏的好妒恐怕不假,《梁书·丁贵嫔传》中还记载了丁贵嫔在嫁与梁武帝后被郗氏折磨的故事。

梁武帝在位期间，真正执掌后宫的是丁贵嫔。丁贵嫔先后育有萧统、萧纲、萧绎三子，而因为萧统被立为太子，她的地位也随之上升。梁武帝即位后，最初欲封她为贵人，未受，后拜贵嫔。拜贵嫔后，其地位在三夫人以上，又居昭阳殿，其实际上享受的是皇后的待遇。而在昭明太子萧统过世后，梁武帝在选择继承人的时候，在太孙萧欢与丁贵嫔的第二个儿子萧纲之间犹疑，这也充分说明了丁贵嫔的地位。史书对这位贵嫔的评价很高，她处理后宫事务得宜，不好华饰，也不干政。此外，丁贵嫔似也不好妒忌，这一点尤其体现在阮修容得幸是借助于她的力量。及武帝崇佛后，她也开始或者进一步确立了佛教信仰，此后便不沾荤腥，终年茹素，于众经之中尤其擅长《维摩诘经》，又将所得供赐都拿来奉养三宝。

至于丁贵嫔以下诸后妃，正史中记载较多的是阮修容与吴淑媛，二者皆是梁武帝自东昏侯后宫中纳取。其中关于萧绎母亲阮修容之事将于后文中再作分析，这里重点讨论一下萧综之母吴淑媛。《梁书·萧综传》云：

> 初，其母吴淑媛自齐东昏宫得幸于高祖，七月而生综，宫中多疑之者，及淑媛宠衰怨望，遂陈疑似之说，故综怀之。[1]

据《南史·萧综传》，吴淑媛本是东昏侯的宠姬，"宠在潘、余之亚"[2]，由此可知其颇具姿色，因此建康城平，萧衍在东昏侯宫中临幸了她，没想到仅过了七个月，她就生下了萧综，于是宫中谣言四起，都怀疑萧综不是萧衍的儿子。

本来吴淑媛七月而生萧综事在当时已经惹人非议，不想后来她因

---

① 《梁书》，第823页。
② 《南史》，第1315页。

为失宠而心怀怨望，竟将此事告知萧综。萧综由此开始怀疑自己不是萧衍的儿子，而是东昏侯萧宝卷的儿子，从而对萧衍充满了愤恨，不但在镇守彭城时阵前倒戈，还叛逃到魏去，自己改了名字倒也罢了，还坚持为东昏侯服孝。可是，萧衍对他一直很好，他出生以后获得的待遇和萧衍别的儿子没什么区别。在萧综镇守彭城与魏将元延明相持时，萧衍因为担心他打败仗吃亏还想调他回来，可是萧综一心以为自己是萧宝卷的儿子，接到萧衍的敕令，不但没有如令开拔，反而倒戈叛逃了，甚而连自己的名字都改掉了。萧衍知道他将自己的名字改了，还要为萧宝卷服丧的时候，非常生气，《梁书》记之曰：

> 综乃改名缵，字德文，追为齐东昏侯服斩衰。于是有司奏削爵土，绝属籍，改其姓为悖氏。俄有诏复之，封其子直为永新侯，邑千户。[1]

萧衍虽然一怒之下绝了他的属籍，可是不久便又下诏恢复了，甚至还给他的儿子萧直封了侯。总的说来，比之阮修容，七个月就生了儿子的吴淑媛一度还更受宠些。

比之郗氏的妒忌，吴淑媛怨望的原因恐怕有所不同。郗氏的好妒产生于萧衍风流好色之时，而吴淑媛的怨望则与萧衍的断绝房事不无关系。对于萧衍的后妃来说，萧衍断绝房事这一决定的影响显然是很大的，它直接改变了这些嫔妃生活的重心，如丁贵嫔此后便开始以佛教信仰为生活的一大重心，而有子的嫔妃如吴淑媛、阮修容等尚可随儿子出宫，安养晚年，其余的则地位堪忧。也因为萧衍的断房事，梁代的政治生活也受此影响，上文提到的萧综事件岂非正与此相关？

最后，萧衍虽追崇郗氏为后，但是在位期间终身未立后，这一点不

---

① 《梁书》，第 824 页。

但使得众嫔妃之间因为受宠与否存在着争斗，更使得萧统死后的政局发生了混乱。而因为萧衍在萧纲与萧欢之间选择了前者，这就造成了萧纲兄弟间对于皇位的争夺，如萧纶就曾有"时无豫章，故以次立"[①] 之叹。这里，"豫章"指的是豫章王萧综，他在众兄弟之中排行第二，萧统亡后如果按照"兄终弟及"的继承顺序该当萧综立为太子，然而当时萧综已经叛逃，故此轮到了萧纲。可见，萧纲被立为太子一事，诸兄弟都不服气，因此不但有大同十年诸王"权侔人主"之事[②]，便是作为太子的萧纲也对此心中不安。[③]不得不说，如果丁贵嫔拥有皇后的身份，萧纲作为嫡子的身份就会强化，至少"时无豫章"之论就不会有了。

总之，在梁武帝的后宫，无论是后妃的个人品格，还是梁武帝对于后妃们所施行的举动，最后都通过后妃们的行为显示了后妃们生活方式的转变，影响了诸王力量的对比，乃至直接或间接造成了这个王朝的灭亡。而对于作《后妃》时的萧绎来说，他也许还未看到侯景的叛乱，但他至少看到了萧统的死、萧综的叛逃以及萧纲的太子之立，而其《后妃》显然正是在这些直接与间接原因的影响之下成立的，这也使得他的《后妃》甚至整部《金楼子》中对于后妃的批评都不能不受到这一环境的影响。

当然，萧绎在《金楼子》中对于女性的批评不仅仅涉及帝王的后妃，还包括了王侯的妻子乃至普通妇女。综合分析《金楼子》中的这些记述，我们拟从如下三个方面分析萧绎的后妃观念，并由此试看萧绎的女性观。

---

① 《南史》，第 1326 页。
② 据《隋书·五行志》载："十年十二月，大雪，平地三尺。是时邵陵王纶、湘东王绎、武陵王纪并权侔人主，颇为骄恣，皇太子甚恶之，帝不能抑损。"见《隋书》，第 627 页。
③ 据《南史·萧范传》载："时武帝年高，诸王莫肯相服。简文虽居储贰，亦不自安，而与司空邵陵王纶特相疑阻。纶时为丹阳尹，威震都下。简文乃选精兵以卫宫内。兄弟相贰，声闻四方。"见《南史》，第 1296 页。

一、对以色事君的批评

以德事君，而不以色事君，这几乎是历来史家的共识。而从有虞二妃的"事瞽叟，不以天子之女故而骄盈怠慢，犹谦让恭俭，思尽妇道"、马皇后的"奉承阴后，傍接同列，礼则修备，上下安之"、阮修容的"承上接下，莫不得中"，皆可知萧绎对于以德事君的重视。而萧绎更在《金楼子》中载悖德之事以为鉴戒，以东昏侯潘妃事为例：

> 齐东昏侯宝卷，潘氏服御，极选珍宝，琥珀钏一只，直百七十万。①
> 齐东昏侯尝为潘妃御车，制杂色锦伎衣，缀以金花玉镜。②
> 齐东昏侯潘妃尝着裲裆裤。③

儒家重礼法，违背礼法自然不能称之为德，而潘妃在服制上显然是违背礼法的。萧绎载之于《箴戒》，可知他对于这些行为是持批评态度的。又，《说蕃》载：

> （曹衮）性尚俭约，教敕妃妾纺绩，习为家人之事。病困，敕令官属曰："吾寡忝宠，天命将尽。吾既好俭，而圣朝著终诰之制，为天下法。吾气绝之日，自殡及葬，务奉诏书。卫大夫蘧瑗葬濮阳，吾望其墓，常想遗风。愿托贤灵，以弊发齿，营吾兆域，必往从之。《礼》：'男子不卒妇人之手。'亟以时成东堂。"堂成，名之曰遂志之堂。④

萧绎在此显然将曹衮以礼而终视为其有德的表现，这从侧面体现

---

① 《金楼子校笺》，第 356 页。
② 同上，第 357 页。
③ 同上，第 358 页。
④ 同上，第 627—628 页。

出萧绎对于以德事君的重视。与此相反,以色事君向来受到批评,《金楼子》中也不例外。而由以色事君又不免涉及女子善妒的情况,下文将就萧绎对于这两方面的态度加以讨论。

(一) 好德与好色

首先来看以色事君的问题。萧绎在《阮修容传》中很少直接描写母亲的形貌:

> (阮修容)必敛容正色……修容每尽礼谨肃……乃从容谏曰……居常俨敬,无喜愠之色。恭俭仁恕,未尝疾言亲指……见者不复能识……攀号恸绝……言必随泪下……缠悲愈切……必流涕忘食。及采女告殂,因此感气……乃笑而言……又躬自礼千佛……①

除了"见者不复能识"勉强算是对容貌的描写外,其余都是对神情的描写,而即便是这一句也毫无细节可言。

如此避谈母亲的容貌,恐怕正是因为萧绎要极力赞扬母亲的德性。孔子老早就说过:"吾未见好德如好色者也。"②此中"好德"的"德"说的当然不是"妇德",但是却也侧证了"德"和"色"常常是有所矛盾的,而萧绎就在《金楼子·杂记下》中自言:

> 主有三恶:不修文德而尚武力,不明教化而枉任刑,是一恶也;妃妾以百数,黔首多鳏寡,是二恶也;男不耕耰,女不纺绩,杼轴既空,田畴芜秽,是三恶也。主有三殆:倍德而好色,亲谄谀,远忠直,孽子众多,嫡嗣无立,是一殆也;严刑峻法,是二殆也;犬马啖

---

① 《金楼子校笺》,第380—383页。
② 出于《论语·子罕第九》,见(清)刘宝楠撰,高流水点校《论语正义》,中华书局,1990年,第349页。又见于《论语·卫灵公第十五》,第625页。

黍,民不厌糟糠,是三殆也。①

萧绎所谓的"三殆之一"便是"倍德而好色","倍"通"背",这就等于在"背德"与"好色"之间画了一个等号。这在《箴戒》中表现得非常明显,如:

> 末喜,桀之妃,美于色,薄于德,乱孽无道。女子行丈夫志,身常带剑。桀尝置末喜于膝上。喜谓桀曰:"群臣尽憎妾之贵,乃以益慢于君。君威衰,令多不从,皆以妾为乱君,愿赐死。"桀于是大怒,行苛法,赐与嬖妾,侈益无度,府藏空虚。誉者昌,谏者亡,群下杜口,莫敢正言。造酒池,可以运舟,一鼓而牛饮者三千人。于酒池醉而溺死者无数。于是末喜笑之,以为乐。②

此条言桀惑于末喜之色而实行苛政,赏赐后妃无度而使国库空虚,近小人而远谏者等一系列昏庸之举。而在一开始,萧绎即言"美于色,薄于德",显然有意将色与德区别开来。

又,云:

> 周幽王嬖爱褒姒,褒姒生子伯服。废太子而立之,用褒姒为后。③

这一条言周幽王因宠爱褒姒,而废嫡立庶,废长立幼,正应了萧绎所谓"嬖子众多,嫡嗣无立"这一"殆"。而萧绎不仅在《金楼子》中多举昏君好色乱政之事,更将好色乱政的后果展现出来:

> 当是时,夏桀为虐政淫荒,而诸侯昆吾氏为乱。④

---

① 《金楼子校笺》,第 1316 页。
② 同上,第 238 页。
③ 同上,第 263 页。
④ 同上,第 129 页。

又,对不好色的君主大加赞扬:

> 汉世祖文叔……耳不听郑卫之音,手不持珠玉之扇。无私爱,左右无偏恩。①

> 司马泰廉静,不近声色之宴。②

这种赞扬亦包括那些一时为色所惑但能幡然悔悟者:

> 宋高祖德舆……平关中,得姚兴从女,有盛宠,以废事。谢晦谏,即时遣出。③

不难看出,萧绎对"德"与"色"是有所取舍的。不过,对于萧绎好德不好色的观点,后人却并不买账。明人张溥《汉魏六朝百三家集题辞注·梁元帝集》云:

> 帝不好声色,颇有高名,独为诗赋,婉丽多情,妾怨回文,君思出塞,非好色者不能言。④

所谓"妾怨回文,君思出塞"即"妾怨回文之锦,君思出塞之歌"⑤,出自萧绎的《荡妇秋思赋》。张溥要说的实际上是萧绎既然能将这样哀怨的情绪写得如此婉转绮丽,可见其揣度女性的心思之细密,一个不好色的人是做不到这一点的。然而,我们也必须承认,这样的作品本是当时风气使然。宫体诗是在南朝诗歌趋向俪辞韵语、描写细致特别是对于女性细致的描摹的过程中产生的。而即使是更为浮艳的宫体诗作,萧绎的作品留存至今的也并不多,相较于父兄都要少得多,这从《玉台

---

① 《金楼子校笺》,第 180 页。
② 同上,第 635 页。
③ 同上,第 196 页。
④ (明) 张溥著,殷孟伦注《汉魏六朝百三家集题辞注》,人民文学出版社,1960 年,第 215 页。
⑤ 引自《梁元帝集》,收在(清) 严可均校辑《全上古三代秦汉三国六朝文》,中华书局,1958 年,第 3038 页。

新咏》的收录状况可以窥其一二。

在好色这个问题上,萧绎的人生之中的确有一个污点,《南史·萧续传》云:

> 元帝之临荆州,有官人李桃儿者,以才慧得进,及还,以李氏行。时行官户禁重,续具状以闻。元帝泣对使诉于简文,简文和之得止。元帝犹惧,送李氏还荆州,世所谓西归内人者。自是二王书问不通。及续薨,元帝时为江州,闻问,入合而跃,屧为之破。寻自江州复为荆州,荆州人迎于我境,帝数而遣之,吏人失望。①

萧绎离开荆州竟然将李桃儿带走,这显然违反了宫禁,而从萧绎对于萧续上报此事的反应亦可得知此事的严重性。如果不是有色心之人,怎会冒险行此事。

张溥所说的"帝不好声色,颇慕高名"来自《南史·梁本纪下》。从这句话中可以看出在当时人心目中,因其地位与身份的关系,萧绎还算不上好色。《金楼子·自序》中,萧绎自言:"余性不耐奏对,侍姬应有二三百人,并赐将士。"②所谓"性不耐奏对"其实就是不好"声",而"侍姬应有二三百人,并赐将士"乃是说不好色,这正是走向了"妃妾以百数,黔首多鳏寡,是二恶也"的反面,表现了萧绎有意追求德而非色。而以萧绎的地位动辄有侍姬二三百人,他的好色与否自然不能用寻常人的标准去评判。

事实上,在萧家比萧绎更为好色的大有人在。首先是他的父亲萧衍在破东昏侯的后宫后,本欲连其宠姬潘、余二美一并接收,然为立声名先不得已杀了潘妃,后被范云逼着去了余妃。而之所以发生后面这

---

① 《南史》,第 1321—1322 页。
② 《金楼子校笺》,第 1350 页。

件事情,按照《梁书·范云传》的说法是:"高祖纳齐东昏余妃,颇妨政事。"① 这岂非是上文所引及的刘裕宠姚兴从女的翻版。可见,对于帝王来说好色的后果是显而易见的。更为荒唐的是,梁武帝的女儿永兴公主为了与叔叔萧宏乱伦之事,竟然要杀自己的父亲梁武帝。

而如果将视野放到整个南朝,不但以色进幸之事多,便是淫乱后宫之事也屡见不鲜。《宋书·后妃传》记明帝曾经"宫内大集,而裸妇人观之,以为欢笑"②,而《南齐书·皇后传》则记郁林王何皇后性淫乱,为南郡王妃时便与人私通,在后宫甚至与杨珉之"同寝处如伉俪"③,《南史》更增宋武帝乱伦等事,凡此种种,不一一赘举。

以其家族乃至整个南朝的好色之风为背景,也就不难理解萧绎对于"倍德而好色"的批评了。

(二) 对于妒的批评

除了以色事君以外,萧绎对于妒妇也极力批评。萧绎在《后妃》中曾引《列女传》赞有姜氏"领九嫔后宫有序,咸无妒媚逆理之人"。又,在《立言下》说:"夫一妻擅夫,众妾皆乱;一臣专君,群臣皆弊。其可忽哉!"④ 将"一妻擅夫"与"一臣专君"并提、家与国并言,这是萧绎一贯的态度。从他的立场来说,国事与家事很难截然分开。

他的父亲梁武帝的断房事,断酒肉,促成了后宫女子生活的重大转变。就阮修容而言,则是得以提早跟随儿子出藩生活。《阮修容传》中,萧绎在抒发对母亲的思念时曾云:"东入禹川,西浮云梦,冬温夏清,二纪及兹。"所谓"禹川"指的扬州会稽郡,从阮修容的卒年——大同九年(543)向前推二十四年即是天监十八年(519),这一年萧绎出为会稽太

---

① 《梁书》,第 230—231 页。
② 《宋书》,第 1295 页。
③ 《南齐书》,第 393 页。
④ 《金楼子校笺》,第 908 页。

守,而自此阮修容一直跟着儿子一起生活。而早在天监十五年(516),萧绎便娶徐昭佩为妻,阮修容自然也与儿媳妇徐妃生活在一起。然而徐妃却不像阮修容一样道德高尚,历史对她的评价并不高。前引《南史》本传,《梁书·萧方等传》(《南史·萧方等传》所记与之相似)皆已提及她的淫乱之事,不过历来对徐妃的批评并不仅仅基于淫乱一方面的问题,《南史·徐妃传》云:

> 酷妒忌,见无宠之妾,便交杯接坐。才觉有娠者,即手加刀刃。①

从这一段记载中,我们看到的是一个只有见到不受宠的妾室才会与之亲近,如果知道哪一个有了身孕即动手加害的善妒女子。而《梁书·萧方等传》中更是直言"初,徐妃以嫉妒失宠"②,可见徐妃善妒已经到了足以导致自己失宠的程度。《阮修容传》中记载了一个与徐妃善妒相关的事件:

> 方诸、含贞等婚嫁,皆躬自经始。旬日之中,内外众事,爰及礼仪,一时举办。公家发遣,启台悉停。外及馈人失礼,接之弥笃。每语绎曰:"吾垂白之年,虽亲所闻见,然而'德不孤,必有邻',且妒妇不惮破家,况复甚于此者也。"于是爱接弥隆。③

关于这段记载,许德平及许逸民二氏并以为有脱误,虽然这并非不可能,但是从今存《后妃》的内容来看,也不是完全读不通。萧绎先言"内外众事,爰及礼仪,一时举办",后言"外及馈人失礼",一"先"一"后"可知这里叙述的是同一件事。"馈人"指主理中馈事务之人,而妇人主理中馈之事,自古而然。颜之推《颜氏家训·治家》曾云:"妇主中馈,惟

---

① 《南史》,第342页。
② 《梁书》,第619页。
③ 《金楼子校笺》,第383页。

事酒食衣服之礼耳。"① 可知,萧绎所说"馈人"即是徐妃。事件的起因是阮修容为萧绎的儿子方诸与女儿含贞办理婚礼这件事。方诸是王氏所生,萧绎既宠爱王氏,又偏爱方诸;而含贞是徐妃所生,史书对于萧绎女儿的记载很少,不过从其母失宠可以推想到这个女儿不受重视。而从阮修容的"妒妇不惮破家"之语倒推过来,筹备婚礼的过程中所发生的"馈人失礼"一事正因徐妃的嫉妒而起。不过,当徐妃做出了失礼的行为后,阮修容虽然对此多有批评,但是后面却接了一句"于是爱接弥隆"。笔者认为这一句或可从"德不孤,必有邻"寻其旨意。殷仲堪解释说:"推诚相与,则殊类可亲,以善接物,物亦不皆忘,以善应之,是以德不孤焉,必有邻也。"② 而阮修容的"于是爱接弥隆"正有"推诚相与"之意,显然她正打算用自己的行为来感化徐妃。

阮修容自十八岁入萧齐后宫,所见者皆后宫女子,善妒之事比比皆是,所听闻的只会更多,这之中恐怕就包括了本节开头提到的因善妒而闻名后世的女子——梁武帝的正妻郗皇后。《南史·郗皇后传》云:

> 后酷妒忌,及终,化为龙入于后宫井,通梦于帝。或见形,光彩照灼。帝体将不安,龙辄激水腾涌。于露井上为殿,衣服委积,常置银鹿卢金瓶灌百味以祀之。故帝卒不置后。③

又,《南史·丁贵嫔传》云:

> 德后酷忌,遇贵嫔无道,使日舂五斛,舂每中程,若有助者,被遇虽严,益小心祗敬。④

---

① 王利器撰《颜氏家训集解(增补本)》,中华书局,1996 年,第 47 页。
② 《论语正义》,第 159 页。
③ 《南史》,第 339 页。
④ 同上。

《南史·后妃传》中所言郗后善妒之事，并不见于《梁书》，许嵩在《建康实录》中述郗皇后事时却明显采用了前者的内容，不过却对丁贵嫔受郗皇后虐待而"日舂五斛"之事并不照录，但同时他又在《建康实录·郗皇后传》下注引韦述《两京记》云：

> 案，《东京记》：皇城西南洛水北有分谷渠，北隋朝有龙天王祠。俗传梁武帝郗后性妒忌，武帝初立，未册命，因忿怼，乃投殿庭井中。众赴井救之，已化毒龙，烟焰冲天，人莫敢近。帝悲叹久之，乃册为龙天王，使井上立祠，朱粉涂饰，加以杂宝，每有所御，必厚祭之，巡直洒扫。自梁历陈，享祀不绝。陈灭，乃迁其祠于京城道德寺。大业初，又移于此地，置祠。祠内有星辰日月、阎罗司命、五岳四渎大龙神象。蒋州沙门法济尝住祠中，以事龙天王神。济有二竖子，一善吹笙，一善方响，每日以朝暮作乐。济为神所感，着衣鼓舞而不自觉。今向北，即上阳宫也。①

《两京记》时代稍晚，又记郗后死于武帝登基之后，而《梁书》记郗后卒于永元元年（499），则这一记载准确性颇可怀疑。然《两京记》中以"俗传"记郗后性好妒忌事，又记天王祠自建康迁至长安，又自长安迁至洛阳，这都说明郗后已经从一个历史人物变成了一个民间传说中的人物，其故事经历了如此长的时间，变形是在所难免的，然而其善妒之说与《南史》所载颇相符合，则说明此说其来已久。

即便不计《两京记》中郗皇后善妒到梁武帝"每有所御，必厚祭之"之说，单以《南史》所记"帝卒不置后"一事，阮修容虽与郗皇后没有接触的机会，但对郗皇后善妒之事恐怕不会没有耳闻。

在梁武的后宫中，善妒之后妃，郗皇后是一例，吴淑媛亦算一例。

---

① 转引自（唐）许嵩撰，张忱石点校《建康实录》，中华书局，1986年，第719页。

她之所以向儿子"陈疑似之说",是因为"宠衰怨望",这也逃不脱妒忌之心作怪,而吴淑媛的妒为梁武帝带来的麻烦也不小,甚至让自己的儿子萧综最后客死异乡,只有尸骨得还。

后宫女子善妒,其来久矣。《说蕃》中记载了刘长的母亲自杀之事:

> 刘长母,本张敖美人,坐贯高事,系之河内。弟赵兼,因辟阳侯告吕后,后妒,不肯白,辟阳侯不强争。美人已生厉王,恚,即自杀。[①]

刘长的母亲受牵连而获罪,本可活命,却因为吕后的妒忌最终无辜而死。因后宫女子嫉妒而引发的祸事实在不少,我们不妨再引一段《宋书·文帝袁皇后传》中的记载:"上待后恩礼甚笃,袁氏贫薄,后每就上求钱帛以赡与之;上性节俭,所得不过三五万、三五十匹。后潘淑妃有宠,爱倾后宫,咸言所求无不得。后闻之,欲知信否,乃因潘求三十万钱与家,以观上意,信宿便得。因此恚恨甚深,称疾不复见上。"[②]袁后还算得宠,然求钱仅得数万,若是不得宠的后妃,只怕数万也无。对后妃们来说,显然有比金钱更大的利益,因此要后妃不善妒也并不容易。阮修容从所见所闻中深知善妒的结果,所谓"妒妇不惮破家"说的是妒妇不怕破家,而作为德性高尚的后妃,阮修容当然是以维护家庭的和谐为第一要务,这同《汤妃有蕶氏传》中"妃领九嫔后宫有序,咸无妒媚逆理之人……贤女为君子和好众妾,其有蕶之谓也"显然是一致的。

或许正是因为母亲善待徐妃,试图感化她以维护家庭的和谐,萧绎虽然对她诸多不满,却终未有行动,直到他们共同的儿子萧方等战死,

① 《金楼子校笺》,第667页。
② 《宋书》,第1284页。

才有萧绎逼死徐妃、还尸徐家并谓之出妻等一系列事件。

恐怕正是因为生活在这样的家庭，这样的时代，萧绎在写及母亲之时，一方面正面标举她的德性，另一方面回避她的容貌，且在表现母亲宽容大度的同时，借母亲之口对于妒妇提出了严厉的批评。萧绎在《后妃》中不仅仅要展现母亲道德之高尚，亦同时寄寓了对帝王不重色的鉴戒，对后妃以德事君的期许。

二、辅政之功

在目前传世的作于南朝的史书之中，范晔以前有陈寿《三国志》，其后妃传虽然记载了多名后妃的生平，但每一篇传记的篇幅并不长。刘宋以后，《宋书》、《南齐书》中后妃类传皆内容简单。成于唐代的梁、陈二史与《南史》中的"后妃"类传亦复如是。"孽嬖"之妃自不待言，便是有贤德之称的后妃，或记其"不为亲属请谒"，或记其抚养子孙，等等，皆忌言后妃辅佐政事之功。这里我们所说的辅政指的并不是上文所提到的以德事君以使后宫安宁的情况，而是直接干预政事。而与同时代史家不同的是，萧绎的《后妃》所强调的却正是后妃的辅政之功。

（一）后妃的文化修养

《阮修容传》称阮修容"年数岁能诵《三都赋》，《五经》指归过目便解"。而在差不多同时代的史书中，我们可以看到类似的记载：

> 德林幼聪敏，年数岁，诵左思《蜀都赋》。[1]（《北史》）
>
> 萧大圜字仁显，梁简文帝之子也。幼而聪敏，神情俊悟。年四岁，能诵《三都赋》及《孝经》、《论语》。[2]（《周书》）

---

[1] （唐）李延寿撰《北史》，中华书局，1974年，第2504页。
[2] （唐）令狐德棻等撰《周书》，中华书局，1971年，第756页。

不难看出，年数岁能诵左思《三都赋》在当时可以作为一项异能写入史书，尤其萧大圜还是萧绎的侄子，更可以看出兰陵萧氏的价值取向，因此萧绎特地将此事记在了母亲传记之中。

翻检《史记》以来至于《金楼子》成书之间的正史后妃类传，景帝母窦太后大概是第一位记录了读书状况的妃嫔，今录上所述诸史中后宫女子的阅读情况如下：

> 窦太后好黄帝、老子言，景帝及诸窦不得不读《老子》尊其术。①

> （孝成班婕妤好）诵《诗》及《窈窕》、《德象》、《女师》之篇。每进见上疏，依则古礼。②

以上出自《汉书·外戚传》。

> （明德马皇后）能诵《易》，好读《春秋》、《楚辞》，尤善《周官》、《董仲舒书》……自撰《显宗起居注》。③

> （和熹邓皇后）六岁能《史书》，十二通《诗》、《论语》……太后自入宫掖，从曹大家受经书，兼天文、算数。昼省王政，夜则诵读，而患其谬误，惧乖典章，乃博选诸儒刘珍等及博士、议郎、四府掾史五十余人，诣东观雠校传记。事毕奏御，赐葛布各有差。又诏中官近臣于东观受读经传，以教授宫人，左右习诵，朝夕济济。④

> （顺烈梁皇后）好《史书》，九岁能诵《论语》，治《韩诗》，大义略举。常以列女图画置于左右，以自监戒。⑤

---

① 《汉书》，第 3945 页。
② 同上，第 3984 页。
③ 《后汉书》，第 409—410 页。
④ 同上，第 419、424 页。
⑤ 同上，第 438 页。

以上出自范晔《后汉书·皇后纪》。

> 吴郡韩蔺英，妇人有文辞。宋孝武世，献《中兴赋》，被赏入宫。宋明帝世，用为宫中职僚。世祖以为博士，教六宫书学，以其年老多识，呼为"韩公"。①

此条出自《南齐书·皇后传》，这位韩蔺英虽然算不上是后妃，但是"世祖以为博士"，使她得以掌教后宫，显然是一位"女师"了，而萧绎称母亲有"女师之德"，故亦录其事迹。

又，《晋书》虽造于后，但所记故事发生在先，其《后妃传》中记曰：

> （文明王皇后）年八岁，诵《诗》、《论》，尤善丧服。②
> （左贵嫔）芬少好学，善缀文，名亚于思，武帝闻而纳之。泰始八年，拜修仪。受诏作愁思之文，因为《离思赋》……③

从以上诸条中不难看出，史书与儒家经典及解经之书是后妃们的热门读物。读史的诸后妃之中，马皇后能自撰《显宗起居注》，而邓皇后则不惟自己读史，还诏令近臣读史。至于儒家经典之中，《诗经》、《论语》和礼书又占了很大的比重。先说礼书，按照《周礼》的规定，后妃们入宫以后会有专人教习礼仪。当然这有一个前提，那就是身份问题，不同等级的妃嫔所修习的礼仪是严格规定的，所以阮氏直到生下萧绎，进位修容以后才得以"辨物书数，诏献种穄"。又，前引《金楼子·阮修容传》中谓阮修容能诵《三都赋》，对于《五经》指归过目能解，在萧绎入幼学的时候教习他《孝经》、《正览》、《论语》、《毛诗》。后所言诸书皆儒家经典或解经作品，而《三都赋》属于辞赋一类，其阅读范围还是相当广泛的。就阅读书籍而言，可与阮修容相比拟的有汉成帝班婕妤、

---

① 《南齐书》，第 392 页。
② 《晋书》，第 950 页。
③ 同上，第 957 页。

明帝马皇后、《南齐书》所记的韩蔺英（又作韩兰英）及晋代的左芬了，不过，班、左、韩能作赋，而马、阮则好读、诵。另外，女教类图籍也开始进入后妃们的视野，如班婕好读《窈窕》等篇，而梁皇后则以《列女图》自诫。

相较于早期诸史所及之后妃，佛教进入中国后，后妃们有了新的读物。萧绎曾记阮修容"初习《净名经》义……末持《杂阿毗昙心论》……三十年中，恒自讲说，自为《杂心讲疏》，广有宏益"。与此相应的，《梁书》云：

> 及高祖弘佛教，贵嫔奉而行之，屏绝滋腴，长进蔬膳。受戒日，甘露降于殿前，方一丈五尺。高祖所立经义，皆得其指归。尤精《净名经》。①

此即前文所谓丁贵嫔学佛是受梁武帝影响的证据。从丁贵嫔和阮修容的状况不难得出，因为南朝帝王对于佛法的提倡，诸后妃的修养中又多了学佛一项。

丁贵嫔和阮修容都修习了《净名经》（即《维摩诘经》，又称《无垢经》，以下非引用原文的情况下皆统称为《净名经》），丁贵嫔十四岁即嫁与武帝，其一切修佛行为大概都是受了武帝的影响，但阮修容的情况要复杂得多，其信仰佛教，至少接触佛教是在更早的时候。汤用彤在《汉魏两晋南北朝佛教史》中曾有"尼媪出入宫禁及贵人闺闼，为刘宋政治上颇显著之事"②之论，而《阮修容传》记曰：

> 有诸尼入台斋会，乃密以达之，径寄南金数百两还家，此人仍负之而趋。其人后肉袒衔璧，乃云："不忆有此。"③

---

① 《梁书》，第 161 页。
② 汤用彤著《汉魏两晋南北朝佛教史》，武汉大学出版社，2008 年，第 307 页。
③ 《金楼子校笺》，第 380 页。

这即是上节中提到的阮修容将萧昭业的赏赐寄回家的事情。所谓"诸尼入台斋会"即汤用彤所说的"尼媪出入宫禁"的情况。这说明至少在二十岁的时候，阮修容已经在生活中与佛教尼师有所接触。又，阮修容的从母净粲法师即为出家之人，她或许也受到了影响，不过其从母何时出家无从得知，故即便受到了从母的影响，时间起点却难以追溯。

而稍后，阮修容嫁与萧遥光为妻，据慧皎《高僧传·义解·法度》记载："度与绍并为齐竟陵王子良、始安王遥光恭以师礼，资给四事。"① 可知萧遥光本人是信仰佛教的，而阮修容受到萧遥光的影响信仰佛教不是没有可能。

萧绎在传中并没有写及阮修容是何时参加宗教活动的，而是直接讲述了母亲修习《净名经》义，并且所言及的一系列修行皆在母亲进位为修容以后，这应该不是无意的。

武帝本人接触《净名经》的时间可以追溯到萧齐永明之时。竟陵王萧子良和文惠太子萧长懋都崇尚佛理，而萧子良更是常请人到西府中讲佛经，《净名经》又恰恰是萧子良所倡导的，这从《高僧传·齐安乐寺释僧辩传》中提到永明七年萧子良于佛前咏《净名经》一事便可得知。② 萧衍在西府的时间可能并不长，也或许未必西府的每一场活动都可以参加，但是以他当时与西府人员过从之密，萧子良主持的讲经活动对于他应当不会毫无影响，不过这时候恐怕还谈不上佛教信仰的问题。

根据《梁书》的记载，梁武帝曾研究过《净名经》，并撰写了《制旨净名经义记》，而唐代窥基《说无垢称经疏》中更引及梁武帝对于"如是"的

---

① （梁）释慧皎撰，汤用彤校注，汤一玄整理《高僧传》，中华书局，1992 年，第 331 页。
② 同上，第 503 页。

解说①,这就说明梁武帝确曾解《净名经》,而至晚在唐代还可见到梁武帝的解经之语。正是因为他本人对于《净名经》深感兴趣,梁代皇室之中维摩诘信仰一度非常盛行。据何剑平在《中国中古维摩诘信仰研究》中考证,萧梁皇室之中,除了丁贵嫔、阮修容外,昭明太子萧统、简文帝萧纲乃至萧绎自己都有维摩诘信仰。② 又,《阮修容传》云:"备该元理,权实之道,妙极沙门。"③ 由此可知,阮修容的《净名经》修养也是比较深入的,甚至"妙极沙门"。

很快的,阮修容开始修习另一部佛典——《杂阿毗昙心论》。《阮修容传》云:"末持《杂阿毗昙心论》……三十年中,恒自讲说。"④ 据萧绎的说法,阮修容卒于大同九年(543),则其修习《杂阿毗昙心论》之时显然至少得往前推三十年。据柏俊才考,《断酒肉文》作于天监十二年(513)⑤,而《梁书·武帝纪下》云:"五十外便断房室。"⑥ 梁武帝五十岁这一年正是天监十二年。又加之,在叙述了母亲所修习的两种佛典后,萧绎云:"绎始方物名,示以无诳。及在幼学,亲承慈训。"⑦ 按,萧绎在《金楼子·自序》中云:"余六岁解为诗,奉敕为诗曰:'池萍生已合,林花发稍稠。风入花枝动,日映水光浮。'因尔稍学为文也。"⑧ 又,《梁书·元帝纪》云:"世祖聪悟俊朗,天才英发。年五岁,高祖问:'汝读何书?'对曰:'能诵《曲礼》。'高祖曰:'汝试言之。'即诵上篇,左右莫不惊

---

① (唐)窥基撰《说无垢称经疏》,收在《大正藏》第38册,第1003页。
② 说详何剑平著《中国中古维摩诘信仰研究》第四章第一节"梁代王室的维摩诘信仰",巴蜀书社,2009年,第145—152页。
③ 《金楼子校笺》,第381页。
④ 同上。
⑤ 见柏俊才著《梁武帝萧衍考略》,上海古籍出版社,2008年,第170页。
⑥ 《梁书》,第97页。
⑦ 《金楼子校笺》,第381页。
⑧ 同上,第1345页。

叹。"①萧绎六岁的时候即是天监十二年。而"始习方物名"显然是更小的时候了。因此阮修容修习《杂阿毗昙心论》的时间至少在天监十二年以前。

按萧绎的说法,阮修容不仅仅是修持《杂阿毗昙心论》那么简单,其交通的程度达到了能在"三十年中恒自讲说"的层次,更甚者她还撰写了《杂心讲疏》。从天监十二年到大同九年,大概就是萧绎所说的三十年,此中这个年数岁能诵《三都赋》的女子再一次发挥了她的天赋,将《毗昙》之学修习得颇为精通,而她开始讲说此经正当在天监十二年前后。

自东晋末年,僧伽提婆译出《阿毗昙心论》以后,毗昙之学曾风行一时。至于《杂阿毗昙心论》,吕澂认为此书"可以说是《阿毗昙心论》一书较迟而又较好的一种注解……由于《杂心论》的翻译,联系到以前的《心论》,重又引起了学者对毗昙的研究兴趣"②。虽然到梁武帝之时,毗昙学已经走过了最盛的时候,不过这不代表着彼时毗昙学就无人问津,《成实论》七处破《毗昙》③,二者关系如此密切,这也就难怪有些成实师也兼讲《毗昙》,如梁代的智藏、僧旻、法云等三位"成论大乘师"皆同时精通毗昙学与成实学。

这里尤其值得一提的是开善寺的智藏法师。他与梁武帝的交往非常密切,唐代释道宣《续高僧传·梁钟山开善寺沙门释智藏传》云:"天子下礼承修,荣贵莫不竦敬。圣僧宝志迁神,窆岁于钟阜,于墓前建塔,寺名开善,敕藏居之。"④又云:"又于寺外山曲别立头陀之舍六所,并是

---

① 《梁书》,第135页。
② 吕澂著《中国佛学源流略讲》,中华书局,1979年,第127页。
③ 鸠摩罗什语,见《高僧传》卷六《僧睿传》,第245页。
④ (唐)释道宣撰《续高僧传》,收在《大正藏》第50册,第466页。

茅茨容膝而已。皇太子闻而游览,各赋诗而返。"①智藏法师卒于普通
三年(522)后,又云:"新安太守萧机制文,湘东王绎制铭,太子中庶子陈
郡殷钧为立墓志。"②从萧衍造开善寺敕智藏入住这一点,便可知智藏
法师与梁武帝的关系很不一般,更不要说梁武帝还请他讲经,而其诸子
皆与智藏法师有所往来,并于其卒后为立史上有名的"三萧碑"。而早
在萧子良的西府中,智藏法师就因敷述《净名经》义理,无人能与之抗衡
而得名。《续高僧传》记他所讲经论之中就提及了《阿毗昙心论》,又说
他著有义疏行世。而《杂阿毗昙心论》本就是补注法胜《阿毗昙心论》颂
本之作,都是《毗昙》学的重要论著。而从智藏与当时宗室往来的情形
看来,阮修容极有可能就听过其讲《毗昙》学。

又,吉藏《维摩经义疏》云:

> 问:"《成实》若小,梁武崇大,何犹禀学?"答:"梁武初虽学之,
> 后遂弹斥。著《大品经序》,呵成实师云:'若执五时之说,谓《般
> 若》、《净名》未圆极者,无异穷子反走于宅中,独姥掩目于道上。法
> 水所以大悲,形山所以流恸。'梁武初学《成实》、《毗昙》,闻摄山栖
> 霞寺高丽朗法师从北山来,善解三论,妙达大乘,遣智寂等十人,就
> 山学之,而传授梁武,因此遂改小从大。"③

吉藏就是引文中提到的梁武帝"遣智寂等十人,就山学之"的"摄山
栖霞寺高丽朗法师"的弟子。按他的说法,梁武帝早期崇尚《成实》、《毗
昙》之学。又,如前所证,梁武帝尊奉的人当中有善讲《毗昙》的,尤其与
他关系密切的智藏还是《成实》、《毗昙》合讲的,故此,梁武帝即便未主
动修习佛教学《毗昙》也就不足为奇了,而阮修容之末持《杂阿毗昙心

———————————

① 见《大正藏》第 50 册,第 467 页。

② 同上,第 467 页。

③ (唐)吉藏撰《维摩经义疏》,收在《大正藏》第 38 册,第 912 页。

论》自然也不免与其有关。

不过阮修容除了精于这些经典，还有其他的礼佛行为，《阮修容传》记曰：

> 又躬自礼千佛，无隔冬夏，人不堪其苦，而不改其德。常无蓄积，必行信舍。京师起梁安寺，上虞起等福寺，在荆州起禅林、祇洹等寺，浔阳治灵丘、严庆等寺，前后营诸寺佛宝帐百余领，躬事后素，亲加雕饰，妙于思理，若有神功。[①]

当时人礼佛每多施舍，起寺造塔更是不在话下，梁武帝本人便曾四次舍身入寺。相比较，阮修容的供奉自然也就不奇怪了，而她还"躬自礼千佛，无隔冬夏"，这却不是一般人能做的了，而即便身体不堪其苦，阮修容却仍然坚持这样的信仰。

在梁代因为大乘信仰的盛行，《成实》、《毗昙》之学渐渐式微，但阮修容的《毗昙》学研究却坚持了三十余年。不难看出，在记述的过程中，萧绎不仅仅赞叹母亲所具备的天赋，他更看重母亲所付出的努力。而萧绎之所以如此重视母亲在文化修养上的努力，固然有当时社会文化风气的原因，恐怕还在于他考虑到了其有助于政事的一面。

（二）后妃的辅佐政事

在萧绎的笔下，阮修容曾向萧遥光谏言，又在做了修容以后学习"辨物书数，诏献种秲"，而在跟随萧绎出藩以后，"时值水旱，变食深忧"，又，"随绎归会稽……询求故实，赡恤乡党，扶老携幼，并沐恩猷"，又，"性好赈施，自春及冬，无日而怠。往年谷粒腾涌，蒙袂而济者，不可胜言"，等等，都体现了阮修容辅佐政事之能，而这其中相当一部分都与阮修容的所学有关，如礼学知识，如佛学修行，等等。这里，我们仅以与

---

① 《金楼子校笺》，第383页。

萧绎直接相关且尤为萧绎所重的方伎之能为例。

在萧梁建国之初,谶纬曾一度风行。《梁书·武帝纪》载:"是日,太史令蒋道秀陈天文符谶六十四条,事并明著。群臣重表固请,乃从之。"①又,《金楼子·兴王》中记载了齐高帝梦到梁太祖萧顺之的子孙会得天下之事。②又,《梁书·陶弘景传》中则记录了陶弘景"援引图谶,数处皆成'梁'字,令弟子进之"③之事。显然,这些都意在说明梁武帝践祚是上天降兆。因此当沈约以"天文人事,表革运之征,永元以来,尤为彰著。谶云'行中水,作天子',此又历然在记。天心不可违,人情不可失,苟是历数所至,虽欲谦光,亦不可得已"④之辞劝梁武受禅时,武帝便欣然接受了。

不过,梁武帝虽然接受了图谶征验这一登上皇位的绝佳理由,他对于谶纬之说还是保持着警醒的态度的,天监四年(505)曾下诏省《凤凰衔书伎》⑤,其诏云:

> 朕君临南面,道风盖阙,嘉祥时至,为愧已多。假令巢侔轩阁,集同昌户,犹当顾循寡德,推而不居。况于名实顿爽,自欺耳目。一日元会,太乐奏《凤凰衔书伎》,至乃舍人受书,升殿跪奏。诚复兴乎前代,率由自远,内省怀惭,弥与事笃。可罢之。⑥

《凤凰衔书伎》之乐在宋齐两朝都有,宋代歌辞作:"大宋兴隆膺灵符。凤鸟感和衔素书。嘉乐之美通玄虚。惟新济济迈唐虞。巍巍荡荡道有余。"⑦齐初诏中书郎江淹改歌辞为:"皇齐启运从瑶玑。灵凤衔书

① 《梁书》,第29页。
② 《金楼子校笺》,第209页。
③ 《梁书》,第743页。
④ 同上,第234页。
⑤ 同上,第41页。
⑥ 《隋书》,第303—304页。
⑦ 《南齐书》,第196页。

集紫微。和乐既洽神所依。超商卷夏耀英辉。永世寿昌声华飞。"① 从这两种歌辞的内容猜想，梁代的《凤凰衔书伎歌辞》也应与此相差无多，都是歌功颂德之辞。歌名皆是凤凰衔书而至，显然是取符瑞之兆。梁武帝所谓"嘉祥时至"说明梁初的瑞兆较多，然而当此之际，梁武帝却自觉"为愧已多"从而要罢此乐，说明他并未沉湎于臣子们利用图谶所构筑的世界，而"况于名实顿爽，自欺耳目"更说明他还保持着相当程度的警醒。从武帝的罢乐中看出，他对百官利用谶纬的做法还是有所警醒的，但彼时"嘉祥时至"，所以大体来说还谈不上排斥。

普通(520—527)年间，梁武帝应已有禁止谶纬之意。《隋志》载："至宋大明中，始禁图谶，梁天监已后，又重其制。"② 按照这个记载，梁武帝禁图谶当在天监(502—519)以后，约在普通中。与这个记载相对应的史实是，普通二年(521)琬琰殿起火，烧去后宫房屋三千多间，普通三年(522)又发生了京师地震，这两件都是比较严重的祸事。而就在前事发生之后，武帝下诏云：

> 王公卿士，今拜表贺瑞，虽则百辟体国之诚，朕怀良有多愧。若其泽漏川泉，仁被动植，气调玉烛，治致太平，爰降嘉祥，可无惭德；而政道多缺，淳化未凝，何以仰叶辰和，远臻冥贶？此乃更彰寡薄，重增其尤。自今可停贺瑞。③

从诏书开篇的"王公卿士，今拜表贺瑞"一句可知，直到普通二年，仍有大臣向萧衍上表贺瑞。然而，当国家灾祸连连发生，梁武帝果断地下诏停止贺瑞之事，这可以看作是禁止谶纬之始。

萧衍究竟何时下诏禁畜谶纬，史无明文，《南史·阮孝绪传》曾载：

---

① 《南齐书》，第196页。
② 《隋书》，第941页。
③ 《梁书》，第65页。

武帝禁畜谶纬，孝绪兼有其书。或劝藏之，答曰："昔刘德重淮南《秘要》，适为更生之祸，杜琼所谓不如不知，此言美矣。"客有求之，答曰："己所不欲，岂可嫁祸于人。"乃焚之。[1]

这一段记载直接声称"武帝禁畜谶纬"，从阮孝绪"杜琼所谓不如不知，此言美矣"的说法，以及还有人明知禁令仍向其求取谶纬一类书籍看来，武帝的禁令恐怕并没有那么严格。当然，其禁令也不仅仅是摆摆样子，不然也不至于还有人劝阮孝绪将书藏起来。更甚者，阮孝绪为了不遗祸于人，最后还一把火烧了这些图谶之书。阮孝绪卒于大同二年（536），则"禁畜谶纬"应在此之前。值得一说的是，阮氏曾于普通四年（523）撰成《七录》十二卷，其中内篇第五"术伎录"中有"谶纬部三十二种四十七帙二百五十四卷"，这就说明至少在普通四年以前，梁武帝尚未有"禁畜谶纬"的命令。

除了禁畜谶纬以外，梁武帝或亦有禁言妖祥的命令。《金楼子·志怪》云：

浣纱女死，三蛟至葬所。窦武母窆，蛇击柩前。含涂之鸡能言，西周之犬解语。合浦桐叶，飞至洛阳；始兴鼓木，奔至临武。乐安故市，枯骨吟啸。辽水浮棺，有人言语。鬼来助张林驱使而致富；神女为董永织缣而免灾。怀德郡石解语，临川闲山能啸。泗水却流，盖泉赴节。虫食叶成字，鹊口画作书。狐屈指而作簿书，狸群叫而讲经传。鼋头戴银钗，猪臂带金铃。成彪之鱼号恸，华隆之狗涕零。武昌郡阁杖有莲华，长安城门斧柯生叶。黄巾将走，草作鸟兽之形；董卓欲诛，叶为人马之状。有莘氏女，采儿于空桑之中；水滨浣妪，得子于流竹之里。陆机引军而牙折，桓玄出游而盖飘。

---

[1] 《南史》，第1895页。

陨石于宋都,雨土于薄邑。取董奉之杏,去即值虎;持归美之橘,还辄遇蛇。益阳金人,以杖筑地而成井;遁水竹王,以剑击石而出水。夫差之女死,以玉壶送葬;茂伯之女亡,以金罍赠别。石言于晋国,石立于泰山。神降于莘,蛇斗于郑。子文受於菟之乳,魏颗获结草之功。龙战于夏庭,树生于殷庙。会稽城门之鼓,击之声闻洛阳,遂得号为雷门。是何怪与? 妖祥之事,可殚言乎?①

按照《四库全书总目提要》的说法,在四库馆臣自《永乐大典》中辑录《金楼子》时,《志怪》一篇首尾完整,也就是说,上引内容在明代或更早以前,即列于《志怪》之末。此条在叙述了"浣纱女死,三蛟至葬所"等四十七事后言"是何怪与",意在以"怪"概言前所述四十七事。萧绎以所列诸事为"怪"并不稀奇,甚至以此"怪"字笼罩全篇亦说得通,毕竟本篇的题目即为"志怪"。且萧绎曾在篇前小序中称:"夫耳目之外,无有怪者,余以为不然也……谅以多矣,故作《志怪篇》。"②也就是说,萧绎从内心深处是接受世界上就是有这样或那样的怪事的。但是,除了将前述诸事定义为"怪"以外,萧绎更在篇末以"妖祥之事,可殚言乎"作结,这就不能不引起我们的注意。

末句为反问句,从其语气可以推断当时应有禁言妖祥之事,而萧绎对此持反对态度。结合前述四十七事,这些"怪"事中有"妖祥之事",而这些"妖祥之事"又都是有所应验之事。按照萧绎的意思,这些事应该加以重视,而不是"殚言"。萧绎前为皇子,后为帝王,能使其"殚言"的当是萧衍的旨意,故此疑在萧衍的禁令中恐有禁言妖祥之内容。而从普通二年的停止贺瑞到普通四年以后的"禁畜谶纬",以及可能存在的禁言妖祥的命令,不难看出梁武帝的禁谶当是一个循序渐进的

---

① 《金楼子校笺》,第1200页。
② 同上,第1131—1132页。

过程。

　　然而,萧绎对此却颇不以为然。他本人善于伎术。史有明文,《南史·梁本纪下》就曾载:"帝于伎术无所不该,尝不得南信,筮之,遇剥之艮。曰'南信已至,今当遣左右季心往看'。果如所说,宾客咸惊其妙。凡所占决皆然。"① 如前所论,萧绎的好《易》卜之术与母亲善于伎术或有关系,而梁武帝本人亦擅阴阳、纬候、卜筮、占决之术,在这样的家庭中,萧绎好谶纬自然也就无可厚非。他的藏书中即有《地镜经》三种,《金楼子·志怪》云:

> 《地镜经》凡出三家,有《师旷地镜》,有《白泽地镜》,有《六甲地镜》。三家之经,但说珍宝光气。前金楼先生是嵩高道士,多游名山,寻丹砂,于石壁上见有古文,见照宝物之秘方。用以照宝,遂获金玉。②

　　按,《隋志》子部五行类中有"《乾坤镜》二卷。梁《天镜》、《地镜》、《日月镜》、《四规镜经》各一卷,《地镜图》六卷,亡"③。据此《地镜》应为图谶之书。据前引《南史·阮孝绪传》可知,梁武帝曾经"禁畜图谶",与此相对应的是,萧绎不但收藏有《地镜经》,还有三种不同版本的《地镜经》。固然可以说萧绎收藏此书事在禁令之前,然而以萧绎对于聚书痴迷之程度,即便有了禁令,他也不会将此书从收藏中剔除,亦不可能因为禁令就将之毁去。更何况萧绎对此书还抱有一种期待,这从萧绎"三家之经,但说珍宝光气"的语气中也不难看出。萧绎所谓"但说珍宝光气"有大失所望之意,这说明他对此书的期待是不仅仅写"珍宝光气"而已。当然,这句话似乎亦有另一层含义,即暗指自己的收藏在某种程度

① 《南史》,第245页。
② 《金楼子校笺》,第1188页。
③ 《隋书》,第1038页。

上并非是谶纬之书。为此,萧绎还在《金楼子·志怪》中引及"凡有树木之变枝柯,南枝枯折者,宝在树南;西枝枯折者,宝在树西也"①等至少三条《地镜经》的内容。

更有甚者,萧绎在《金楼子》中多处利用谶纬的幽微之言。如记自己大婚前后的各种怪事显然意有所指。又,《兴王》记载了不少发生在梁武帝身上的神异之事,而相关之事在其他文献记载中或多或少有些差异,试举例如下:

> 永明九年,出为镇西咨议。西上述职,行过牛渚,直暴风卒起,入泊龙濆。既波浪不可静,登岸逍遥,四望梁山,瞻眺墟落。见一长老,披儒服至,揖上曰:"君龙颜虎步,相不可言。天下方乱,四海未一,安苍生者,其在君乎?"上笑之曰:"观公长者,不容见戏。"俄而风静,此夕竟届姑熟。永明十年,太祖登遐。上始承不豫,便即言归。轻舟仍发,州府赠遗,一无所受。齐隋郡王苦留一宿,不许。得单艇,望星上路,犯风冒浪,兼行不息。虽狂飙地发,高浪天涌。船行平正,常若安流。舟中之人,皆称神异。及舟漏临没,叫不辍声,鹊头戍主周达奉上一船,奔波就路,至京不逾二旬。②(《金楼子·兴王》)

> 累迁随王镇西咨议参军,寻以皇考艰去职。③(《梁书·武帝纪》)

> 累迁随王镇西咨议参军。行经牛渚,逢风,入泊龙濆,有一老人谓帝曰:"君龙行虎步,相不可言,天下方乱,安之者其在君乎?"问其名氏,忽然不见。寻以皇考艰去职,归建邺。④(《南史·梁本

---

① 《金楼子校笺》,第 1189 页。
② 同上,第 207—208 页。
③ 《梁书》,第 2 页。
④ 《南史》,第 168 页。

纪上》》

先君体有不安，昼则辍食，夜则废寝，方寸烦乱，容身无所，便
投刺解职，以遵归路。于时齐隋郡王子隆镇抚陕西，频烦信命，令
停一夕，明当早出。江津送别，心虑迫切，不获承命，止得小船，望
星就路，夜冒风浪，不遑宁处，途次定陵，船又损坏。于时门宾周仲
连为鹊头戍主，借得一舸，奔波兼行，屡经危险，仅而获济，及至戾
止，已无逮及。①（梁武帝《孝思赋》）

以上四段引文中，第一段先讲了梁武帝为隋郡王咨议参军时遇长
老言其有安天下苍生之能一事，其后则言及永明十年武帝返乡途中所
遇到的神异事件；第二段则仅交代了梁武帝在随王府中任参军及去职
之事，内容只有两句话，不涉及任何神异事件；而第三段虽有梁武帝遇
长老事，却无武帝在乘船回家奔丧时所遇到的神异事件；至于第四段
《孝思赋》的文字中梁武帝自言回家奔丧之事，只言旅途凶险，并不及神
异之事。其中，梁武帝遇到穿儒士服的长老事，以《金楼子》与《南史》最
为相像，但是《南史》的作者李延寿不但在书中著录了萧绎的《金楼子》，
且其书与《梁书》记载相异之处又有相当一部分与《金楼子》相近，这就
不免使人怀疑《南史》的这一段文字可能就参考了《金楼子》的记载；而
就回家过程来说，《金楼子》与《孝思赋》所记大体一致，只不过前者多了
神异色彩。也就是说，同一段故事，《梁书》仅简略地加以记载，梁武帝
自己虽细数其过程，但并不及于神异的色彩，《南史》记取了一部分，但
是很有可能就来自萧绎所撰《金楼子》本身。当然，这并不是说梁武帝
的这些神异之事是出于萧绎的创造，与阮修容不同，以梁武帝彼时的身
份，这样的故事恐怕早已在流传，萧绎不过将之记录下来罢了。

---

① 《全上古三代秦汉三国六朝文》，第 5895—5896 页。

萧绎为父亲所作传中，称父亲为"梁高祖武皇帝"①，萧衍被追尊为武帝及庙号称高祖是在承圣元年(552)萧绎即帝位以后，也就是说此传当作于萧绎登基以后。至于其为母亲所作传则是更早的事情了，即"乙丑岁之六月"，也即大同十一年(545)。在《阮修容传》中，萧绎在一开篇先写了阮修容的家世，她的祖父石元恭仕至武骑常侍，父亲石灵宝官至奉朝请，都是低级的官职，遂知修容出身低微。可是这出身低微的人却是带着灵异的色彩降生的，即：生而紫胞。有意思的是，梁武帝的后妃之中生而神异的并不只阮修容一人：

> 初，后母寻阳公主方娠，梦当生贵子。及生后，有赤光照于室内，器物尽明，家人皆怪之。巫言此女光采异常，将有所妨，乃于水滨祓除之。②(《梁书·郗皇后传》)

> 高祖丁贵嫔，讳令光，谯国人也，世居襄阳。贵嫔生于樊城，有神光之异，紫烟满室，故以"光"为名。③(《梁书·丁贵嫔传》)

虽然巫认为郗皇后"光采异常"不是什么好事，不过放到萧梁的后宫中却反而正常了起来。对比郗皇后出生后"有赤光照于室内"，丁贵嫔之生则不惟有"神光之异"，还有"紫烟满室"，至于阮修容则"生而紫胞"。有意思的是，在梁武帝的三位生而灵异的妻妾中，郗、丁二氏的感生故事均见载于《南史》中，唯独阮修容之事不见史册。

不过，《南史》虽不载阮修容之神异，倒是记载了跟萧绎出生有关的两段神奇故事。先说后一则，《南史·阮太后传》云："在孕，梦龙罩其床。天监七年八月，生元帝于后宫。"④则在萧绎出生之前，其母有感龙

---

① 《金楼子校笺》，第 206 页。
② 《梁书》，第 157 页。
③ 同上，第 160 页。
④ 《南史》，第 340 页。

之梦,这个胎梦内容并不稀奇,且《梁书》亦载,稀奇就稀奇在第一个胎梦上。与第二个胎梦相比,第一个胎梦故事发生在阮修容未孕之先,时间上较第二个为早,且第二个胎梦不见于《梁书》,不过倒见载于《三国典略》。内容与《南史》所记略有差异,但大体内容、叙述次第基本一致,故此处仅录《南史·梁本纪》的相关记载:

> 初,武帝梦眇目僧执香炉,称托生王宫。既而帝母在采女次侍,始褰户幔,有风回裾,武帝意感幸之。采女梦月堕怀中,遂孕。天监七年八月丁巳生帝,举室中非常香,有紫胞之异。①

引文中所谓"有紫胞之异"正是"生而紫胞"之意。将此与《金楼子》对照,则母子二人俱为紫胞。实际上阮修容紫胞之事,既不见载于《梁书》,也不见载于《南史》或是《建康实录》,今存《三国典略》中亦无相关记载。再结合《南史》记萧绎紫胞来看,这个故事的真实性就不免使人怀疑,这个神异的故事如不是阮修容讲述的——当然这并不能排除阮修容编造此故事的可能性——便是萧绎按照自己的故事杜撰的,尽管连他自己的故事也未必是真的。

对于萧绎这个愿意接受谶纬的预示的人来说,这个故事的价值不在于其真实与否,而在于它能提升阮修容的地位,而使他人也同萧绎一样接受这个故事的暗示,即阮修容是一个生而神异的人。至于《后妃》中所写到的阮修容在伎术方面的才华,则是出于有资于政事的立场,而这一点恐怕正是萧绎在小序中提出"故能辅佐天子,求贤审臣"的重要原因之一。

综上,萧绎心目中有德的后妃不以色事君,且有助于政事,其中后者尤其体现出萧绎个人的关怀来。

---

① 《南史》,第234页。

三、教养子女

对于我国古代的女性来说,生育并教养子女是一项重要的职分,而魏晋南北朝时期母教尤其发达,说明母亲的教育职能在当时是获得认可的。而就后妃来说,他们所生养的子女即便不是未来的继承人,也必将承担重要的政治责任,这就使得后妃的教养工作显得尤其重要。萧绎亦曾多次谈及后妃教养子弟的问题,如《立言》云:

> 哲人君子,戒盈思冲者,何也? 政以戒惧所不睹,恐畏所不闻,况其甚此者乎! 夫生自深宫之中,长于妇人之手,忧惧之所不加,宠辱之所未至。粤自龆龀,便作邦君……①

又,《著书》载《忠臣传·谏争篇序》云:

> 所谓生于深宫之中,长于妇人之手,未尝知忧,未尝知惧。况惑褒人之巧笑,迷阳阿之妙舞,重之以刽斩,用之以逋逃……②

所谓"生自深宫之中,长于妇人之手"所指显然是诸侯,而这里"妇人"指的是后宫之人,虽未必尽为后妃,但亦相去不远。而萧绎不止一次提起"生自深宫之中,长于妇人之手",以他的身份,这种感叹必然与日常所见相合,而由此他对于后妃教养子女的责任之看重也可想而知了。于是,《金楼子》中不止一次地描述了后妃教育子女之事,按其教养目的,大致可以分为如下几个方面:

(一) 对于子女身体的爱护

阮修容对于萧绎的照顾自不必说了,这里仅以《说蕃》所记司马攸事为例:

---

① 《金楼子校笺》,第 788 页。
② 同上,第 1055 页。

初,居文帝丧,上以攸至孝毁甚,文明皇太后亲临省攸,攸毁瘠尘墨,貌不可识。太后留攸宅,抚慰旬日。及还中,诏勉攸曰:"若万一加以他疾,将复如何! 宜远虑深计,不可守一意,以陷于不孝。若复不从往言,当遣人监守饮食。"①

这一段记载本是要突出司马攸的孝,但是文明皇太后王元姬更看重的无疑是司马攸的身体,不但亲临抚慰,回到宫中还下诏书叮咛儿子要进食,甚至威胁说如果不听话,就派人监视其进食。

(二) 教育子女孝顺父母,友爱兄弟,与妻子和睦相处

仍看王元姬例子:

文明皇太后临崩,谓武帝曰:"桃符性急,汝宜宏之。"②

司马攸在西晋声望很高,对于晋武帝是一种威胁,而这种威胁最后也导致了他因谗言致死。他们的生母王元姬虽然未必料到了这个结局,却希望晋武帝兄弟和睦相处,所以临终嘱咐晋武帝要对司马攸宽宏。

再来看刘子业的例子:

宋景和子业,孝建之太子也。即皇帝位,兴改制度,或取之前史。谢庄为诔宣贵妃文,曰"赞轨尧门",方之汉钩弋也,帝下庄于狱。乃发贵妃墓,纵粪于孝建冢,曰:"骦奴,何意生我?"孝建多昏纵,故有"骦奴"之目。太后临卒,遣人召帝,帝曰:"病人间多鬼,不可往。"太后怒曰:"引刀破我腹,那得生如此儿!"其不孝皆此类也。③

---

① 《金楼子校笺》,第 631 页。
② 同上,第 631 页。
③ 同上,第 317 页。

以上二例从结果看来都是教育失败的例子，当然这不能仅仅归因于母亲，但是未来君主教育的失败对于国家来说是非常可怕的，而刘子业的经历尤其反映了这一点。

（三）教导子女学习及为政之道

《金楼子》中与此相关的例子皆在《后妃》中，前文已及，此不赘言。

值得一提的是，作《后妃》之时的萧绎不会料想到太清之乱会成就自己的帝业。对于此时的他来说，立言立功才是他的追求，他遵守礼法，努力经营自己的声誉，也因此获得了《梁书》本纪所谓的"高名"。也因此，我们可以想象在萧绎的眼中，母亲的教育是成功的，他的批评正是建立在肯定母亲教育的基础上，而这是考量《金楼子》中后妃在教育子女的成败问题不能不考虑的背景。

附带一提的是萧绎的立场问题。萧绎对于孝道的重视贯穿于《金楼子》全书，对于后妃自然也有这样的要求，而从《阮修容传》中一而再再而三地谈及母亲对于父母长辈的孝敬与对于弟妹的友爱亦不难得知。不过，这并不意味着后妃应该对于娘家无限付出，身为皇家子弟尤其要防范外戚干政，遗憾的是《后妃》残损，现存的部分并不涉及这样的内容。不过有趣的是，今存《金楼子》中恰有一条涉及后妃因外戚而干政之事：

> 秦穆公任好即位……发兵袭郑。贾人弦高持十二牛卖之，因见秦兵，献其牛曰："闻大国将诛郑，郑君谨修守备，令臣以牛劳军士。"秦三将军相谓曰："将袭郑，郑人已觉之，往无及已。"灭滑，晋之边邑。当是时，晋文公丧，尚未葬，太子襄公怒，墨缞绖发兵，遮秦兵于殽。击，大破之，虏三将。晋文公夫人，穆公女也，曰："缪公怨此三人于骨髓，心愿归之，我君得此，快意烹之。"晋君许，三将归。归至，缪公素服郊迎。哭曰："孤不用百里奚、蹇叔之言，以辱

三子，三子何罪乎！"复官秩，益厚之。①

这段文字出自《说蕃》，从字句考量，更近于《史记·秦本纪》。不过在录入到《金楼子》时经过了萧绎的整理，因而只留下了萧绎心目中事关秦穆公称霸的主要环节。而我们想讨论的是其中与晋文公的夫人文嬴相关的记载。作为晋文公的夫人，文嬴本应站在晋国的立场上，但她却劝服晋襄公将三位将士送回秦国，最终成就了秦国的霸主之位。尽管我们可以设想，这个故事如果出现在《后妃》，萧绎恐怕会对她大加批评，但在《说蕃》中，萧绎并未对其人作任何评判，这固然是因为引文的目的在于叙述秦穆公称霸的故事，文嬴的襄助只是其中一环。而恰恰也是这个原因，让我们相信萧绎对于后妃的评断会因自己的立场而发生变化。我们只要将在大半生中都积极努力塑造一个符合儒家道德或者说符合一般世俗道德形象的萧绎与那个在太清之乱中为了帝位，置父兄于不顾，甚至发出了"六门之内，自极兵威"那样命令的萧绎作为参照，便可知这其实只是因为萧绎的立场发生了变化，而他的价值判断只不过是在立场变化的同时发生了变化而已。

而由此回到《后妃》中，首先我们看到萧绎有意将自己的母亲塑造为后妃的典范。阮修容当然不仅仅是后妃的身份，她还是萧绎的母亲，更为萧绎掌理家事，一身兼有数重身份，因此萧绎从她身上看到的不仅仅是一个有德的后妃的形象，亦是一个有德的母亲以及有德的妻子的形象，所以萧绎称母亲有"贤明之称，女师之德。言为闺门之则，行为椒兰之表"。也就是说，萧绎在表现后妃德性的同时，也为天下的女子提出了行为范式。换句话说，当萧绎在建构母亲形象时，他所建构的实际上是他心目中理想女性的形象，这一形象虽然外化为母亲，但却并不与理想女性（如妻子）的身份相矛盾。

---

① 《金楼子校笺》，第581—582页。

而如果更进一步将《金楼子》中关于后妃女子的记载与本书《立言》中萧绎所引及的《孝经》"自家刑国"① 的观念结合起来，就会发现萧绎更重视的是后妃对于社稷的意义，这背后藏着萧绎追求事功的心态。其对于后妃的赞扬与批评都没有离开有助于政事这一著述之旨，正如《后妃》开篇所提到的，"月以阴精，用扶阳德。故能辅佐天子，求贤审臣。二妃擅于虞朝，十乱兴乎周室。其所以卜世隆长，诚有以矣"。我们甚至可以进一步说，伴随着母亲作为有德后妃形象一起出现的，不仅是萧绎所构建的理想女性伴侣的形象，更是他塑造理想人格不可或缺的一面。

---

① 《金楼子校笺》，第 831 页。

第三章　身后的想象

　　对于身后世界的想象是很多人都不能回避的问题。关于古人对于身后世界的想象，今天有很多实物可见，比如马王堆汉墓出土的著名的"非衣"，考古发掘的魂瓶，等等，都在讲述着古人对于身后世界的思考或想象。而除了实物，文字的记载则更多见，包括了一般所说的终制作品。

　　终制又被称为顾命、遗令、遗戒，等等，颇同于今天所说的遗言。顾名思义，这类作品内容上以交代身后事为主，这就必然与丧葬之制紧密相连，加之部分作品还兼及教育子弟，这就使得这类作品虽不如丧葬历史悠久，但所涉范围却非常广泛。而既为临终所制，终制作品常常表现为口头形式，由时人或后人录为文字而流传下来。我国早在西周时期便有了关于临终遗言的记载，即《周书·顾命》。当然，终制作者出于种种考虑，亦有提前对身后事作安排和说明的情况，这也就有了作者亲撰的书面形式的终制作品，《金楼子·终制》即是此类。

　　据笔者所见，萧齐房中子弟早在齐代已有终制之作，而萧梁房中此类作品目前可知者唯萧绎《金楼子·终制》一种。今存《终制》总计585 字(不计标点)，篇幅虽然简短，但内容却非常丰富。本章拟在略述今存《终制》编撰状况的基础上分析其内容，并由此分析萧绎的终制思想，兼及当时终制思想发展之情况。

第一节 《终制》的存佚与编修

要重建萧绎对于身后世界的想象,《终制》的价值可想而知。不过,与很多著作考察分析编撰情况在先、考察存佚问题在后的次序不同的是,要考察《终制》中所蕴含的萧绎的思想,不从存佚情况说起就去讨论编撰体例似有不妥。因此,本章将从《终制》的存佚情况说起。

一、《终制》的篇名与存佚情况

《四库全书》本《终制》篇名后有按语称:

> 原本不列篇名,考其文义,应系《终制篇》,谨校补。又,前半或有缺文,谨识。①

这是我们今天所能知道的关于《终制》存佚情况最早的也几乎是仅存的介绍,出自辑录与整理《金楼子》的四库馆臣,而从今本的来源来看,记录的应是《永乐大典》所载《终制》的情况。

所谓"原本不列篇名"当是说《永乐大典》在抄录本篇时并未指出篇名,而馆臣据所存内容认为本篇当属终制作品,故补篇名为《终制》。至于"前半或有缺文,谨识"则是对今存文字并非完篇的猜测。值得注意的是,这种猜测仅仅针对本篇的前半部分,这就是说四库馆臣并不否认现存内容的相对完整性,只是认为在现存内容之前或许还有其他文字存在。也就是说,馆臣认为今存《终制》开头诸句在语意上当承前旨而来,以一篇之首视之,略显不足。

---

① 《金楼子校笺》,第444页。

《金楼子》的辑本虽然早已被整理、刊刻，但是关于《终制》的认识与讨论却并不多，涉及该篇存佚情况的就更是少之又少。王利器为《颜氏家训·终制篇》作集解时曾提到"《金楼子》有《终制篇》"①，但也仅限于此。

至于《终制》的内容，南宋祝穆《古今事文类聚》倒是存有一段异文，现将所及内容抄录于下：

> 棺椁之造，起自轩辕，周室有墙翣之饰，旌铭之仪。晋文公请隧，桓司马石椁，甚非谓也……此事虽大，又可谕小。吾之亡也，可以王服周身，示不忘臣礼。《曲礼》一卷，《孝经》一秩，《孝子传》并陶华阳剑一口，以自随。此外珠玉不入，铜铁勿藏也。田国让求葬于西门豹侧，杜元凯求葬于蔡仲冢边，杜臧求葬于蘧伯玉之侧，梁伯鸾求葬于要离之旁。彼四子者，异乎吾之意也。山地东北隅，始生山陵，小墓之前，可以为冢，已具别图。庶魂兮有奉，归骨有地。然圹中石屏风、木人车马、涂车刍灵之物，一切勿为。金蚕无吐丝之实，瓦鸡乏司晨之用，慎无以血胨膋腥为祭也。②（《金楼子·终制篇》）

> 梁元帝《金楼子》曰：吾之亡也，可以一卷《孝经》、一帙《老子》、陶华阳剑一口，以自随。外此，珠玉不入，铜锡勿藏也。田国让求葬于西门豹侧，杜元凯求葬于祭仲冢边，曹子臧求葬于蘧伯玉侧，梁伯鸾求葬于要离之傍。彼四子者，异乎吾之意也。金蚕无吐丝之实，瓦鸡无司晨之用，谨毋以血膻荤腥为祭也。棺椁之造，起自轩辕，周室有墙翣之饰。晋文公请隧，桓司马石椁，甚亡谓

---

① 《颜氏家训集解（增补本）》，第 597 页。又，许逸民在四库馆臣按语下曾引及王利器《颜氏家训集解》中自"终制，谓送终之制，犹今言遗嘱"以下至"先生亦未免草草也"诸句，内中即有此句，见《金楼子校笺》，第 444 页。

② 《金楼子校笺》，第 442—443 页。

也。① （《古今事文类聚前集》）

首先，从行文看来，"棺椁之造"诸句更应在终制篇的前半部分而不是终制要求之末，这一点在下节分析内容时会更明确。

其次是随葬品的问题。今本《金楼子》称："吾之亡也，可以王服周身，示不忘臣礼。《曲礼》一卷，《孝经》一秩，《孝子传》并陶华阳剑一口，以自随。此外珠玉不入，铜铁勿藏也。"而《古今事文类聚》则仅录："吾之亡也，可以一卷《孝经》、一帙《老子》、陶华阳剑一口，以自随。外此，珠玉不入，铜锡勿藏也。"其差异有五：一为有无"王服周身"的要求；二则有无《曲礼》；三则到底是"一卷《孝经》"还是"《孝经》一秩"的问题；四则是《孝子传》还是"一帙《老子》"的问题；五则为"铜铁"与"铜锡"的差异。这些差异不仅仅是字句上的差异，不同随葬品的组合所折射出的终制观可能是截然不同的，如《孝子传》与《老子》的差异。

又，关于是杜臧还是曹子臧的问题，许逸民及萧旭都曾探讨过这个问题。许逸民认为"杜臧"当为讹误，求葬于蘧伯玉侧的是曹操的儿子曹衮。② 萧旭在《〈金楼子〉校补（一）》中同意许逸民的判断，并参考《古今事文类聚》所录，进一步提出子臧可能是曹衮的字。③

此外，《古今事文类聚》所录萧绎遗令中无"庶魂分有奉，归骨有地。然圹中石屏风、木人车马、涂车刍灵之物，一切勿为"之内容。

应该说，由《古今事文类聚》本身节录诸书的编撰特点与上引内容所属的"以书殉葬"的标题来推测，《古今事文类聚》所录内容较之原文有所遗漏是很好理解的。而相对而言，今本《终制》虽然很可能也非原

---

① （宋）祝穆辑《古今事文类聚前集》，收在（宋）祝穆、（元）富大用、祝渊撰《新编古今事文类聚》第一册，株式会社中文出版社，1989年，第615页。
② 说详《终制》后第56条笺注，《金楼子校笺》，第468页。
③ 说详《〈金楼子〉校补（一）》，《终制》第4条，见：http://www.gwz.fudan.edu.cn/Web/Show/1900。

貌，但无论是从行文结构上，还是从前后内容的对应上，其更接近于原篇也是不难想象的。尤其，虽然对于前半部分内容的完整性提出了质疑，辑录并整理本篇的馆臣却并未对后半部分内容提出疑义。由此推测，今存内容在《永乐大典》中即便不是出现在一条之内，恐怕也是录在一目之下，且内容前后相连。

二、《终制》的编撰特点

关于《终制》的编撰体例，20 世纪 20 年代中，刘咸炘在《旧书别录》中指出《金楼子》杂抄古事、古言体例的同时，将《终制》归为萧绎的自述之作。[①] 至于 21 世纪初年，先是钟仕伦在《〈金楼子〉研究》中将之归为"辑缀前人著述名言警句而末了归纳议论的篇目"，与《戒子》归在同一类别之中[②]；稍后，曹道衡则指出"只有《终制》、《聚书》、《著书》、《自序》及《立言》、《杂记》的一部分保存萧绎自己的话最多"[③]。在此三种意见之中，我们更同意刘、曹二位先生的观点。

相比于《后妃》等动辄引用前代文献的做法，今存《终制》用事虽较繁，但征引文献的情况相对较少。据笔者统计，今存《终制》中除了萧绎自己与篇末所及不知名坟墓的主人外提到的人物总计 36 个，提到与终制相关之作品计曰 20 篇，而直接征引文献的计有 9 处。然而，是否可以据此就认为萧绎的《终制》是"辑缀前人著述名言警句而末了归纳议论的篇目"呢？

恐怕不能。不妨以本研究所涉的另外两个篇章《后妃》与《戒子》的体例为对照。以今存内容观之，除《阮修容传》外，《后妃》中的其他条目皆来自对前代文献的照录或转写，萧绎甚至不曾在各条之中加入自己

① 《刘咸炘学术论集·子学编》下册，第 458 页。
② 《〈金楼子〉研究》，第 37 页。
③ 《兰陵萧氏与南朝文学》，第 213 页。

的评论;至于《戒子》则在采录之前文献作品的基础上加入了萧绎自己的评价。此二篇,前者即钟仕伦所谓"照抄前人著述而类似于类书"①之体例,后者即他所谓"辑缀前人著述名言警句而末了归纳议论的篇目"。对于钟氏的这两种判断,笔者亦深以为然,然而对于钟氏将《终制》的体例归于后一种,笔者无法苟同。

尽管同《后妃》等一样,《终制》所征引之文献亦有助于作者表达自己的思想,《终制》却不再采用分条陈述的方式,而是采用篇章叙述的方式,体例的差异大大改变了文献、典故在《终制》中的地位。在提出薄葬的主张时,萧绎写道:

> 观荀卿、不韦、淮南、崔寔、王符、仲长,其制书旨本自不同,俱非厚葬孱若一也。②

荀况、吕不韦、刘安、崔寔、王符、仲长统(即引文中"仲长")等都曾经写过否定厚葬风气的文章。萧绎借此支持自己的薄葬观点,并由此引出刘宝、挚虞、杨王孙、江应元等人提倡薄葬之事。而萧绎在这里并未引用荀子等所作文献原文,甚至也没有提到所涉及的任何一个文献的名称,而一个"观"字明确地点出所提到的人物及其文献在本篇中为层层递进地引出观点之用。这与《后妃》等分条论述的篇章借文献表达观点之间的区别是非常明显的,显然并非钟氏所说的"辑缀前人著述名言警句而末了归纳议论"的体例。故此,笔者认为,比起钟氏的说法,萧绎"自述"或是"保存萧绎自己的话最多"的表述更适用于《终制》。

在《金楼子》中,不惟《终制》采用了这样的体例,《聚书》、《自序》等篇也是如此。刘咸炘曾谓《金楼子》"抄八而作二",又说"统观全体,竟

---

① 《〈金楼子〉研究》,第 37 页。
② 《金楼子校笺》,第 442 页。

是书抄文集,陈言累累,绝少胸中之造"①。的确,《金楼子》中征引了大量的文献,但正如前揭兴膳宏所言,"不能说《金楼子》就是抄撮而成的"②。我们认为,《金楼子》中如《终制》等所谓"作二"部分的存在,恰恰推翻了所谓"书抄"的体例,它将作者"述作"的目的展露无遗。

当然,虽然我们从文体的角度出发,认为萧绎的《终制》具有"自述"的性质,然而当我们将其篇的内容与此前的终制作品加以比较时,亦不难发现本篇是在参考了前代终制作品的基础上完成的。关于这一点,我们会在分析《终制》的内容时作进一步的讨论。

第二节 《终制》的内容

《终制》的内容大致可以分为三部分,即:序言、此前的薄葬思想与实践、萧绎自己的终制要求。而正如前文所提到的那样,《终制》是在参考了前代终制作品的基础上完成的,这一点从萧绎在本篇中提到诸多终制之作也不难推测。而曾经注释过《汉书》的萧绎,决不可能没有看到《汉书》赵咨本传所载的《遗书敕子胤》一文。而比起萧绎所提及的那些主张薄葬之人的遗令,赵咨的《遗书敕子胤》以其与《终制》颇多相似之处而特别值得注意。当然,其他终制文,尤其是萧绎所提到的诸篇,我们亦将以之为参考。有了这些前提,阅读与分析《终制》变得容易起来。当然,为了便于讨论问题,在抄录其他终制文的内容时将以萧绎《终制》内容为线索,由此造成的对其他终制文尤其是赵咨《遗书敕子胤》的分析不免有割裂原文之处,谨此说明。

① 《刘咸炘学术论集·子学编》下册,第458页。
② 《异域之眼——兴膳宏中国古典论集》,第162页。

一、篇端序述

今存《终制》始于萧绎对于此篇的说明：

> 吾企及推延，岂能及病？偶属炎夏，流金煎石，气息绵微，心用
> 惝恍，虑不支久，方从风烛。夫有生必有死，达人恒分。[①]

所谓"企及推延"是说萧绎寄望于自己长寿，至于"岂能及病"则是
说患病速度之快是不可预期的，此二句可以说是代表了时人对于生命
无常的叹息。至于"偶属炎夏，流金煎石，气息绵微，心用惝恍"则是萧
绎对自己身体不适状况的具体描述。诚如我们一再提到的，萧绎自幼
身体就不好，其《金楼子·自序》提到：

> 吾年十三，诵《百家谱》，虽略上口，遂感心气疾，当时奔走。及
> 长，渐善。[②]

又，说：

> 又经病疮，肘膝烂尽。比以来三十余载，泛玩众书万余矣。自
> 余年十四，苦眼疾沉痼，比来转暗，不复能自读书。[③]

又，《梁书·元帝纪》载：

> 初生患眼，高祖自下意治之，遂盲一目，弥加愍爱。[④]

或如前揭《颜氏家训·风操篇》所载：

> 梁孝元在江州，尝有不豫；世子方等亲拜中兵参军李猷焉。[⑤]

---

① 《金楼子校笺》，第 442 页。
② 同上，第 1351 页。
③ 同上，第 1357 页。
④ 《梁书》，第 135 页。
⑤ 《颜氏家训集解（增补本）》，第 122 页。

萧绎自出生起即患有眼疾,父亲梁武帝亲为治疗的结果是萧绎终盲一目。此外,他还有"肘膝烂尽"、"心气"等疾病,而后者对于萧绎的影响尤大,几乎影响了他一生,其《金楼子·自序》提到:

> 既感心气,累问通人:"心气之名,当为何起?"多无以对。余以为《庄子》云:"无疾而呼,其笑若惊。"此心气也。曼倩有言:"阴阳争则心气动,心气动则精神散。"华谭曰:"肝气微则面青,心气动则面赤。"《左氏》云:"周王心疾终";"子重心疾卒"。曹志亦有心疾。殷师者,仲堪之父也,有此病。近张思光居丧之后,感此病。凉国太史令赵敺,造乾度历三十年,以心疾卒。晋阮裕谓士狂者,岂其余乎?①

萧绎多方面搜集"心气"这一疾病的情况,不但屡次向所能见到的通人问及其病名的由来,还注意从文献记载中搜集相关情况,而这更证明了萧绎常年受"心气"之苦。又,如前所言,大同九年六月母亲过世一事对于萧绎打击甚重,恐怕不但加重了他的病情,也促使他进一步思考生命之无常。

至于"有生必有死,达人恒分",初看来,似乎是萧绎对于生命无常的通达之论,但更多的是对自己的勉励,这一点在后文中我们会继续讨论。而值得一说的是,类似的表达亦出现在赵咨的《遗书敕子胤》文中:

> 夫含气之伦,有生必终,盖天地之常期,自然之至数。是以通人达士,鉴兹性命,以存亡为晦明,死生为朝夕,故其生也不为娱,亡也不知戚。②

所谓"夫含气之伦,有生必终,盖天地之常期,自然之至数"诸句代

---

① 《金楼子校笺》,第1351页。
② 《后汉书》,第1314页。

表了赵咨对于生命的总体认识。至于"是以通人达士,鉴兹性命,以存亡为晦明,死生为朝夕,故其生也不为娱,亡也不知戚",则是说通达之人了解了生命的这一特点,也就能超脱生死存亡,也因此,能够不为追求欢娱而活着,对于死亡也能不哀戚。

其中,"夫含气之伦,有生必终"与萧绎的"有生必有死"、"通人"与"达人"之间颇可对应。尽管不可否认的是,终制之文有一定的撰作模式,但我们仍从两文的对比中,隐约感到了萧绎在撰作时有参考赵文的可能。当然,萧绎在《终制》中所要表达的生死观与赵咨不尽相同,不仅如此,其述作之旨与人生价值取向也与赵咨不尽相同。而这相似与相异在后文的对比中会越加明显。

总之,萧绎先对自己身体状况作以说明,继而以"有生必有死,达人恒分"来表现他对生命无常的叹息与领悟,而这两方面都促成了《终制》的编撰,由此我们认为萧绎的这一段话是《终制》的撰作说明,相当于本篇的序言。

二、由来已久的薄葬思想及实践

> 棺椁之造,起自轩辕,周室有墙翣之饰,旌铭之仪。晋文公请隧,桓司马石椁,甚非谓也。送终之礼,思以裁之。观荀卿、不韦、淮南、崔寔、王符、仲长,其制书旨本自不同,俱非厚葬孱若一也。①

从"棺椁之造,起自轩辕"开始,萧绎转入对已有的薄葬思想及实践作简单介绍,并以此作为自己终制要求的理论准备。

萧绎首先介绍了厚葬的缘起。棺椁的制造开始于传说中的黄帝时期,周代以后又在此基础上增加了棺椁的装饰并产生了新的礼仪,即所谓"周室有墙翣之饰,旌铭之仪",其中"墙翣"是棺椁的装饰,"墙"为蒙

---

① 《金楼子校笺》,第442页。

棺之布，"翣"是用以持棺的木框，而"旌铭之仪"则是用来表明死者身份的一种物品及相关仪式。从"棺椁之造"到"墙翣之饰，旌铭之仪"，萧绎不但对棺椁、墙翣、旌铭产生年代作了简要说明，同时也对厚葬的历史作了提纲挈领式的说明。随着丧葬形式越来越复杂，超越礼制的丧葬情况也便多了起来。萧绎以"晋文公请隧，桓司马石椁"述晋文公重耳请求在身后得以天子之礼下葬与桓司马为自己打造石椁二事，前者于礼僭越，而后者则过于奢靡，故此，萧绎评价二者"甚非谓也"，应该说萧绎的这一评价是符合儒家的丧葬思想的。在对越礼的情况提出批评后，萧绎也转入对于送终礼仪的思考中，即所谓"送终之礼，思以裁之"，其中"裁"字是节制俭省之意。萧绎以此一方面对前文加以总结，尤其针对"晋文公请隧，桓司马石椁"这样不合礼法而又奢华的终制要求做出回应，另一方面则引出后文对于薄葬实践的说明。

至于"观荀卿、不韦、淮南、崔寔、王符、仲长，其制书旨本自不同，俱非厚葬孱若一也"之中，"荀卿、不韦、淮南、崔寔、王符、仲长"等都曾在著作中发表过否定厚葬的议论，而从后文随即对薄葬风气作以说明看来，萧绎的目的并非是要对前人的议论作以说明，而是通过对关于厚葬的非议自古已然的情况的呈现来支持自身对于厚葬的不满，并由此引出杨王孙等人对于薄葬的崇尚。需要说明的是，现存的材料中虽然可以找到荀子等人的"非厚葬"之论，但这些是否即萧绎所言之书则无进一步的材料可加佐证。当然，比起萧绎所涉及的文章的具体内容来说，这些文献作为萧绎观点的支持，甚至可以说作为萧绎自身施行薄葬的理论指导，与其作为引子引出对于薄葬习俗呈现的价值更值得重视。

与此相应的，我们不妨看看赵咨是如何说的：

> 夫亡者，元气去体，贞魂游散，反素复始，归于无端。既已消仆，还合粪土。土为弃物，岂有性情，而欲制其厚薄，调其燥湿邪？

但以生者之情,不忍见形之毁,乃有掩骸埋窆之制。《易》曰:"古之葬者,衣以薪,藏之中野,后世圣人易之以棺椁。"棺椁之造,自黄帝始。爰自陶唐,逮于虞、夏,犹尚简朴,或瓦或木,及至殷人而有加焉。周室因之,制兼二代。复重以墙翣之饰,表以旌铭之仪,招复含敛之礼,殡葬宅兆之期,棺椁周重之制,衣衾称袭之数,其事烦而害实,品物碎而难备。然而秩爵异级,贵贱殊等。自成、康以下,其典稍乖。至于战国,渐至颓陵,法度衰毁,上下僭杂。终使晋侯请隧,秦伯殉葬,陈大夫设参门之木,宋司马造石椁之奢。爰暨暴秦,违道废德,灭三代之制,兴淫邪之法,国赀糜于三泉,人力单于郦墓,玩好穷于粪土,伎巧费于窀穸。自生民以来,厚终之敝,未有若此者。[1]

赵咨在探讨死亡观念之余引出丧葬非为死者而是为生者所制的观点来,即"但以生者之情,不忍见形之毁,乃有掩骸埋窆之制"。紧接着,援引《周易·系辞》对于丧葬礼制的形成作以说明,并对后来者僭越礼制的情况加以批评。尽管无论是对丧葬礼制史的说明,还是对于僭越礼制状况的批评,赵咨所及都较萧绎详尽,但更值得注意的是二者在逻辑结构上的相似性。

在对厚葬表达不满之后,萧绎随即举例介绍了此前的薄葬实践:

高平刘道真、京兆挚仲洽,并遗令薄葬。杨王孙遗令裸葬,晋代江应元又然。樊靡卿言葬礼唯约,沐并《终制》令掘垍,气绝,令两人举尸即垍,止妇人之送,禁吊祭之宾,后亡者不得入藏,不得封树。裴潜遗令曰:"墓中唯置一座,瓦器数枚。"皇甫士安言:"以蘧篨裹尸,覆卷三重,麻绳约二头,置尸灵床上,择不毛之地,坑讫,去

---

① 《后汉书》,第1314—1315页。

床下尸而已。"石苞曰:"死皆敛以时服,不得敛唅,不得兼重。又不得设床帐盟器,不得起坟种树。"郝昭曰:"吾为将,数见发冢,取其木为攻具,知厚葬之无益,汝必敛以时服也。"郝并①敕子曰:"吾生素餐,日已久矣,可葬为小椁,裁容下棺。"张奂遗令:"措尸灵床,幅巾而已。"卢植敕其子:"以单帛附身,葬于土穴。"虽制度不同,同归于薄也。赵岐画晏婴、叔向、子产、季札,生不能及,死而画之,甚非所以。晋成帝曰:"山陵之事,一从节俭。陵中唯洁净而已,不得施涂车刍灵。"②

　　此中,萧绎选录了刘宝、挚虞、杨王孙、江应元、樊宏、沐并、裴潜、皇甫谧、石苞、郝昭、何并、张奂、卢植、晋成帝等的薄葬理念或终制要求等。萧绎或简要或详细地对不同的终制要求加以叙述,其目的不但在于说明薄葬之风古已有之,还从各个方面对于前代的部分薄葬情况作了简要说明。如关于刘宝、挚虞,萧绎仅提到了二人关于薄葬的要求;对于其余诸人则载录他们关于葬礼的具体要求。其中,关于杨王孙与江应元,萧绎提到了二人要求裸葬;又如关于樊宏,萧绎提到了他要求葬礼俭约一事;至于沐并以下,萧绎在《终制》中节录了他们的终制之文,所取内容不但涉及墓葬的形制,还涉及衣衾、棺椁、从葬之物、坟墓等,还言及送葬、发丧受吊乃至合葬等问题。所谓"虽制度不同,同归于薄也",这是萧绎对所征引的前人的论述或典故的评价,也是他个人的追求,即薄葬。而就在呈现薄葬情况之时,萧绎还特别对赵岐提出批评。赵岐命人在自己的墓中画晏婴、叔向、子产、季札等古代的贤人,以

---

① 许德平与许逸民二氏此处均未下注,遍检诸书未得郝并其人,笔者疑为汉代何并之讹,《汉书·何并传》:"(何并)疾病,召丞掾作先令书,曰:'告子恢,吾生素餐日久,死虽当得法赙,勿受。葬为小椁,亶容下棺。'"此与萧绎《终制》所录内容相近,故疑今本所谓"郝并"当为"何并"之讹。
② 《金楼子校笺》,第442—443页。

表示自己对于贤人的仰慕,萧绎对此颇不以为然,故此有"甚非所以"的评价。此外,萧绎还提到了晋成帝"山陵之事,一从节俭。陵中唯洁净而已,不得施涂车刍灵"的观点。如果考虑其所论的内容,则晋成帝的言论承前而来,与此前沐并等人的观念并没有本质的区别。所不同的是,此前所提到的薄葬观念与赵岐在墓中图画古代贤人的做法,提出要求的人与该要求施与的对象是一致的,即所论的都是自己身后之事,而晋成帝的言论针对的却是他过世的妻子,而非他自身。

而赵咨在遗令中说:

> 虽有仲尼重明周礼,墨子勉以古道,犹不能御也。是以华夏之士,争相陵尚,违礼之本,事礼之末,务礼之华,弃礼之实,单家竭财,以相营赴。废事生而营终亡,替所养而为厚葬,岂云圣人制礼之意乎?记曰:'丧虽有礼,哀为主矣。'又曰:'丧与其易也宁戚。'今则不然,并棺合椁,以为孝恺,丰赀重襚,以昭恻隐,吾所不取也。昔舜葬苍梧,二妃不从。岂有匹配之会,守常之所乎?圣主明王,其犹若斯,况于品庶,礼所不及。古人时同即会,时乖则别,动静应礼,临事合宜。王孙裸葬,墨夷露骸,皆达于性理,贵于速变。梁伯鸾父没,卷席而葬,身亡不反其尸。彼数子岂薄至亲之恩,亡忠孝之道邪?况我鄙暗,不德不敏,薄意内昭,志有所慕,上同古人,下不为咎。果必行之,勿生疑异。恐尔等目厌所见,耳讳所议,必欲改殡,以乖吾志,故远采古圣,近揆行事,以悟尔心。[①]

赵咨先以孔子、墨子反对厚葬却仍未能扼杀厚葬之风说起,继而对后来在丧葬方面的越礼情况加以批评,其所追求的显然是"动静应礼,临事合宜"的情况。随后,赵咨通过对不同层次的人在丧葬方面的表现

---

① 《后汉书》,第1315页。

或肯定或批评,借以说明自己对于礼制的看法,即一方面承上认为要遵守而非僭越礼仪,且应随机应变,另一方面则反对类似"身亡不反其尸"等虽亦为薄葬却不能反映圣人制礼宗旨的行为。

仍将赵、萧二文内容作比较,不难发现二者都先简述丧葬历史,次批评僭越礼制与过于奢华的行为,其后通过举例说明各自的丧葬观念。

当然,赵咨也罢,或是萧绎提到的其他人也罢,无论他们讨论的施与对象原本是谁,他们的观念都或多或少地影响了萧绎。而如果说萧绎提到荀子等作文章反对厚葬一事堪为萧绎要求薄葬的理论先导,那么对前贤薄葬要求的引述则堪为萧绎实施薄葬的参考,亦具有理论价值。

三、萧绎的终制要求

> 此事虽大,又可谕小。吾之亡也,可以王服周身,示不忘臣礼。《曲礼》一卷,《孝经》一秩,《孝子传》并陶华阳剑一口,以自随。此外珠玉不入,铜铁勿藏也。田国让求葬于西门豹侧,杜元凯求葬于蔡仲冢边,杜臧求葬于蘧伯玉之侧,梁伯鸾求葬于要离之旁。彼四子者,异乎吾之意也。山地东北隅,始生山陵,小墓之前,可以为冢,已具别图。庶魂兮有奉,归骨有地。然圹中石屏风、木人车马、涂车刍灵之物,一切勿为。金蚕无吐丝之实,瓦鸡乏司晨之用,慎无以血胙膻腥为祭也。[1]

首先,萧绎以"此事虽大,又可谕小"二句在承认送终之制的重要性的同时,又指出终制的内容可以在细微之处使人明白一些道理。

紧接着,萧绎就提出了对于入葬时衣衾的要求,即"吾之亡也,可以王服周身,示不忘臣礼"。如前文所言,我们认为《古今事文类聚》所录

---

① 《金楼子校笺》,第443页。

内容虽不及此,但这与《古今事文类聚》的编撰特点与所属的"以书殉葬"的主题有关,从萧绎的身份与一般终制文中多及殓服的安排等原因考虑,此当属萧绎《终制》原文。又,"王服周身"当属入殓之礼,这是丧葬礼仪中非常重要的一个程序。在前文中,萧绎曾提到石苞、郝昭的"敛以时服",张奂的"幅巾而已",或是卢植的"单帛附身",等等,所及诸人选择虽不同,但同归于俭。萧绎的要求与这些人并不一样,他要求诸子在自己身后要以藩王之服裹在自己的身上,用以表示自己谨守为臣之礼。至于"《曲礼》一卷,《孝经》一秩,《孝子传》并陶华阳剑一口,以自随",则是对于从葬之物的交代。就葬礼本身来说,这属于大殓之礼,是指将死者尸体放入棺椁之中,丧主会将一些随葬品伴着尸体放入棺椁之中。萧绎对于入殓的要求仍以俭约为主,近于石苞的"死皆敛以时服,不得敛唅,不得兼重。又不得设床帐盟器"之类。

此后,萧绎又提到"田国让求葬于西门豹侧,杜元凯求葬于蔡仲冢边,杜臧求葬于蘧伯玉之侧,梁伯鸾求葬于要离之旁"等四事,由此转入对于墓地的安排。杜臧也罢,曹子臧也罢,从"彼四子者,异乎吾之意也"可以知道萧绎对这种择贤者墓比邻而葬的行为颇不以为然,这与此前批评赵岐在自己墓中图画贤者画像的态度一致,且二者在逻辑上也是相互联系的。随即萧绎提出了自己对于墓地的要求——"山地东北隅,始生山陵,小墓之前,可以为冢,已具别图。庶魂兮有奉,归骨有地"。不难看出,萧绎在墓地位置上亦遵循薄葬的原则,求葬于小山包上不知名的小墓旁边,与之前提到的沐并、皇甫谧等对于墓地的要求相合。而为了表示自己薄葬的决心,萧绎还特别提到"已具别图",显见这一念头由来已久。至于所谓"庶魂兮有奉,归骨有地"则反映出萧绎对于墓地本质的认识,即是使骨骸得以安放与灵魂得以奉养之处。而萧绎此处的讨论目的则在于表示自己选择墓地只须满足安放骨骸与灵魂即可,此又与此前提到的皇甫谧的"择不毛之地"的要求相近。

随即，萧绎又提出了对于坟墓内部设置的要求，即“圹中石屏风、木人车马、涂车刍灵之物，一切勿为”。比起裴潜的“墓中唯置一座，瓦器数枚”，石苞的“不得设床帐盟器”之类，萧绎的要求似乎更近于晋成帝所谓“陵中唯洁净而已，不得施涂车刍灵”之说。而“金蚕无吐丝之实，瓦鸡乏司晨之用”则是萧绎对于明器价值的否定及对自己不设明器原因的说明。

最后，萧绎提到了“慎无以血胪膋腥为祭也”，这是对祭祀用供品提出了限制，即不用血膋等物作为祭祀之用。

这里特别值得一说的是，皇甫谧在其终制作品《笃终》中说：

> 平生之物，皆无自随，唯赍《孝经》一卷，示不忘孝道。①

这条内容让我们联想到萧绎终制要求中的两种：一则是“吾之亡也，可以王服周身，示不忘臣礼”；二则是以《孝经》为随葬品的问题。萧绎读过皇甫谧的《笃终》，受到此篇的影响也不难理解。

同样的，赵咨在其遗书的最后提出了自己的终制要求，即：

> 但欲制坎，令容棺椁，棺归即葬，平地无坟。勿卜时日，葬无设奠，勿留墓侧，无起封树。于戏小子，其勉之哉，吾蔑复有言矣！②

关于赵咨的终制要求，我们不拟作进一步的分析。不过，通过上文的层层对比，我们已不难发现，萧绎的《终制》不但在行文逻辑上，便是在很多观念上，如倡导薄葬等，都与之极为相似。当然，二者亦有很多不同，萧绎在自己的终制书中除了文字上较赵文俭省以外，在很多观念上亦与赵文有着极大的不同，如生死观方面等。另外，即令在讨论同一问题上，萧绎所举的事例也与赵咨不尽相同。甚而，从行文风格上亦能

---

① 《晋书》，第1418页。
② 《后汉书》，第1315页。

感受到作者创作心态的不同,赵文大体上表现出一种达观的心态,其对子孙再三告诫之语气尤见其内心之坚定,而萧绎虽对自己多有劝勉之意,但心情之沉郁亦流露笔端。

故此,我们虽不能简单地认为萧绎的《终制》来自赵咨的《遗书敕子胤》,但就像受到《笃终》一类终制文的影响一样,《终制》也受到了《遗书敕子胤》的影响,而这不仅仅体现在思想理念上,更体现在行文上,因此特别值得注意。而通过对读二文,我们亦不难发现,今存《终制》还是保持了相当程度的完整性。其文章前半部分是否有四库馆臣所认为的那种残缺,笔者持保留意见。

现在让我们稍微总结一下《终制》的内容:萧绎在本篇中首先对撰作缘起作以说明,继而提出了终制之礼当有所节制,随后即选取了前代部分否定厚葬、提倡薄葬的观点,并节录了部分终制作品。一方面支持自己对于终制当有所节制的判断,另一方面则用来作自己终制安排的参考,而这些观点及终制作品可以说是在理念与实践两方面的理论指导,在此基础上萧绎最终提出了自己的终制要求。至于其终制要求所反映的萧绎的终制思想及当时社会风气,将在下文中作进一步探讨。

第三节　从薄葬与厚葬说开去

终制作品多临终所制,以交代后事为主,而无论是交代后事本身或是所涉及的丧葬的形制及礼仪问题,其产生的前提皆是灵魂不灭的思想。这种思想之于个人,即是期望自身在肉体消灭以后仍能以某种形式活着;之于社会或是宗族、家族,则是对一家一姓乃至一国延续与发展的期待。而墓葬形制及丧葬礼仪的发展正基于此。这种慎终追远的思想是儒家思想的重要组成部分,也随之在相当长的时间内成为国家统治思想的组成部分,而作为儒家礼学重要组成部分的丧葬之礼也因此成为社会礼仪的重要组成部分,上自贵族下至平民都受其影响。不过,尽管自汉武帝时代开始,儒家就立在学官,成为国家统治思想的基础,但无论是国家,还是宗族、家族,乃至于个体,终制观念终究不仅仅受到一家学说的影响。汉魏以来社会的发展,思想的变迁,都对生命观念产生了重要影响,而这些又作用于时人的终制观念,因此,汉代以后产生了大量的终制作品,无论是从作品总数上,还是从所涉及的范围上,都远胜于先秦,萧绎的《终制》正是在这种风气下产生的。因此,要探讨萧绎的终制思想,我们就不能不先退而探讨《终制》成立的背景,那么,上面所提到的汉魏以来墓葬形制和礼仪、生死观念的变化,乃至终制作品发展的状况等复杂的问题都值得好好讨论。

一、薄葬与厚葬

在谈及魏晋南北朝时期的丧葬情况时,薄葬之风总是被浓墨重彩地渲染,然而事实上任何一个时代都是薄葬与厚葬并行,在薄葬观念盛行的魏晋时期是如此,在礼学发达尤重孝道的梁代亦是如此,而萧绎的丧葬观念正是在二者看似冲突却并存的时代中产生的。

(一) 梁代礼学之发展与梁武帝之重厚葬

谈到丧葬就不能不提到南朝礼制的发展,而尽管同汉代乃至更早的礼仪制度不同,其所据仍为儒家礼学思想却是没有问题的。今人在批评汉代葬礼崇奢时,总不免要批评儒家在丧葬之礼方面的推崇厚葬,但不可否认的是,早期儒家丧葬礼仪设置的本意并非是为了助长厚葬之风。孔子说:"礼,与其奢也,宁俭;丧,与其易也,宁戚。"[1] 又,《论语·先进篇》载:"颜渊死,门人欲厚葬之。子曰:'不可。'门人厚葬之,

---

[1] 《论语正义》,第82页。

子曰:'回也事予犹父也,予不得视犹子也。非我也,夫二三子也。'"①这都说明孔子本是主张薄葬的。对于中国传统中的厚葬之风,儒家的对策本是以礼节制,然而随着时代的发展,为了政治的需要,儒家的丧葬之礼渐渐崇厚,在这方面孟子的所为堪为代表。孟子为母亲订做了厚棺,葬母之后返回齐国时,被弟子充虞追问缘由,孟子说:"古者棺椁无度,中古棺七寸,椁称之,自天子达于庶人;非直为观美也,然后尽于人心。不得不可以为悦,无财不可以为悦,得之为有财,古之人皆用之,吾何为独不然?"②显然,在孟子的心目中,丧葬不仅仅为了美观,还能表达"人心",而厚葬尤能表达"人心"。

汉代即是如此。《续后汉书·礼乐录·人类下·厚葬》:

> 汉兴,凡诸帝崩,缠以缇缯,以玉为衣,上襦下札,缀以金缕,梓宫、便房、黄肠题凑,枞木外藏,砂画金涂,间以曾碧,错以琅玕,寔簹簋,列豆登,陈鼎鼐,皆淳金银,枕几盘盆浑用大玉,大皆仿秦旧,而华侈过之……又重以珠璧珍怪,藏于方中,死者无知而生者徒费。③

在上的帝王如此,在下的平民百姓亦如此,《后汉书·明帝纪》就记了这样一道诏书:

> 昔曾、闵奉亲,竭欢致养;仲尼葬子,有棺无椁。丧贵致哀,礼存宁俭。今百姓送终之制,竟为奢靡。生者无担石之储,而财力尽于坟土。伏腊无糟糠,而牲牢兼于一奠。糜破积世之业,以供终朝之费,子孙饥寒,绝命于此,岂祖考之意哉! 又车服制度,恣极耳

---

① 《论语正义》,第448页。
② 《孟子正义》,第281—283页。
③ (元)郝经撰《续后汉书》,收在《丛书集成新编》第111册,新文丰出版公司,1985年,第1547页。

目。田荒不耕，游食者众。有司其申明科禁，宜于今者，宣下郡国。①

"生者无担石之储，而财力尽于坟土。伏腊无糟糠，而牲牢兼于一奠。糜破积世之业，以供终朝之费"，诸句讲述了百姓为了厚葬死者不惜牺牲生者利益，甚至出现了"子孙饥寒，绝命于此"的情况。而两汉厚葬之风如此盛行，一者是承袭了战国秦代以来的厚葬之弊。西汉初年叔孙通制定汉礼"大抵皆袭秦故"②，尽管秦王朝暴亡的殷鉴在前，且此时经济凋敝，统治者为此实行黄老无为之治，但西汉初年皇帝的丧葬之礼大致仍依秦制。二者是汉武帝以来儒家思想占统治地位，这就使得厚葬之风除了有政治稳定、军事实力增强、社会经济日趋繁荣等社会基础之外，又添了理论依据。而以孝为名的厚葬更与个体的政治前途产生了重要的联系，尤其东汉实行以孝治国的方略之后更是如此。

东汉的厚葬之风更盛于西汉，除了上引明帝外，东汉光武帝、章帝、和帝、安帝，等等，都曾下诏禁止长丧厚葬。让我们来看一个实例：

> （崔瑗）临终，顾命子寔曰："夫人禀天地之气以生，及其终也，归精于天，还骨于地。何地不可臧形骸，勿归乡里。其赗赠之物，羊豕之奠，一不得受。"寔奉遗令，遂留葬洛阳。③

古人讲究归骨有地，多将家人骨骸葬在故乡或是家族坟墓，而崔瑗临终顾命却要儿子不必将自己葬回乡里，还要求"赗赠之物，羊豕之奠"均不得接受。崔寔的确尊奉了父亲的遗令，将父亲留葬在洛阳，但崔瑗真的是薄葬吗？

---

① 《后汉书》，第 115 页。
② 《史记》，第 1159 页。
③ 《后汉书》，第 1724 页。

初,寔父卒,剽卖田宅,起冢茔,立碑颂。葬讫,资产竭尽,因穷困,以酤酿贩鬻为业。时人多以此讥之,寔终不改。亦取足而已,不致盈余。①

崔寔为了替父亲准备葬礼,把家里的田宅都卖了,至葬礼结束,资产也随之耗尽,不得不卖粥度日。而尽管在这个过程中其所为引来了时人的批评,崔寔仍不改初衷。后来,崔寔在《政论》中讨论过厚葬:

送终之家,亦大无度。至念亲将终,无以奉遗,乃约其供养,衣服豫修。已没之制,竭家尽业,甘之不恨。穷陋既迫,起为盗贼,拘执陷罪,为世大戮。痛乎此俗之愚民也!②

上段所引或即萧绎所说的崔寔"非厚葬"之论。而崔寔的"竭家尽业,甘之不恨",不由让人想起他自己困顿以致为时人所讥讽仍然不改初衷之事,想来其对厚葬之风的痛批也与其自身的经验不无关系。因此,尽管在两汉并非没有崇尚薄葬之风的人,尽管招惹来上自帝王的诏书,下至士人的批评,厚葬之风都没有真正得到遏制,直到汉末三国初年,情况才有所好转。

在整个魏晋南北朝时期,朝代更迭频繁,统治者想要提倡忠贞,往往失了立场。尤其是在南朝时期,新王朝的统治者多是旧王朝的臣子,便更是如此了。即如前揭孟子所言,厚葬"非直为观美也,然后尽于人心。不得不可以为悦,无财不可以为悦,得之为有财,古之人皆用,吾何为独不然?"

梁武帝即位后一方面提倡以孝治国,另一方面则积极推进五礼的制度化进程,而包含吉、凶、军、宾、嘉等方面在内的五礼体制,正如梁满仓在《魏晋南北朝五礼制度考论》中所论的那样,"把被称为国家大事的

---

① 《后汉书》,第1731页。
② 《太平御览》,第2514页。

'祀与戎'礼和规范父子、夫妇、长幼、上下、宾客的关系的礼仪统统纳入五礼体系中,使这些礼仪获得了与'国之大事'同等的地位,从而使得社会地位得到整体性的提高"①。故而,在积极于复兴儒学,大力提倡并推行孝道的梁武帝的统治时期,萧梁皇室实行厚葬是不难想象的。

据《梁书·萧宏传》载:

> (普通)七年三月,以疾累表自陈,诏许解扬州,余如故。四月,薨,时年五十四。自疾至于薨,舆驾七出临视。及葬,诏曰:"侍中、太尉临川王宏,器宇冲贵,雅量弘通。爰初弱龄,行彰素履;逮于应务,嘉猷载缉。自皇业启基,地惟介弟,久司神甸,历位台阶,论道登朝,物无异议。朕友于之至,家国兼情,方弘燮赞,仪刑列辟。天不愸遗,奄焉不永,哀痛抽切,震恸于厥心。宜增峻礼秩,式昭懋典。可赠侍中、大将军、扬州牧、假黄钺,王如故。并给羽葆鼓吹一部,增班剑为六十人。给温明秘器,敛以衮服。谥曰靖惠。"②

又,同书萧秀本传载:

> 既薨,四州民裂裳为白帽,哀哭以迎送之。雍州蛮迎秀,闻薨,祭哭而去。丧至京师,高祖使使册赠侍中、司空,谥曰康。③

又,同书萧伟本传载:

> (中大通)五年,薨,时年五十八。诏敛以衮冕,给东园秘器。又诏曰:"旌德纪功,前王令典;慎终追远,列代通规。故侍中、中书令、大司马南平王伟,器宇宏旷,鉴识弘简。爰在弱龄,清风载穆,翼佐草昧,勋高樊、沔,契阔艰难,劬劳任寄。及赞务论道,弘兹衮

---

① 梁满仓著《魏晋南北朝五礼制度考论》,社会科学文献出版社,2009年,第173页。

② 《梁书》,第341页。

③ 同上,第344—345页。

职。奄焉薨逝,朕用震恸于厥心。宜隆宠命,式昭茂典。可赠侍中、太宰,王如故。给羽葆鼓吹一部,并班剑四十人。谥曰元襄。"①

又,同书萧恢本传载:

(普通)七年九月,薨于州,时年五十一。诏曰:"故使持节、散骑常侍、都督荆、湘、雍、梁、益、宁、南、北秦八州诸军事、骠骑大将军、开府仪同三司、荆州刺史鄱阳王恢,风度开朗,器情凝质。爰在弱岁,美誉克宣,洎于从政,嘉猷载缉。方入正论道,弘燮台阶,奄焉薨逝,朕用伤恸于厥心。宜隆宠命,以申朝典。可赠侍中、司徒,王如故。并给班剑二十人。谥曰忠烈。"②

又,同书萧憺本传载:

普通三年十一月,薨,时年四十五。追赠侍中、司徒、骠骑将军。给班剑三十人,羽葆鼓吹一部。册曰:"咨故侍中、司徒、骠骑将军始兴王:夫忠为令德,武谓止戈,于以用之,载在前志。王有佐命之元勋,利民之厚德,契阔二纪,始终不渝,是用方轨往贤,稽择故训,鸿名美义,允臻其极。今遣兼大鸿胪程爽,谥曰忠武。魂而有灵,歆兹显号。呜呼哀哉!"③

对于兄弟的丧葬之事,梁武帝虽因亲疏远近有所分别,但多从厚葬之礼。而对于不幸先于自己死去的诸子,他自然也以厚葬为主,据《梁书》昭明太子本传载:

(中大通三年)四月乙巳薨,时年三十一。高祖幸东宫,临哭尽

---

① 《梁书》,第347—348页。
② 同上,第351页。
③ 同上,第355页。

哀。诏敛以衮冕。谥曰昭明。五月庚寅,葬安宁陵。诏司徒左长史王筠为哀册文……①

又,据《梁书》萧绩本传载:

大通三年,因感病薨于任,时年二十五。赠侍中、中军将军、开府仪同三司,给鼓吹一部。谥曰简。②

又,据《梁书》萧续本传载:

中大同二年,薨于州,时年四十四。赠司空、散骑常侍、骠骑大将军,鼓吹一部,谥曰威。③

甚至对于叛梁入魏的萧综,武帝亦待之以礼:

后梁人盗其枢来奔,武帝犹以子礼祔葬陵次。④

无论武帝对于萧综的真实态度如何,就像无论他对于诸兄弟的真实情感如何,他都在他们死后给了这份哀荣。固然,哀荣本是丧礼常有,历来的帝王在宗室子弟死后都或多或少有所赏赐,但以子礼葬萧综,梁武帝之重厚葬可见一斑。而值得一提的是,与武帝厚葬的一贯主张不同,萧纲曾经有过薄葬的主张,《梁书》简文帝王皇后本传载:

太清三年三月,薨于永福省,时年四十五。其年,太宗即位,追崇为皇后,谥曰简。大宝元年九月,葬庄陵。先是诏曰:"简皇后窀穸有期。昔西京霸陵,因山为藏;东汉寿陵,流水而已。朕属值时艰,岁饥民弊,方欲以身率下,永示敦朴。今所营庄陵,务存约俭。"

---

① 《梁书》,第 169 页。
② 同上,第 428 页。
③ 同上,第 431 页。
④ 《南史》,第 1318 页。

又诏金紫光禄大夫萧子范为哀策文。①

在这段记载中,简文帝确曾提出要"敦朴"、"务存约俭"地为王皇后办理身后事,但我们也无法不注意到其理由在于"朕属值时艰,岁饥民弊,方欲以身率下,永示敦朴"。如果不是正值"时艰,岁饥民弊",情况是否有所不同呢?

答案恐怕是肯定的。因此,萧梁皇室尚厚葬,至少在萧绎作《终制》之时是如此。而由此也可以想见,如果萧绎早亡,武帝自然也会加以厚葬。当然,在墓葬问题上还存在着精英知识分子与下层民众的区别,但作为萧绎,即便他要求薄葬,也与不得不薄葬的普通民众之间存在着本质的区别。

(二)薄葬之风的兴起

厚葬并非萧绎的追求,其《终制》始终贯穿着一种信念,那就是薄葬。梁代儒学复兴,尤其是在梁武帝以孝治国政策的提出与五礼制度走向成熟的背景下,萧梁皇室推崇厚葬。不过,正像萧绎一再提及的那样,薄葬的观念早已出现,汉末三国时期,薄葬更渐渐形成了一种社会风气。学者对此多有研究,如魏鸣的《魏晋薄葬考论》、刘选与辛向军的《魏晋薄葬成因的考察》以及蔡明伦《魏晋薄葬原因探析》② 等,参照相关研究,在薄葬的成因上至少有三点是特别值得重视的:

首先,经济的衰退是薄葬成风的一个重要因素。战乱频仍,其结果必然是经济衰退,这就使得厚葬的习俗难以为继,而薄葬也就应时而生了。

---

① 《梁书》,第 158 页。
② 魏鸣撰《魏晋薄葬考论》,刊载于《南京大学学报(哲学·社会科学版)》,1986 年第 4 期,第 133—143 页。刘选、辛向军撰《魏晋薄葬成因的考察》,刊载于《甘肃社会科学》,1994 年第 1 期,第 110—113 页。蔡明伦撰《魏晋薄葬原因探析》,刊载于《湖北师范学院学报(哲学社会科学版)》,2002 年第 2 期,第 7—10、32 页。

加之，盗墓猖獗使得人们不再坚持厚葬，萧绎曾引郝昭的话说："吾为将，数见发冢，取其木为攻具，知厚葬之无益，汝必敛以时服也。"① 所谓"数见发冢"指的就是盗墓的行为。厚葬盛行，盗墓自然不会少，西汉时就有不少盗墓事件。王子今在其《中国盗墓史》中对汉代的盗墓情况作了较为详尽的说明，其中西汉末年赤眉军盗发帝陵的事件堪为"战乱中最为著名的大规模的盗墓事件"②。至于东汉，随着厚葬风气的转盛，盗墓事件也越来越多，尤其是东汉末年，军阀盗墓之事更是层出不穷。董卓曾率人"焚烧洛阳宫室，悉发掘陵墓，取宝物"③，而曹操自己亦被批评曾"率将校吏士亲临发掘，破棺裸尸，略取金宝"④。当然，这并不是说只有军阀混战才有盗墓现象，事实上，王子今在他的研究中指出物利、怨仇、象征等不同的盗墓动机，以及来自不同社会阶层的盗墓现象，而即便是在萧绎所处的南朝时期盗墓事件也屡见不鲜。正是盗墓的猖獗，使得当时的人自动自发地提出薄葬的终制要求。上面提到的郝昭如此，作为统治者的曹丕亦如此。黄初三年（222），曹丕曾作终制称：

> 宋公厚葬，君子谓华元、乐莒不臣，以为弃君于恶。汉文帝之
> 不发，霸陵无求也；光武之掘，原陵封树也。霸陵之完，功在释之；
> 原陵之掘，罪在明帝。是释之忠以利君，明帝爱以害亲也……自古
> 及今，未有不亡之国，亦无不掘之墓也。丧乱以来，汉氏诸陵无不
> 发掘，至乃烧取玉匣金缕，骸骨并尽，是焚如之刑，岂不重痛哉！祸
> 由乎厚葬封树。⑤

---

① 《金楼子校笺》，第 443 页。
② 王子今著《中国盗墓史》，九州出版社，2007 年，第 89 页。
③ 《三国志》，第 176 页。
④ 同上，第 198 页。
⑤ 同上，第 81—82 页。

而曹丕的皇后郭氏亦曾劝说外甥不要厚葬自己的姐姐："自丧乱以来，坟墓无不发掘，皆由厚葬也；首阳陵可以为法。"① 至于晋代，皇甫谧在其《笃终》中亦称："自古及今，未有不死之人，又无不发之墓也。"② 而萧绎引郝昭之语在先，其薄葬态度恐怕与此也不无关系。

其次，统治者的倡导与薄葬的制度化亦是薄葬之风渐长的重要原因。曹操是薄葬制度化的一个关键人物，他不但提倡薄葬，更下令禁止厚葬。建安二十三年(218)，曹操在诏令中称：

> 古之葬者，必居瘠薄之地。其规西门豹祠西原上为寿陵，因高为基，不封不树。《周礼》冢人掌公墓之地，凡诸侯居左右以前，卿大夫居后，汉制亦谓之陪陵。其公卿大臣列将有功者，宜陪寿陵，其广为兆域，使足相容。③

又，在建安二十五年(220)所作《遗令》中称：

> 天下尚未安定，未得遵古也。葬毕，皆除服。其将兵屯戍者，皆不得离屯部。有司各率乃职。敛以时服，无藏金玉珍宝。"谥曰武王。二月丁卯，葬高陵。④

比之一般要求薄葬的遗令，"天下尚未安定，未得遵古也"诸句充分体现出汉魏之际社会动荡的背景下，"尚刑名"与"慕通达"的曹魏统治者对于儒家丧葬之礼的态度，就像"唯才是举"的政策一样，曹魏政权的统治者在丧葬问题上采取的是更关注实际国计民生的薄葬态度。如在落葬问题上，曹操在"死后二十七天即葬于高陵……文帝曹丕……死后二十一天即六月戊寅日葬首阳陵……魏明帝……死后第二十六天即癸

---

① 《三国志》，第166页。
② 《晋书》，第1417页。
③ 《三国志》，第51页。
④ 同上，第53页。

丑日即葬高平陵"，落葬日均未超过死后一个月，这些都与古礼不同。而萧绎在《金楼子·兴王·曹操传》中称其"雅性节俭，不好华丽。攻城拔邑，得靡丽之物，则悉以赐有功。勋劳宜赏，不吝千金，无功望施，分毫不与，四方所献，与群下共之。豫自制送终衣服，四箧而已"[①]。显然萧绎对于曹操尚俭的情况是较为了解的。而曹操不但自己节俭，还曾在建安十年(205)下令禁止厚葬：

> 令民不得复私仇，禁厚葬，皆一之于法。[②]

这一道诏令还只是提出了禁止厚葬，而在同年的另一道诏令中，曹操还提出了具体的要求：

> 建安十年，魏武帝以天下凋弊，下令不得厚葬，又禁立碑。[③]

东汉诸帝曾下令禁止厚葬，然而厚葬之风却屡禁不止，甚至愈演愈烈。与之不同的是，曹魏禁止厚葬的命令却产生了相当的社会效果。前引《说薮》就讲了这样一个故事：

> (曹衮)病困，敕令官属曰："吾寡昧忝宠，天命将尽。吾既好俭，而圣朝著终诰之制，为天下法。吾气绝之日，自殡及葬，务奉诏书。卫大夫蘧瑗葬濮阳，吾望其墓，常想遗风。愿托贤灵，以弊发齿，营吾兆域，必往从之。《礼》：'男子不卒妇人之手。'亟以时成东堂。"堂成，名之曰遂志之堂。

从"圣朝著终诰之制，为天下法"诸语不难看出，曹操将薄葬制定成天下的法令，即使是亲生儿子如中山恭王曹衮也必须遵从。至曹魏末

---

① 《金楼子校笺》，第 188 页。
② 《三国志》，第 27 页。
③ 《宋书》，第 407 页。

年,薄葬也进一步制度化了,魏明帝甚至曾下令"吏遭大丧者,百日后皆给役"①,即要求国家行政机构的工作人员即使遭遇大丧,也必须在百日后回到工作岗位上,即大丧只有百日假期。当解弘因过度悲伤导致不能如期工作时,明帝竟下令将解弘收监审查,最后还是在官员的求情下原谅了他。

虽然曹魏的丧葬制度改革在西晋统治者手中发生了变化,薄葬的制度化进程暂歇而古礼渐渐恢复,但是两晋统治者自身仍然以倡导薄葬为主,如西晋武帝父子皆尚薄葬,至于东晋亦如此,所谓"江左初,元、明崇俭,且百度草创,山陵奉终,省约备矣"②。至于萧梁王朝,尤其是本篇撰作的武帝时期虽未有统治者主动提倡薄葬的情况,但从萧绎《终制》中引晋成帝"山陵之事,一从节俭。陵中唯洁净而已,不得施涂车刍灵"的俭葬之言,可知其在丧葬问题上与父亲的价值取向不尽一致。

其三,玄学、道教与佛教的勃兴进一步推动了薄葬的发展。

魏晋时期盛行且在梁武帝时期复兴的玄学是将老庄道家思想与儒家思想相结合,其发展本身虽然经历了几个不同的阶段,但是道家反对厚葬主张薄葬,尤其是"以身亲土"的归真思想对于当时人产生了重要影响。而土生土长的道教受到道家思想的影响,加之以长生不老及成仙来作为最高境界,其亦反对厚葬而主张薄葬。

至于佛教则视死如归,不主张祭祖扫墓,人死之后采用火葬的丧葬方法,不用土埋,甚而不收骨灰,其丧葬观念对于主张厚葬的儒家观念来说是一大冲击。

此外,民族融合及其带来的文化冲突与整合也促成了薄葬之风的盛行。

---

① 《三国志》,第 687 页。
② 《晋书》,第 633 页。

综上,薄葬观念的产生当然是很早的事情,但是其成为一种社会风气却是汉末以后之事。而当这一社会风气走过了一段长长的历史,自然早已深入人心,故此在南朝,尤其是梁代,即令当朝统治者不再主动提倡薄葬,遗令薄葬的仍大有人在,如刘宋的蔡兴宗,宋齐之际的刘怀珍,梁代的韦睿、孔休源、陶弘景,等等。

现在,让我们看梁代的几个例子。据《梁书·陶弘景传》载:

> 大同二年,卒,时年八十五[一]。颜色不变,屈申如恒。诏赠中散大夫,谥曰贞白先生,仍遣舍人监护丧事。弘景遗令薄葬,弟子遵而行之。[①]

这里明言陶弘景"遗令薄葬",所谓的"薄葬"是怎样的情景呢?《南史》本传载:

> 大同二年卒,时年八十一。颜色不变,屈申如常,香气累日,氛氲满山。遗令:"既没不须沐浴,不须施床,止两重席于地,因所着旧衣,上加生祷裙及臂衣韈冠巾法服。左肘录铃,右肘药铃,佩符络左腋下。绕腰穿环结于前,钗符于髻上。通以大袈裟覆衾蒙首足。明器有车马。道人道士并在门中,道人左,道士右。百日内夜常然灯,旦常香火。"弟子遵而行之。诏赠太中大夫,谥曰贞白先生。[②]

陶弘景提出的终制要求所遵照的明显是道教的丧葬仪式,而这一要求在陶弘景及撰史的史官看来是"薄葬"无疑。

与之相似的,还可以看到溉的终制要求,《南史》到溉本传载:

> 以太清二年卒,临终托张、刘勒子孙薄葬之礼。曰:"气绝便

---

① 《梁书》,第 743 页。
② 《南史》,第 1899—1900 页。

敛,敛以法服,先有冢窆,敛竟便葬,不须择日。凶事必存约俭,孙侄不得违言。"便屏家人请僧读经赞呗,及卒,颜色如恒,手屈二指,即佛道所云得果也。时朝廷多事,遂无赠谥。①

所谓"颜色如恒,手屈二指",与陶弘景的"颜色不变,屈申如恒"实无二致,显然都被认为是修行的结果。只不过据文意看来,陶弘景受的是道教的影响,而到溉则是受到了佛教思想的影响。而从二者在当时都被认为是"薄葬",即可知时人对于佛道二教丧葬观念的态度了。

当然,还有一点值得注意的是,到溉之死恰值侯景乱梁,因而他既没有得到朝廷赠谥号,也没有得到任何赏赐,故其身后恐正如其所求的薄葬。之所以这样说,是因为在梁代,即便是死者自己要求薄葬,其结果也未必就是薄葬,如《梁书·韦睿传》载:

> (普通元年)八月,卒于家,时年七十九。遗令薄葬,敛以时服。高祖即日临哭甚恸。赐钱十万,布二百匹,东园秘器,朝服一具,衣一袭,丧事取给于官,遣中书舍人监护。赠侍中、车骑将军、开府仪同三司。谥曰严。②

韦睿虽要求薄葬,但高祖厚赐,且"丧事取给于官",其结局当然不算是薄葬。由此也可以想见,若到溉死逢其时,自然也是如此。

而就像汉文帝遗令薄葬,盗墓者仍能从其中盗出珍宝;就像光武帝遗令薄葬,而明帝厚葬之。加之,薄葬不仅体现于墓葬形制上,有时还表现在礼仪等方面。是以,这除了告诉我们遗令的薄葬未必成为事实上的薄葬外,也说明遗令薄葬已经渐渐成为士人的一种自我标榜。在魏晋南北朝时期,士族重清不重浊,于个人品性上更是重清贫不重贪敛,而薄葬的做法显然是符合社会对于士人品德高尚者的要求的。

---

① 《南史》,第680页。
② 《梁书》,第225页。

一方面受到汉魏以来整个社会薄葬风气的影响,另一方面士人为了各种各样的目的,求取个人名节的树立,这也就难怪萧绎《终制》通篇透露出薄葬思想了。

二、汉魏以来生死观念的变化

荀子说:"礼者,谨于治生死者也。生,人之始也;死,人之终也:终始俱善,人道毕矣。故君子敬始而慎终。终始如一,是君子之道,礼义之文也。"[①] 这当然不仅仅是荀子的观点,甚至也不仅仅是儒家的观点,但他道出了一个关键,那就是古人慎终追远,厚葬久丧往往"不能完全由风气奢华、经济富裕,甚至孝道思想所完全解释。人之所以愿意厚葬死者,总是基于某种对灵魂或死后世界之相信"[②]。所以,当我们讨论萧绎的丧葬观念,也须去看看那个时代的生死观念。早在魏晋时代,意识形态领域内已经有了新的思潮,或者说新的世界观、人生观,李泽厚先生以为这同反映在文艺——美学上的新思潮具有相同的基本特征,他把这种基本特征概括为人的觉醒。[③] 而这种觉醒也表现在生死观上,要讨论这个时代关于生死观的"新思潮",就不能不看看与之相对应的"旧思潮",而这就得从儒家的生死观说起了。

汉武帝时期,因为政府的提倡,儒家的社会地位较之汉初大大提高,东汉以孝治国,儒家的影响更大。而当儒家礼仪被尊为制度,其关于"生"与"死"的态度也就不能不对世人产生影响。儒家特别注重"生",在儒家的经典中关于"生"的讨论远远超过了"死",而从孔子的"未知生,焉知死"[④] 或是《周易·系辞》所谓"天地之大德曰生"[⑤],尤其

① (清)王先谦撰《荀子集解》,中华书局,1988年,第358—359页。
② 浦慕州著《墓葬与生死:中国古代宗教之省思》,中华书局,2008年,第240页。
③ 李泽厚著《美的历程(插图本)》,广西师范大学出版社,2000年,第122页。
④ 《论语正义》,第449页。
⑤ (清)李道平撰,潘雨廷点校《周易集解纂疏》,中华书局,1994年,第619页。

可知儒家对于"生"的重视。至于"死",孔子说:"朝闻道,夕死可矣。"①又说:"志士仁人,无求生以害仁,有杀身以成仁。"②孟子说:"生,亦我所欲也。义,亦我所欲也。二者不可得兼,舍生而取义者也。"③又说:"尽其道而死者,正命也;桎梏而死者,非正命也。"④后学荀子更有"人之所欲,生甚矣;人之所恶,死甚矣;然而人有从生成死者,非不欲生而欲死也,不可以生而可以死也"⑤。又,《论语·先进》载:"季路问事鬼神。子曰:'未能事人,焉能事鬼?'"⑥人都是好生恶死的,儒家自然也不例外,儒家虽然很少提及死,但并非不能坦诚地接受死亡的存在,只是对于死亡,儒家更推崇活得有意义之后的死,而这实际上强调的仍是生。也即,比起虚无缥缈的鬼神,儒家更注重生者,也是因此,儒家采取了"敬鬼神而远之"的态度。事实上,从儒家繁复的礼制中不难看出,比起"死"来,儒家更为看重的是送终之制,所以曾子说:"慎终,追远,民德归厚矣。"⑦与其说儒家重视"慎终追远"之制,还不如说其更重视"民德"。而从上文的分析中,不难看出儒家虽然看到了生命中"有始,则必有终"的自然过程,但自然意义的生命并不为儒家所看重,儒家所重视的是个体生命的社会意义,也因此,"生"更为其所重视。墨子曾对儒家提出批评,指出"儒以天为不明,以鬼为不神,天鬼不说,此足以丧天下"⑧。儒门出身的墨子显然看到了儒家虽有敬天敬鬼的诸般礼仪,实际上却"更看重包含在其中内在的自觉的道德和伦理意

① 《论语正义》,第 146 页。
② 同上,第 620 页。
③ 《孟子正义》,第 783 页。
④ 同上,第 880 页。
⑤ 梁启雄著《荀子简释》,中华书局,1983 年,第 322 页。
⑥ 《论语正义》,第 449 页。
⑦ 同上,第 23 页。
⑧ (清)孙诒让撰,孙启治点校《墨子间诂》,中华书局,2001 年,第 459 页。

识，从而忽略了祭祀祈禳的天地鬼神，因而容易导致无神论的思路"[1]。也正是因为儒家本身即重视个体生命的社会意义，加之汉代以后其更多的是为现实政治服务，这就使得儒家的思想越加关注生命的社会现实意义，而非继续探讨自然的生命，因此其无法彻底解决人们内心对于死亡的困惑与恐惧。

汉魏六朝时期人们对于长寿的追求与对于死亡的忧虑并非无端而来，除了"有生必终"的自然的消亡外，外部环境对于生命的威胁也是极大的。从现在的研究看来，不但魏晋南北朝时期社会政治军事环境的变化可以令死亡顷刻而至，就是气候环境的恶化[2]与疾疫的多发也对人的生命产生了极大的威胁，这些不能不令人心生忧惧。就是萧绎在《终制》提到的几位主张并实践了薄葬的先贤中，也有两位是非自然死亡的，即遭乱饿死的挚虞与流亡中病死的江应元。这也就难怪现存资料中时人对于生命的忧惧处处可见，如表达长寿之意的词语在儒家占据意识形态主导地位的汉代在命名中被广泛使用，以"延寿"为例，其不但作为人名，亦被用来作地名[3]，甚至被铭刻在生活用具上，河北满城

---

① 葛兆光著《中国思想史》第一卷《七世纪前中国的知识、思想与信仰世界》，复旦大学出版社，2001年，第103页。

② 竺可桢《中国近五千年来气候变迁的初步研究》第二部分"物候时期"根据考古发现与现有的记载，刘绍铭在《中国历史上气候之变迁》第五章第六节"西汉末叶至隋初"部分则主要根据历史记载，均认为魏晋南北朝时期我国气温呈下降趋势，其中刘氏更从史书中辑出大量关于当时气候酷寒的记载。

③ 余英时《东汉生死观》中有《汉代专有名词中的长寿类用词》之附录，顾名思义，内中搜集了汉代地名、人名等专用名词中使用长寿类词语的状况。余英时著《东汉生死观》，侯旭东等译，收在何俊编《余英时英文论著汉译集》，上海古籍出版社，2005年，第47—49页。随着文化的变迁，命名之法也会发生变化，到了魏晋南北朝时期，更多为人讨论的是以信仰命名的状况，尽管如此，以延寿之意命名的情况仍然存在，地名上延续前代情况的自不必说，人名中亦有之，如王延年（王僧孺之父）或戴延寿（戴法兴之兄）等。

出土的中山靖王刘胜的铜壶上有"延寿谷(却)病,万年有余"二句①；或是表现在文学上,汉末五言诗中有如"人生非金石,岂能长寿考"、"人生忽如寄,寿无金石固"②之类的句子,魏晋南北朝时期,文人对于生命的感叹就更多了,曹植的"人生处一世,去若朝露晞"③、陆机的"天道信崇替,人生安得长"④、王羲之的"死生亦大矣,岂不痛哉"⑤,等等；而时人对于方术的重视也与对于生命的忧惧有着莫大的关系,现存的史书如《后汉书》、《三国志》中"方伎类传"的存在尤其说明时人对于"生生之道"的追求,等等。不得已,上至统治者,下至平民,皆在儒家之外,另觅他法,以期解决对于死亡的忧惧,这也就是魏晋南北朝时期玄学、道教和佛教得以兴盛的一个重要原因。

玄学的兴起与发展带来了道家思想的复兴,表现在生死观的问题上则是将道家关于性命的讨论作了进一步的发挥。我们不妨先来看看对于后世尤其是魏晋南北朝时期或者更进一步说对于萧绎来说影响甚大的《老子》一书中的生死观。首先,反映了战国前期思想的《老子》中亦表现了对于"生"的重视,老子更将其最为重要的"道"与"德"两个概念"分别描述为创造与滋养'生'的力量"⑥。对于"死",同孔子一样,老子也承认死亡的必然存在,他曾说"出生入死"⑦,即人自出生起就走向

---

① 参见张政烺《满城汉墓出土金银鸟虫书铜壶(甲)释文》,原载于《中华文史论丛》,1979 年第 3 期,见于《张政烺文史论集》,中华书局,2004 年,第 451—452 页。

② 前者出于《古诗十九首·回车驾言迈》,见(南朝梁)萧统编、(唐)李善注《文选》,上海古籍出版社,1986 年,第 1347 页。后者出于《古诗十九首·驱车上东门》,同书第 1348 页。

③ 出自曹植《赠白马王彪·其五》,见(魏)曹植著,赵幼文校注《曹植集校注》,人民文学出版社,1984 年,第 298 页。

④ 出自陆机《门有车马客行》,收在《文选》卷二十八《乐府下》,第 1301 页。

⑤ 王羲之《兰亭集序》,收在《晋书》,第 2099 页。

⑥ 《东汉生死观》,第 18 页。

⑦ (魏)王弼注,楼宇烈校释《老子道德经注校释》第五十章,中华书局,2008 年,第 134 页。

了死亡。他又说:"飘风不终朝,骤雨不终日。孰为此者? 天地。天地尚不能久,而况于人乎?"[1] 天地尚且不能长久,人自然也是要死亡的。至于"生"与"死"之间的关系,老子一方面指出二者的不同,如"人之生也柔弱,其死也坚强。万物草木之生也柔脆,其死也枯槁。故坚强者死之徒,柔弱者生之徒"[2];另一方面又指出二者相互渗透与相互转化的关系,如"死而不亡者寿"[3],或是"天下万物生于有,有生于无"[4],等等。显然,老子将死亡看作是另一种存在状态,这种转化本身虽然亦体现了老子对于"生"的重视,却也同时反映了他对于"死"的忧虑。而如何做到"死而不亡"或"没身不殆"呢? 在老子,自然是要遵循"道",他说:"致虚极,守静笃。万物并作,吾以观其复。夫物芸芸,各复归其根。归其根曰静,是谓复命。"[5] 这是说万物的生死就是一个生于"根"而又回归于"根"的过程,这里的"根"即是"道"。不过,需要指出的是,老子曾对"生生之厚"提出了批评,《贵生》有:"生之徒,十有三;死之徒,十有三;人之生,动之死地,亦十有三。夫何故? 以其生生之厚。盖闻善摄生者,陆行不遇兕虎,入军不被甲兵;兕无所投其角,虎无所措其爪,兵无所容其刃。夫何故? 以其无死地。"[6] 人群之中,长寿与短命者约各占十分之三,这些人走向死亡是属于自然的死亡。此外,有人厚自奉养以求长生,结果却使自己的身体因积极养生而受损,非但没有使自己寿命得到延长,反而置自己于死地,这种人也占了十分之三。至于"生生之厚",老子虽然批评这种厚自奉养的做法,但并非不要人注重养生,而是要人采用正确的方法来养生,即"法天地"、"法道"、"法自

---

① 《老子道德经注校释》第二十三章,第57页。
② 同上,第七十六章,第185页。
③ 同上,第三十三章,第84页。
④ 同上,第四十章,第110页。
⑤ 同上,第十六章,第35页。
⑥ 同上,第五十章,第134页。

然"，其结果是"兕无所投其角，虎无所措其爪，兵无所容其刃"，自然也就立于不死之地了。不难看出，老子将生命看作是自然而然的过程。

　　道家的另一位精神领袖庄子对于人性、对于生死提出了"齐万物，一死生"之论。所谓"齐万物"是将人与外物统一起来，他的"喜怒通四时，与物有宜而莫知其极"①、"天地与我并生，而万物与我为一"②，等等，皆是此意。而"万物一齐，孰短孰长，道无终始，物有生死"③，人自然亦有生死，而既然"生"与"死"皆是自然而然之事，在这一点上二者没有什么差别，这也就是庄子所谓的"一死生"。《庄子》中反复表达了这种"一死生"的态度，如《大宗师》云："彼以生为附赘悬疣，以死为决疣溃痈。"④ 又说："死生，命也，其有夜旦之常，天也。人之有所不得与，皆物之情也。"⑤ 又如外篇《知北游》所云："生也死之徒，死也生之始，孰知其纪！人之生，气之聚也；聚则为生，散则为死。若死生为徒，吾又何患！故万物一也。是其所美者为神奇，其所恶者为臭腐。臭腐复化为神奇，神奇复化为臭腐。故曰：'通天下一气耳。'圣人故贵一。"⑥ 鼓盆而歌的故事更是告诉人应该超脱生死，笑对死亡。尽管如此，《庄子》仍谈及养生，内篇《养生主》云："为善无近名，为恶无近刑。缘督以为经，可以保身，可以全生，可以养亲，可以尽年。"⑦ 庄子认为，做善事而不求取声名，做坏事而不获刑罚，自然而然，从心所欲，就可以保护身体、保全天性、赡养父母乃至得享天年。这里，除了不主张以有涯之生去追求无涯

---

① （清）郭庆藩辑，王孝鱼点校《庄子集释》，中华书局，1961年，第230—231页。
② 同上，第79页。
③ 同上，第584页。
④ 《庄子集释》，第268页。
⑤ 同上，第241页。
⑥ 同上，第733页。
⑦ 同上，第115页。

之知或是其他身外之物外,庄子更鼓励人要享受"生",所以他说"可以保身,可以全生,可以养亲,可以尽年"。说到底,庄子这一系"并不要去解决个体对于死亡的恐惧与哀伤,也并不追求以痛苦地折磨现世身心生存来换取灵魂的解救与精神的超越"[1],其所持有的乃是超越生死,超越世俗,以求"个人生命在宇宙间的存在意义"[2]的享乐主义观念。

在魏晋南北朝这样一个"人的觉醒"的时代,比起儒家的现实主义的生命观念,老庄所代表的自然主义与享乐主义的观念显然更容易得到认同。这不仅表现在玄风的兴起以及时人对于《老子》、《庄子》的推崇,时人对其他相近的观念亦表现出兴趣来,张湛所注的《列子注》包括其中的《杨朱篇》都表现出对于生命的相似的观念。尽管如此,道家或者说玄学在早期仍然没有解决死亡的问题。

与传统思想中一贯重视"生"相一致的是,我国土生土长的道教也对"生"给予了相当的重视。《太平经》明确指出"要当重生,生为第一"[3],还说:"天地之性,万二千物,人命最重。"[4] 在此基础之上,道教教人养生,即通过一定的仪式或是服食药物、练形尸解等途径来延续生命或是使人成仙。葛洪曾在《抱朴子》中不止一次地强调人是可以达到长生乃至成仙的,如"仙之可学致,如黍稷之可播种得,甚炳然耳"[5],或是借其师郑隐之口指出"长生可学得者也"[6],更引《龟甲文》称"我命在我不在天"[7]。这里需要指出的是,葛洪《抱朴子内篇》中关于个人是否

① 李泽厚著《中国古代思想史论》,安徽文艺出版社,1999 年,第 198 页。
② 《中国思想史》第一卷,第 184 页。
③ 王明编《太平经合校》,中华书局,1960 年,第 613 页。
④ 《太平经合校》,第 34 页。
⑤ 王明撰《抱朴子内篇校释》,中华书局,1985 年,第 260 页。
⑥ 同上,第 287 页。
⑦ 《抱朴子内篇校释》,第 287 页。

可以通过学习、修行等成仙的问题是存在着论述上的矛盾的，但不论如何的矛盾，这至少说明在当时是有"仙之可学致"或是"我命在我不在天"的观念的。至于死亡，道教虽然吸收了佛教的转世轮回之说，但其是承认死亡的存在的，只不过死亡具有惩罚的意义，即如《老子想尔注》"道设生以赏善，设死以威恶"[1]教义所示。因此，在道教中鬼神是作为裁判存在的，"监督着人的思想与行为，以人的善恶来加减人的寿数"[2]。

真正直面死亡问题的是西来的佛教。佛教是讲究因果循环的，在生与死的问题上也是如此。佛教认为普通人死后就进入了轮回转世的状态，而其轮回转世的结果是由业力所致，佛教称之为果报，简单说来即是受苦是由为恶所致，而享乐则是因积德行善而来，于是今世所为之善在来世将得善报，而今世若为恶，来世也必然受苦。然而，无论是何种果报，在佛教看来仍是受苦的，要彻底解脱，就必须通过修行进入涅槃，从此不生不灭，这也就断绝了生死。但这种修行要求人出家，而这与以家庭或家族为重的传统相违背，因此，比起出家修行，轮回转世之说更为世俗所接受。

的确，佛教的转世轮回之说对于当时的中国人是有着积极的作用的，其一方面安慰了在苦难中挣扎的人，另一方面则劝恶向善。尽管如此，与传统思想中生死观的不同，使得其在发展过程中不断面临来自其他学派思想的问难。而在萧绎所处的梁代就有范缜排斥佛教的神不灭论。实际上更早在齐代，范缜就撰写了著名的《神灭论》，其中就对佛教的因果思想与形神分离思想提出了批评。因为此论，永明七年(489)，竟陵王萧子良组织西邸名士与其展开论战。梁武帝当然

---

① 饶宗颐著《老子想尔注校证》，上海古籍出版社，1991年，第25页。
② 《中国思想史》第一卷，第369页。

知道这场论战,更知道范缜著有《神灭论》,即帝位后不久,即召集学者与范缜展开讨论。答范论者有六十四人,《神灭论》之影响可见一斑。

当然,这不是说只有佛教一家思想受到其他思想的冲击,事实上任何一家学派在发展的过程中都曾通过吸取他家思想以完善自身,儒家如此,玄学如此,道教、佛教亦如此。上述诸家思想交错纵横,是魏晋南北朝社会思想的重要组成部分。而萧绎与这些思想都曾有过密切接触,而萧绎《金楼子》一书既称杂家,自是因其于思想上杂取百家。也是因此,笔者虽深知各家思想的复杂性,仍试图简述上述各家关于"生"与"死"的核心观念。

三、终制作品的发展

萧绎在《终制》中选录了刘宝、挚虞、杨王孙、江应元、樊宏、沐并、裴潜、皇甫谧、石苞、郝昭、何并、张奂、卢植、晋成帝等的薄葬理念或终制要求,由此不难想象萧绎曾经阅读了大量终制作品,更不要说,《金楼子》相当的篇章都体现出作者此书的撰写是建立在大量阅读的基础上。因此,汉魏六朝时期终制作品的发展状况无疑是《终制》成立的重要背景。

首先,在汉魏六朝时期,终制作品大量出现。在《汉魏六朝临终文试论》中,赵燕曾据《全上古三代秦汉魏晋南北朝文》统计汉魏六朝终制文献,得 166 篇:

> 其中西汉约有 11 篇,这之中又有帝王遗诏 1 篇,臣子奏议 5 篇,士人遗令 5 篇;东汉约有 38 篇,遗诏 5 篇,奏议 9 篇,遗令 24 篇;三国有 22 篇,遗诏 3 篇,奏议 7 篇,遗令 12 篇;晋代约有 28 篇,遗诏 3 篇,奏议 10 篇,遗令 15 篇;南朝有 39 篇,遗诏 8 篇,

奏议 9 篇,遗令 22 篇;北朝约有 28 篇,遗诏 6 篇,奏议 7 篇,遗令 15 篇。[①]

这当然是不完全统计,不过权可为参考,而从其统计结果也不难看出,汉魏六朝时期产生了大量的终制作品,这其中虽未包括萧绎的《终制》,但却包括了萧绎所提到的相当一部分终制作品。受到这种风气的影响,萧绎不但作了《终制》,且吸纳了不少前人终制作品的理念,更将本篇收录在《金楼子》中以为立言之作。

其次,终制作品在内容上也有其时代性特点。综观这一时期的终制作品,大体包括了两方面的内容:一方面是作者对于身后事务的交代,这就常常涉及对于生死观、社会丧葬习俗与礼仪等的讨论;另一方面则又涉及对于子孙的教育问题,这种教育常常持有多重立场,如从自身出发,由对自己壮志未酬的慨叹入手对子孙进行教育,或是站在家族的立场,寄望于子孙能延续家族的血脉并光耀门楣,又或是站在子孙的立场对于子孙的关怀,等等。二者之中,关于后一方面我们主要在下一章讨论《戒子》时一并讨论,本章更多地讨论前者,而即便是前者亦常常显露出时代特色。如汉魏之际,对于薄葬的主张常与盗墓现象相联系,这是彼时盗墓现象猖獗的表现,而前引曹裒遗命则体现出当时以薄葬为法令的情况。至如"江左初,元、明崇俭,且百度草创,山陵奉终,省约备矣",又明白昭示出当时对于薄葬的推崇与王朝建立初年的时代背景相应的情况。又如魏晋南北朝时期的终制作品在内容上又常保有延续家族的立场。如向朗《遗言戒子》中曾说:"君臣和则国家平,九族和则动得所求、静得所安。"[②]至于其中所反映的生死观念等,如与玄学、佛教生死观念相应的终制要求等,亦呈现出社会思想风气的变化。

---

① 赵燕撰《汉魏六朝临终文试论》,2003 年山东师范大学硕士论文,第 6 页。
② 《金楼子校笺》,第 494 页。

再次,终制作品在形式上也较为丰富。本章开头就提到过,终制作品的形式通常有两种:一种最初表现为口头形式,由他人录为文字而流传下来;而另一种则是终制作者鉴于种种原因提前对自己的身后事作说明,即作者亲撰的书面形式的终制作品。而后一种又因作者采用书信、诗文等不同体裁而呈现出多样化的特点来。从文字发展的历史及目前存留下来的作品看来,我们有理由相信,早期的终制作品更多的采用了口头形式,至于作者自觉撰写遗书的情况当属终制作品创作迈向高级阶段的产物。而两汉时代终制作品的大量出现及流传使我们相信至晚在汉代,自觉创作终制作品的情况便已经出现了。前引赵咨遗令中曾提到"恐尔等目厌所见,耳讳所议,必欲改殡,以乖吾志,故远采古圣,近揆行事,以悟尔心",这在表明其作终制的题旨的同时,也说明赵咨的遗令是其自觉创作的作品。

当然,在口头形式向书面形式发展的过程中,终制作品的篇幅、语言及体例等也都发生了相应的变化。首先是篇幅变长了。相对于先秦时期终制作品的篇幅而言,汉魏六朝时期的终制作品篇幅明显增加了。从这一角度来说,萧绎的《终制》虽仅有 585 字,但也算是长篇作品了。其次,因为编写目的与施与对象问题,终制作品在一定程度上保有口语化的特点,如"吾"与"汝"一类的称呼,或是表现在具体的内容上,如萧绎所引的皇甫谧的"以蘧篨裹尸,覆卷三重,麻绳约二头,置尸灵床上,择不毛之地,坑圹,去床下尸而已"等。然而值得注意的是,终制作品亦有其书面化的一面,这里以南齐萧景先的《遗言》为例:

> 此度疾病,异于前后,自省必无起理。但夙荷深恩,今谬充戍寄,暗弱每事不称,上惭慈旨。便长违圣世,悲哽不知所言。可为作启事,上谢至尊,粗申愚心。毅虽成长,素阙训范。贞等幼稚,未有所识。方以仰累圣明,非残息所能陈谢。自丁荼毒以来,妓妾已

多分张,所余丑猥数人,皆不似事。可以明月、佛女、桂支、佛儿、玉女、美玉上台,美满、艳华奉东宫。私马有二十余匹,牛数头,可简好者十四、牛二头上台,马五匹、牛一头奉东宫,大司马、司徒各奉二匹,骠骑、镇军各奉一匹。应私仗器,亦悉输台。六亲多未得料理,可随宜温恤,微申素意。所赐宅旷大,恐非毅等所居,须丧服竟,可输还台。刘家前宅,久闻其货,可合率市之,直若短小,启官乞足。三处田,勤作,自足供衣食,力少,更随宜买粗猥奴婢充使。不须余营生。周旋部曲还都,理应分张,其久旧劳勤者,应料理,随宜启闻乞恩。①

这篇《遗言》的前半部分相对使用了较多的书面用语,而从说明妓妾如何分开始,则更多地体现了口语化的特点。应该说,这一文白间杂的情况综合了终制作品自身的特点与魏晋南北朝时期文学受到高度重视的时代背景两个方面的因素。而比之萧景先,同为兰陵萧氏后人的萧绎在其《终制》中更多地使用了书面语言,如"周室有墙翣之饰,旌铭之仪。晋文公请隧,桓司马石椁,甚非谓也"之类。另外,因为所交代内容的特殊性,终制作品在体例上多以散文为主,但处在声韵得到重大发展的时代,亦不免体现出向骈文方向发展之意。仍以萧绎的《终制》为例,其序言中的"吾企及推延,岂能及病?偶属炎夏,流金煎石,气息绵微,心用悄恍,虑不支久,方从风烛",几乎都是四字一句,读起来较为工整。或如末句的"金蚕无吐丝之实,瓦鸡乏司晨之用,慎无以血胪膋腥为祭也"等,亦体现出工整对仗之意。

总之,魏晋南北朝时期终制作品的发展情况,无论从内容上还是从形式上都对萧绎产生了重要影响。

---

① 《南齐书》,第663页。

第四节　萧绎想象的身后世界

萧绎在《终制》中一再重申薄葬之意,这不但体现在作者引以为先导的历代薄葬之论及实践,更体现在作者具体的终制要求上。这种薄葬的要求,合于萧绎一贯的对于俭约的追求,而这种追求除了体现在《终制》中,还体现在《金楼子》的很多篇章中,包括此前论及的《后妃》以及下章将要讨论的《戒子》中,故而,在后文中我们还将论及萧绎俭约的观念。至于薄葬之观念虽然很重要,我们却并不打算在此就薄葬而论薄葬,而是希望追索那些隐藏在薄葬观念之下,表现在具体的终制要求中的思想。正如萧绎所说,"此事虽大,可以谕小",萧绎究竟想通过对于终制的安排说些什么呢?

一、薄葬思想中透出的杂家观念

《终制》中薄葬思想的讨论开始于这一段:

> 观荀卿、不韦、淮南、崔寔、王符、仲长,其制书旨本自不同,俱非厚葬鄏若一也。

如前所论,萧绎通过对关于厚葬的非议自古已然的情况的呈现来支持自身对于厚葬的不满,并由此引出杨王孙等人对于薄葬的崇尚。这里特别值得讨论的是,"其制书旨本自不同,俱非厚葬鄏若一也"充分体现出萧绎杂采百家之意。

所谓"其制书旨本自不同",是说此前提到荀况、吕不韦等人的著作虽都论及厚葬之弊,但各种著作的撰述目的彼此并不相同。下面,据许

逸民先生的考证,将萧绎所提到的荀况等人涉及的非厚葬之论①在《汉志》《隋志》等书中的著录情况以表格的形式表现出来:

论 者	厚葬之论的著述来源	《汉志》之著录	《隋志》之著录
荀 况	《荀子》	《诸子略》儒家类	子部儒家类
吕不韦	《吕氏春秋》	《诸子略》杂家类	子部杂家类
刘 安	《淮南子》	《诸子略》杂家类	子部杂家类
崔 寔	《政论》	未著录	子部法家类
王 符	《潜夫论》	未著录	子部儒家类
仲长统	《昌言》	未著录	子部杂家类

从表格中不难看出,萧绎所提到的观点或出自儒家,或出自法家,更多地则同他本人一样杂采诸家以成论。此外,萧绎的终制要求中亦体现了这一点,如"王服周身"、《曲礼》、《孝经》等都体现了对于儒家思想的采纳。又如"圹中石屏风、木人车马、涂车刍灵之物,一切勿为",其中,关于"涂车刍灵",《礼记·檀弓下》云:

　　涂车、刍灵,自古有之,明器之道也。②

又,据《孟子·梁惠王上》载:

　　仲尼曰:"始作俑者,其无后乎!"为其象人而用之也。③

萧绎明言"涂车刍灵"不用,这与《礼记》的说法并不一致。不过,孔子因陶俑象人,以之为随葬品的做法不可取,故愤而说出"始作俑者,其无后乎"这样的话来。以此推之,萧绎所谓"石屏风、木人车马、涂车刍灵之物,一切勿为",固然是前人薄葬思想的采纳,且不能确切地说是来

---

① 详见许逸民《终制篇》后第十七至二十二条注释,第449—452页。
② (清)孙希旦撰,沈啸寰、王星贤点校《礼记集解》,中华书局,1989年,第265页。
③ 《孟子正义》,第63页。

自儒家思想,但从行事原则来说与儒者之道是不相违背的。即如前引《论语》中所谓"礼,与其奢也,宁俭;丧,与其易也,宁戚"。

比之上文所论,本篇末句"慎无以血胉膋腥为祭也"却是对儒家礼制的变革。"以血胉膋腥为祭",即血祭,本是传统儒家祭祀礼中的一环,《礼记》《周礼》等中均有记载,然而,随着时代的发展,宗教尤其是佛教在魏晋南北朝时期的兴盛,血祭的传统发生了变化。天监十二年(513),梁武帝曾下《断杀绝宗庙牺牲诏(并表请)》,要求宗庙祭祀不得用牺牲。至天监十六年(517)又下《量代牲牢诏》,令取缔除四时蒸尝以外的祭祀中对于牲牢的使用,及《量代牲牢又诏》令以时蔬代替脯修之类的祭祀食品。梁武帝的做法无疑是受到了佛教思想的影响,而萧绎"慎无以血胉膋腥为祭也"一方面受到了当时流行的佛教思想的影响,更多地则是受到父亲的影响。总之,这一条内容更多展现的是萧绎作为杂家学者的一面。

与此相应,《金楼子》素被著录为杂家作品,关于杂家,《汉志》云:

> 杂家者流,盖出于议官。兼儒、墨,合名、法,知国体之有此,见王治之无不贯,此其所长也。及荡者为之,则漫羡而无所归心。[①]

又,《隋志》云:

> 杂者,兼儒、墨之道,通众家之意,以见王者之化,无所不冠者也。古者,司史历记前言往行,祸福存亡之道。然则杂者,盖出史官之职也。放者为之,不求其本,材少而多学,言非而博,是以杂错漫羡,而无所指归。[②]

由汉至隋,几百年间,很多学问都发生了变化,包括杂家这一门学

---

① 《汉书》,第1742页。
② 《隋书》,第1010页。

问,而二志关于杂家的定义却是相近的,只不过前者简略而后者略繁复。萧绎的《金楼子》确如二志所云:"兼儒、墨之道,通众家之意,以见王者之化,无所不冠者也。古者,司史历记前言往行,祸福存亡之道。"萧绎在其《立言》中曾自述生平之学术:

> 余以孙、吴为营垒,以周、孔为冠带,以老、庄为欢宴,以权实为稻粮,以卜筮为神明,以政治为手足。一围之木持千钧,五寸之楗制开阖,总之者明也。①

洪卫中在他的论文《萧绎的思想体系探究——以〈金楼子〉作主要考察》中指出,"作为学人,萧绎的思想繁复博杂……既有儒、道、佛、玄思想的浸染,又汲取了墨、兵、法、农、名等家的内涵",而萧绎想要做的是将各家思想糅合成一种独有的思想。②又,钟仕伦亦认为从这段文字中可以看出萧绎思想杂取众家的特征③,他指出:"萧绎以其才学胆识和亲身认识看出了儒、道、墨、法、名、兵、方技各家之短,懂得了治国安邦须兼取各家之说以为己用的道理。"④的确,不只《金楼子》,从萧绎现存的其他作品中,我们也能发现他的学术思想非常博杂,而在不同的著述里,他的思想倾向也不尽一致。但值得玩味的是,在《金楼子》的大部分篇章里,他都努力地以儒家思想作为主导思想,正如他自己所言——"一围之木持千钧,五寸之楗制开阖,总之者明也"。而在这篇《终制》中也是如此,萧绎并不单持一家的立场,他是在以儒家思想为主导总汇诸家思想的基础上,以强烈的薄葬观念贯通全文以表达思想。

---

① 《金楼子校笺》,第 854 页。
② 洪卫中撰《萧绎的思想体系探究——以〈金楼子〉作主要考察》,收在《魏晋南北朝史研究:回顾与探索》,湖北教育出版社,2009 年,第 598—599 页。
③ 《〈金楼子〉研究》,第 87 页。
④ 同上,第 91 页。

二、终制要求中体现的儒家思想

正如上文所论,杂采诸家薄葬思想而纂成《终制》的萧绎是以儒家思想为主导的,这不但体现在其生死观上,还尤其体现在其关于随葬品的要求上。

(一) 萧绎的生死观

正如之前所提到的,萧绎与前面提到的儒家、玄学、道教和佛教都曾有过密切的接触,其《终制》的序言部分以"有生必有死,达人恒分"作结,可以看作是萧绎的一种表态。从此前提供的思想背景中我们不难发现,"有生必有死"这一态度,很难单纯归之于某一家,但如果说它不属于哪一家的话,首先可以排除的是佛教,这是因为比起轮回来,佛教认为涅槃的地位更高。其次可以排除的是道教生死观,这是因为在《终制》中,萧绎似乎已经放弃了对于长生的追求,全篇于服食求长生之类的道教思想几乎无涉。

至于说在当时相当流行的玄学或者说道家思想与传统的儒家思想二者之中,我们认为后者对于萧绎生死观的影响更大。这当然不是因为《孔子家语》中"故命者,性之始也;死者,生之终也。有始,则必有终矣"[1] 更像是萧绎"有生必有死"的语源,而是因为萧绎在《终制》中有意回避了道家思想。

在前文中,我们曾经讨论过,萧绎的《终制》在行文上受到了赵咨《遗书敕子胤》的影响。为了方便进一步说明问题,我们不妨以赵咨的生死观作为对比,故此再录赵氏遗书的首段如下:

> 夫含气之伦,有生必终,盖天地之常期,自然之至数。是以通
> 人达士,鉴兹性命,以存亡为晦明,死生为朝夕,故其生也不为娱,

---

① 杨朝明、宋立林主编《孔子家语通解》,齐鲁书社,2009 年,第 308 页。

亡也不知戚。夫亡者,元气去体,贞魂游散,反素复始,归于无端。既已消仆,还合粪土。土为弃物,岂有性情,而欲制其厚薄,调其燥湿邪?但以生者之情,不忍见形之毁,乃有掩骸埋窆之制。[①]

赵咨的遗书是从对于生命的终极讨论开始的,在以"有生必终"表达了对于死亡的坦然态度之后,他更以"天地之常期,自然之至数"将"生"、"死"与天地、自然的规律联系起来,比起儒家的观念,这显然更近于道家。而类似的观念在赵文中处处可见,如"元气去体,贞魂游散,反素复始,归于无端"之类。尽管如此,赵咨在论及如何处理身后事时却说:"土为弃物,岂有性情,而欲制其厚薄,调其燥湿邪?但以生者之情,不忍见形之毁,乃有掩骸埋窆之制。"也就是说,在赵咨,人死之后下葬,就其人本身已经没有"性情"可言,之所以要有这种制度乃是要安慰"生者之情",因为生者不忍见死者形体之毁。由此可见,赵咨对于死亡的态度至少有两重,一重是对于自然生命消亡的态度,而另一重则是死亡的社会意义,前者更多的受到了道家的影响,而后者则更多的受到儒家的影响。

据《后汉书》赵咨本传载:"咨在官清简,计日受奉,豪党畏其俭节。视事三年,以疾自乞,征拜议郎。抗疾京师,将终,告其故吏朱祗、萧建等,使薄敛素棺,籍以黄壤,欲令速朽,早归后土,不听子孙改之……朱祗、萧建送丧到家,子胤不忍父体与土并合,欲更改殡,祗、建譬以顾命,于是奉行,时称咨明达。"[②] 可知赵咨作遗书时,已是临终之际。然而,从行文看来,赵咨在讨论"生"与"死"时,全然不及自己的身体状况,也因此,其"有生必终"之论更像是哲学思考的结果。与此不同的是,萧绎的讨论是从自己的疾病开始的。如前所论,我们认为萧绎是读过赵咨

---

① 《后汉书》,第1314页。
② 同上。

的《遗书敕子胤》,其《终制》也在相当程度上对于前者有所借鉴,然而萧绎对赵咨关于"生"与"死"的讨论多皆不取,直取其"有生必有死"这一在中国传统哲学中可以说放诸四海而皆准的论调,这不能不引起我们的思考。是因为萧绎不若赵咨一般受道家思想的影响吗?

答案恐怕是否定的。萧绎对于道家思想是非常熟悉的,不仅萧绎自己,他所提到的倡导薄葬的诸贤之中,赵咨、杨王孙等亦对道家的思想非常熟悉。其中,学黄老之术且卒于汉武帝时代的杨王孙更在其遗令中一再强调欲借死亡而"归真",其受道家影响的程度显然较赵咨为深。而与看过赵咨终制之文的理由至少有一条是相同的,那就是萧绎决不可能没有看到《汉书》杨王孙本传所载之遗令,其结果却是对杨王孙遗令全文不取,且似乎也未加以仿效,就连在《终制》中提到杨王孙,也可能是受到了赵咨的影响。而相比于后文中的"可以王服周身,示不忘臣礼。《曲礼》一卷,《孝经》一秩,《孝子传》"等文字所反映的对于儒家礼制的遵守,萧绎对于道家思想的不取却显得有些刻意了,这反而说明萧绎此处所采用的乃是更多地面向世俗社会的儒家的生死观。

为了验证这一点,我们首先需要回到关于萧绎的历史记述中去,据《南史·梁本纪下》载:

> 初从刘景受相术,因讯以年,答曰:"未至五十,当有小厄,禳之可免。"帝自勉曰:"苟有期会,禳之何益?"及是四十七矣。特多禁忌,墙壁崩倒,屋宇倾颓,年月不便,终不修改。庭草芜没,令鞭去之,其慎护如此。[①]

这段记载讲述了两个故事。在第一个故事中,当刘景告知萧绎年近五十岁时会遭逢厄运,建议他禳解此灾,萧绎的态度是"苟有期会,禳

---

① 《南史》,第245—246页。

之何益"，看上去似乎颇为通达，这不禁令人想起在《终制》中以"达人恒分"勉慰自己的萧绎。

第二个故事表现了萧绎的另一种形象。墙壁崩坏，房子倒塌，给人造成了极大的不便，然而萧绎却不肯修整房屋，甚至当野草蔓生其间时，他也仅仅是令人鞭去野草。这个故事里展现了一个更接近于我们在上一章中分析过的那个愿意接受谶纬暗示的形象。

一个通达，一个迷信，两个故事里展现的萧绎的形象是有分歧的，何以会产生分歧？

首先得归之于人性的复杂。萧绎的面貌不是单一的，他是那个早年勤于政事以求立功的萧绎，也是那个"常贵无为，每嗤有待；闲斋寂寞，对林泉而握谈柄；虚宇辽旷，玩鱼鸟而拂丛著。爱静之心，彰乎此矣"的萧绎；是那个"性不好声色，颇有高名"的萧绎，也是那个带着宫人李桃儿返京的萧绎；是那个引用过"将责弟悌，务念为友"的萧绎，也是那个下令"六门之内，自极兵威"的萧绎；等等。正是因此，不能简单地以一种面貌来判定他的思想。

其次是他的人生经历使然。在前文的分析中，我们不难发现，萧绎的身体不好，一生都受疾病之苦。在所作《阮修容传》中，萧绎提到"始学弱年，患眼之始，衣不解带，冬则不近炎火，夏则不敢风凉，如此者离寒暑也"，其中"冬则不近炎火，夏则不敢风凉，如此者离寒暑也"说的虽然是母亲阮修容，然而萧绎自己又何尝不是如此？从这一点看来，曹道衡在《兰陵萧氏与南朝文学》中认为萧绎的残疾使得他心理变态也是有一定道理的。当然，我们不是说萧绎在此种经历之下非心理变态不可，而是认为经历了眼患、肘膝皆烂、心气疾等种种疾病的萧绎即便天性中曾有老庄的达观，恐怕也会在现实疾病的反复折磨中变成了对于死亡的忧惧与无奈。

今存《终制》开篇自言："吾企及推延，岂能及病。"从"吾企及推延"

中,我们可以知道萧绎对于长寿曾经是充满了渴望的。但"岂能及病"四个字则写出了长生愿望的破灭以及萧绎对于患病乃至对于死亡到来的无奈。于是,正像《南史》中"自勉"二字所表明的那样,萧绎的通达并非仅仅出于自然的心态,其中还有着萧绎不断的自我勉励。而《终制》中所谓"有生必有死,达人恒分"亦是如此,它不但是萧绎面对生命的无常所发出的叹息,亦是萧绎对自己的劝勉,即像"达人"那样承认死亡的必然存在。

最后值得一说的是,对于常常生活在死亡威胁里的萧绎来说,儒家思想或许无助于解决他对于死亡的忧惧,但是儒家思想中对生命的社会现实意义的强调则可以为他带来生的动力。而这体现在萧绎的生活中,即是对于建功立业与著书立言等充满了渴望。关于这一点,我们会在后文中作进一步的讨论。

(二)《终制》所展现的丧葬程序

在《终制》的最末一段,萧绎提出了自己的终制要求,而这些要求并非是无序的:

首先,萧绎对于入殓时的衣衾作了说明。在儒家的礼法中,为死者穿上寿衣这个步骤属于小殓。小殓自然不能算是丧葬之礼的起始,此前又有属纩、招魂、沐浴、饭含等礼仪。而直到招魂以后,死亡的状态才算被确认。我们现在看到的关于薄葬的要求多是指招魂之后的阶段,如沐并的"令掘埳,气绝,令两人举尸即埳",或石苞的"不得敛啥",或如晋代王祥"气绝但洗手足,不须沐浴,勿缠尸,皆浣故衣,随时所服"[①],等等,皆是就招魂以后的礼仪形式所作的薄葬要求。

此后,萧绎又提出了关于随葬品的要求。随葬品因为自身体积或是墓室设置等原因,会置于不同的地方,不过萧绎所说的《孝经》等物

---

① 《晋书》,第989页。

大抵应是随着尸体放入棺椁之中。这个步骤大约同于儒家丧葬礼仪中的大殓之礼,此礼的举行在小殓之后。

随后,萧绎又对与坟墓相关之事作了安排,这就包括了墓地的选择,墓室的设置,等等。萧绎对于墓地选择和墓室设置的说明不免使人想到安葬之礼。安葬之礼在大殓后,是一种非常重要的仪式。

至于"慎无以血胉膋腥为祭也",则已属于祭祀之礼。

对照儒家的丧葬之礼,不难发现萧绎《终制》中提到的诸事,其顺序并不与儒家丧葬之礼的顺序相违背,只这一点当然不能说萧绎的终制要求严格遵照了儒家丧葬礼仪的程序,但不相违背这一点却是非常重要的。

(三)关于殓服及随葬品等的要求

除了丧葬的程序外,《终制》中还可看到某些明确反映儒家思想的要求,这尤其体现在萧绎对于殓服及随葬品的要求上,其中对"王服周身"与《孝经》的要求出于原篇的可能性更大。

1."王服周身"

上言"王服周身",下言"示不忘臣礼",这说明萧绎虽亦推崇薄葬,但在薄葬之中更着意于强调为臣之礼。儒家的礼法素来强调尊卑有别、亲疏有别,萧绎的做法可以说正符合了儒家的礼法思想。而萧绎借此举明白表示自己忠君之意,这可以说是他表达忠君思想之始。

2."《曲礼》一卷,《孝经》一帙"

今本《金楼子·终制》作:

> 《曲礼》一卷,《孝经》一帙,《孝子传》并陶华阳剑一口,以自随。①

---

① 《金楼子校笺》,第443页。

而《古今事文类聚前集》所摘录的内容则作：

> 梁元帝《金楼子》曰：吾之亡也，可以一卷《孝经》、一帙《老子》、陶华阳剑一口，以自随。

《古今事文类聚前集》所录仅提到两种书籍，而今本《金楼子》却提到了三种书籍，但却仅有两个数量词，这不能不引起我们的思考。至于是《孝子传》还是《老子》的问题，我们在后文中再作讨论。

今本《金楼子》称"《曲礼》一卷，《孝经》一帙，《孝子传》"，而《古今事文类聚前集》中则称"一卷《孝经》、一帙《老子》"，假设原书中无《曲礼》之名，而《孝子传》与《老子》则存在传写之误，则一卷与一帙（"帙"同"帙"）两个数量词是一致的，然而问题就出在数量词上。萧绎会在以卷数称《孝经》的同时，以帙数称《孝子传》或《老子》吗？

在《金楼子·聚书》与《金楼子·著书》中，萧绎对于图书的描述是非常清楚的，称某种书籍时皆用"×帙×卷"的方式，只有在统计总数的时候才单及卷数。萧绎对于聚书、著书有非常大的热情，在著录图书上体例也几乎能保持一致。除被辛德勇认为传写错误的"《金楼秘诀》一帙，二十二卷"[1]外，其余诸书均以十卷为一帙，超出者另算。而即便是《四库全书》原作《孝子义疏》由许逸民据四库馆臣注释改作《老子义疏》的这部书籍也不过一帙十卷，则《孝经》也罢，《老子》也罢，均称一帙。当然，《终制》与《著书》并非同篇，如果说体例上存在差异也是可能的，然而，从《著书》的情况看来，同篇中保持体例一致是可行的。由此，如果萧绎并言《孝经》、《老子》，而二者又均为完整的书籍，则《孝经》用卷数衡量，《老子》自然也当用卷数衡量，同样，《老子》用帙数说明，《孝经》自然也当以帙数说明。以卷数说明《孝经》而以帙数说明《老子》的情

---

① 辛德勇撰《由梁元帝著述书目看两晋南北朝时期的四部分类体系》，收在辛德勇著《历史的空间与空间的历史》，北京师范大学出版社，2005年，第334页。

况,恐不会发生在萧绎身上。

而如果多了《曲礼》就不同了。《曲礼》是《礼记》中的篇章,并非独立的书籍,以卷数称《曲礼》而以秩数称《孝经》倒未尝不可。且"陶华阳剑一口"数量词在后,则形容《孝经》等的数量词亦当在后。而《曲礼》一卷,《孝经》一秩,陶华阳剑一口,无论是从行文的工整上,还是从性质的差别上来说都更合理。由此,笔者以为,从数量词出发,当以今本《金楼子》为是,至于《孝子传》或是《老子》无数量词的问题,则可能是在传写的过程中出现了讹误。

先说《曲礼》一卷。诚如上章提到过的,萧绎五岁即能诵《曲礼》,可知《曲礼》是他熟到不能更熟悉的礼学篇章了。也因此,与对殓服的选择一样,萧绎对于《曲礼》及其他随葬书籍的选择,比之诸书的内容,其象征意味更为萧绎所重视。而五岁即诵《曲礼》,也充分说明《曲礼》的重要地位。故而,萧绎以《曲礼》为随葬品,不但符合当时礼学、礼制的发展情况,更表现出萧绎对于儒家礼法制度的尊崇。

再说以《孝经》为随葬品的问题。前揭皇甫谧《笃终》云:

> 平生之物,皆无自随,唯赍《孝经》一卷,示不忘孝道。

与皇甫谧一样,萧绎也提出以《孝经》为随葬品的要求,这至少说明萧绎在思想观念上受到了皇甫谧的影响,而这种影响的一个重要原因即是《孝经》本身的象征意义。

《孝经》是当时社会常见的书籍,在前面讨论过的《后妃》中有"初受《孝经》"的叙述,这说明《孝经》为萧绎的蒙书。《孝经》学的发达实可追溯至汉代,两汉皆倡导儒家文化,当时政府设有五经博士,并且规定五经博士必须兼通《孝经》,因此,《孝经》学在两汉时期的发达也就不难想象,尤其两汉的帝王都积极推动《孝经》教育,从而使得学习《孝经》者的范围上可至帝王、太子,乃至后妃,下可及于平民。自曹魏至于梁代,

《孝经》学仍然十分发达，有许多学者都整理、研究过《孝经》，曹魏王肃、何晏、东吴韦昭、晋代荀勖、刘宋释慧琳、梁武帝、陶弘景，等等，不可胜数。其中，慧琳为僧人，而陶弘景兼修道教与佛教，这足可说明《孝经》影响之深远。在萧梁之前的宋、齐二朝皆非常重视《孝经》，如宋武帝刘裕、宋文帝刘义隆、齐武帝萧赜，等等，皆曾亲自讲授《孝经》，并安排太子讲《孝经》，甚至齐武帝还规定"诸王不得读异书，'五经'之外，唯得看孝子图而已"①。齐武帝虽没有直接说明诸王可以阅读《孝经》，但孝子图本就是《孝经》的附属产品。至于萧梁皇室本就以《孝经》为蒙书，武帝不但令诸子修习，如萧统幼时就有登台讲《孝经》的经历，更亲身钻研《孝经》，《梁书》本纪载他曾著《制旨孝经义》。此外，时人亦常以《孝经》为蒙书，这里仅举一例以说明当时人对于《孝经》推崇的程度。据《三国志·吴书·张昭传》载："权尝问卫尉严畯：'宁念小时所暗书不？'畯因诵《孝经》'仲尼居'。昭曰：'严畯鄙生，臣请为陛下诵之。'乃诵'君子之事上'，咸以昭为知所诵。"人皆能诵《孝经》，不难想见其书在当时影响之深，这也就难怪颜之推在《颜氏家训》中说："虽百世小人，知读《论语》、《孝经》者，尚为人师。"②

说到底，《孝经》的流传与对于孝道的提倡有关。西汉以来，历代政权皆提倡孝道，不但皇帝的谥号中多含有"孝"字，甚至还将孝顺与否作为选官之法。萧梁王朝亦提倡孝道，梁武帝本人积极于《孝经》的研究与推广，更亲撰《孝思赋》以寄托哀思。而历代政府之所以如此推崇孝道，其中一个重要的原因是由孝可以推及忠，即所谓"夫孝，始于事亲，中于事君，终于立身"③。南朝的为政者深谙此理，《南史·刘瓛传》载：

---

① 《南史》，第 1088 页。
② 《颜氏家训集解（增补本）》，第 148 页。
③ （唐）李隆基注，（宋）邢昺疏，金良年整理《孝经注疏》，上海古籍出版社，2009 年，第 5 页。

齐高帝践祚,召瓛入华林园谈语,问以政道。答曰:"政在《孝经》,宋氏所以亡,陛下所以得之是也。"帝咨嗟曰:"儒者之言,可宝万世。"①

齐高帝如此,想梁武帝自然亦是如此,而萧绎显然也体会到了这一层,《金楼子》云:

居家治理,可移于官,何也? 治国须如治家,所以自家刑国,石奋之为家可矣。若谓治国异治家者,则条章不治,民无依焉。故治国者亲民若治家也。②

而《孝经·广扬名章》云:

子曰:君子之事亲孝,故忠可移于君;事兄悌,故顺可移于长;居家理,故治可移于官。是以行成于内,而名立于后世矣。③

萧绎的"治国须如治家,所以自家刑国"所解释的是"居家治理,可移于官"之论断,而后者明显脱略自《孝经》。《孝经》既强调对父母尽孝,又强调对国君尽忠,这使得它得到了社会上上下下的推崇,因此萧绎以《孝经》为随葬品,不仅可以"示不忘孝道",亦可由孝而及于忠,这与皇甫谧仅仅示孝的心态是不同的。

3.《孝子传》并陶华阳剑一口"

如上文所述,今本《金楼子》与《古今事文类聚前集》所录内容在《孝子传》一书上发生了巨大分歧,前者录为《孝子传》,而后者录为《老子》。而萧旭"今本'孝子传',盖'老子'之误"④的论断所据正是《古今事文

---

① 《南史》,第 1236 页。
② 《金楼子校笺》,第 831 页。
③ 《孝经注疏》,第 69 页。
④ 说详《〈金楼子〉校补(一)》,《终制篇》第 4 条,见 http://www.gwz.fudan.edu.cn/Web/Show/1900。

类聚》。

是《孝子传》还是《老子》，所涉及的不单单是书籍名称的问题，还有作者终制思想的问题。我们当然可以简单地将《孝子传》或是《老子》与陶华阳剑二随葬品解释为作为杂家的萧绎思想的体现，不过，如果从象征意义考虑，《孝子传》与《老子》之间的差别是非常大的。如果《孝子传》为真，则这一随葬书籍可视为《孝经》的补充，其所反映的更多的是萧绎对于儒家思想的吸取；而如果萧绎原意为《老子》，则是说萧绎寄望于在死后的世界里仍能阅读道家创始人老子的著作。这是全然不同的价值取向，为了搞清这个问题，我们有必要先来探讨萧绎以陶华阳剑为随葬品的意义所在。

关于陶华阳剑，仅就剑而言，儒家的传统中有佩剑之礼，而在魏晋南北朝时期，随着道教的发展，剑又披上了宗教的外衣。仅凭以剑为随葬品虽不能确定萧绎欲反映何种思想，但如果结合《终制》末之"金蚕无吐丝之实，瓦鸡乏司晨之用"，或是《立言》中"夫陶犬无守夜之警，瓦鸡无司晨之益。涂车不能代劳，木马不中驰逐"[1]之言，便可知萧绎对于这些明器的所谓的功用并不相信。也正是从他一再的声明中，可知从宗教思想出发来考量陶华阳剑作为随葬品的意义恐不可行。

不过，既然萧绎特别强调了陶华阳剑，这就不能不令人联想起陶华阳剑在当世的地位。陶华阳即陶弘景，他是道教发展过程中的重要人物，不过这里仅论铸刀剑术，其铸刀剑在当时是颇有声名的，据《古今刀剑录》载：

> 梁武帝萧衍以天监二(元)年即位，至普通中，岁在庚子，命弘景造神剑十三口，用金、银、铜、铁、锡五色合为之，长短各依剑术

---

① 《金楼子校笺》，第850页。

法。文曰:"服之者永治四方。"并小篆书。①

相关内容又为《太平御览》卷343所录,不过更长些:

又曰:梁武帝萧衍天监元年即位,至普通中[元年],岁在庚申[子],命弘景造神剑十三口。用金、银、铜、铁、锡五色合为此剑,长短各依剑洞术法:一曰凝霜,道家三洞九真剑,上刻真人玉女名字;二曰宫仪,备斋六宫,有剑神名,无刃,刻宫宿星,皇后服之;三曰摛光,备非常,御斩刺,长三尺六寸,上刻风伯雨师形名;四曰九天,出军行师,君执授将,长五尺,金镂作蚩尤神形;五曰伐形,刻符箓、道家登真图口诀、六甲神,长五尺;六曰四目突,宫闱茵被,卧止小室帷幄中,长三尺五寸;七曰五威灵光,长二尺许,半身有刃,上刻星辰北斗、天市、天魁、二十八宿,服此除百邪魑魅去厌,即伏用之;八曰风鸟,有恶鸟鸣,起镇之,上有黄帝咒法,禹步形势用之;九曰司命,行刑煞罚者执之,赐万姓自裁者;十曰礼剑,生畜男子弧矢觳剑则用之;(中有脱文)十二曰永昌,镇国安社用之,长七尺;十三曰闰剑,长六尺。所以作十三口,象闰月故也。取上元甲子时,加斗魁,加岁正,月旦合合之,取风雷雨震日止。环偏长八寸。文曰:'服之者永治四方。"小篆文。②

《古今刀剑录》一书,《梁书》、《南史》、《隋志》及新旧《唐志》皆未著录,且其中有数处明显的谬误,如"蜀主刘备"条后有"房子容曰:唐人尚书郎李章武,本名方古,贞元季年,为东平帅。李师古判官因理第,掘得一剑,上有章武字方古。《博物志》张茂先亦曰:'蜀相诸葛孔明所佩

---

① (南朝梁)陶弘景撰《古今刀剑录》,收在《丛书集成新编》第48册,新文丰出版公司,1985年,第171页。
② 《太平御览》,第1579页。

剑也。'乃更名。师古为奏,请为章武焉"①。又,其中有"梁武帝萧衍"
条,陶弘景卒于武帝之前,自不会知道武帝的谥号。又有条目搀乱的状
况,等等。总之,这种种都使得其书为陶弘景所著之说备受怀疑。《四
库提要》指出:

> 然考唐李绰《尚书故实》引《古今刀剑录》云,自古好刀剑多投
> 伊水中,以禳膝人之妖。与此本所记汉章帝铸剑一条虽文字小有
> 同异,而大略相合。则其来已久,不尽出后人赝造。或亦张华《博
> 物志》之流,真伪参半也。②

以内容观之,前引"房子容曰"条更像是后人为此书所作之注,而被
误抄入正文,以此为证据否定该书为陶氏所作似嫌不足。至于对内容
的征引,除了上面提到的《尚书故实》,成于北宋早期的《太平御览》中亦
抄录了几十条。加之,不但《太平御览经史图书纲目》中录有陶弘景《刀
剑录》之名,《崇文总目》、《通志·艺文略》、《遂初堂书目》中也都著录了
这部书籍,可知此书在北宋时期已有传本,且《太平御览》的编者见过
此书。

而从今本《古今刀剑录》与《太平御览》俱存梁武帝条,且内容不尽
一致,也就是说两者所据版本不一致,可以推知,陶弘景曾奉梁武帝之
命铸剑,且其所铸之剑带有神秘的道教色彩。而陶弘景所铸之带有强
烈入世思想的剑,表现了对于梁武帝统治事业的支持,尤以"服之者永
治四方"的文字为代表,也并非不可能。与此相类,陶弘景还曾经向梁
武帝献过两柄宝刀,《南史》载:

> 中大通初,又献二刀,其一名善胜,一名威胜,并为佳宝。③

---

① 《古今刀剑录》,转引自《丛书集成新编》第48册,第170页。
② 《四库全书总目提要》第三册,第2955—2956页。
③ 《南史》,第1899页。

后来,梁武帝将这两把宝刀赐给了时为太子的萧纲,而萧纲为此作了《谢敕赉善胜威胜刀启》:

> 冰锷含采,雕琰表饰,名均素质,神号脱光,五宝初成,曹丕先荷其一,二胜今造,愚臣总被其恩,赐韩非之书,未足为比,给博山之笔,方此更轻。①

在这封启中,萧纲提到了曹丕。所谓"五宝初成,曹丕先荷其一"是指曹丕为太子时,曹操曾赐给过他百辟刀:

> 往岁作百辟刀五枚适成,先以一与五官将。其余四,吾诸子中有不好武而好文学,将以次与之。②(《百辟刀令》)

可与此相互参证的有曹植《宝刀赋》,其序称:

> 建安中,家父魏王,乃命有司造宝刀五枚,三年乃就,以龙、虎、熊、马、雀为识。太子得一,余及余弟饶阳侯各得一焉。其余二枚,家王自杖之。③

曹操不止将宝刀赐与了时为太子的曹丕,亦赐与了曹植与曹林,而由此我们也不免想象,梁武帝恐亦有将陶弘景所铸刀剑赐与其他儿子的情况。如果这一假设成立,则萧绎以陶华阳剑为随葬品,其象征意义近于《孝经》,甚至近于"王服周身"了。也是从这个意义上,上承《曲礼》、《孝经》,下接陶华阳剑的随葬品当为《孝子传》。

综上,笔者认为今本《金楼子》所记《孝子传》更接近原书之旨,而《孝子传》、陶华阳剑与之前所提到的殓服及其他随葬品一样,都表现出了萧绎的符合儒家礼法的孝,乃至于忠。

---

① (唐)欧阳询撰,汪绍楹校《艺文类聚》,上海古籍出版社,1982年,第1085页。
② (三国)曹操著,中华书局编辑部编《曹操集》,中华书局,1974年,第54页。
③ 《曹植集校注》,第159页。

三、先君后父

君父先后是魏晋时期清谈的一个重要论题,不仅涉及个人的道德评价,更是社会政治情况的反映。因其重要性,这一论题引发了后人的关注,许多学者都撰文讨论这一问题,其中唐长孺先生《魏晋南北朝的君父先后论》[①]一文影响尤其深远。该文主要从政治史的角度出发讨论这一问题,指出君父先后论的提出是由于现实政治中有这样的问题存在,并从政治的变迁中分析不同时代对于君父先后的认定。大体来说,汉代人在忠孝发生冲突时,尚能选择忠;至于曹魏时期,士人似乎有更多的自主选择权;晋代以后,随着门阀制度的建立,孝道的实践在社会的经济与政治方面有了更大的作用,也因此,孝先忠后的观念得以形成,南朝以后亦大体如此。唐长孺先生据史料层层分析,考证精详,故其论断也多得后人的认可。

下文并不打算进一步就君父先后论相关问题作史的考察,我们要说的是在这样一个对于孝的重视超过忠的时代,萧绎在他的《终制》中却呈现出不同的追求来,这不能不引起我们的注意。自庾信《哀江南赋》、魏徵《梁书》总论以来,对于萧绎伪孝的认定延续了一千余年。确实,从萧绎在太清之乱中的表现来看,实不必为其翻案,但我们也不得不承认的是,至少在《金楼子》撰作的大部分时间内,萧绎还算是一个极重孝道的人。就算我们对前面提到过的今已不存的《孝德传》略之不谈,今存《金楼子》亦尤可说明这一点:

> 及受终,太祖允恭宝历,台城内起至敬殿,庶羞百品若殷荐焉。
> 其中隋珠和璧,圆渊方井,侔于宗庙。上晦朔恒号恸哽绝,躬至寝
> 门,若文王之为世子也。又奉为太祖,于钟山起大爱敬寺,又奉为

---

① 收在唐长孺著《魏晋南北朝史论拾遗》,中华书局,1983 年,第 233—248 页。

献后起大智度寺。即位五十年,至于安上治民,移风易俗,度越终古,无得而称焉。又作《联珠》五十首,以明孝道云。伏寻我皇之为孝也,四运推移,不以荣落迁贸;五德更用,不以贵贱革心。临朝端默,过隙之思弥惭;垂拱岩廊,风树之悲逾切。齐洁宗庙,虔事郊禋。言未发而涕零,容弗改而伤恸。所谓终身之忧者,是之谓也。盖虞舜、夏禹、周文、梁武,万载之中,四人而已。①

上引文字来自《金楼子·兴王》。《兴王》叙述了伏羲以下二十位帝王的事迹,这还不包括该篇首条所提到的上古帝王天皇氏等,然而在该篇之末,萧绎却以"盖虞舜、夏禹、周文、梁武,万载之中,四人而已"作结,从上引内容中对于父亲梁武帝重孝道之描写可知,其评判标准正是孝。而这样重视孝道的萧绎在谈及殓服及随葬品时却首先表现起"忠"来,仍录原文如下:

> 吾之亡也,可以王服周身,示不忘臣礼。《曲礼》一卷,《孝经》一秩,《孝子传》并陶华阳剑一口,以自随。

如上文分析的,"王服周身"说明萧绎谨守为臣之礼。至于《曲礼》作为《礼记》的一篇,涉及的礼仪范围较广,内容也较为具体,甚至称得上琐屑。其开篇曰:"毋不敬,俨若思,安定辞,安民哉!"由个人修养以至于"安民",可知其与《孝经》兼孝与忠实有殊途同归之意。而《孝子传》,可视为对于《孝经》的补足,且这种辅助的作用又反过来更使人相信萧绎对于《孝经》的看重中必有"忠"的意义的存在。最后则是陶华阳剑一口,如上所论,陶华阳剑很可能是梁武帝赐与,作为帝王赐与子孙物品自然有爱护子孙之意,但如果联想至曹操"吾诸子中有不好武而好文学,将以次与之"之说,与萧纲"五宝初成,曹丕先荷其一"典故的运

---

① 《金楼子校笺》,第209—210页。

用,则梁武帝的赐与显然亦有激励子孙保卫国家之意。

由是,萧绎所选诸物虽多能表达为子之孝,但同时亦可由孝至于忠。萧绎的做法显然与晋以来与君父之中更重后者的社会价值取向不同,这首先当然要归于萧绎身份的特殊。作为皇室子弟,忠与孝的对象是同一的,这就使得当他面对曹丕那个"君父各有笃疾,有药一丸,可救一人,当救君邪父邪"①一类的问题时,比之一般人选择余地要大得多,因为无论其答案是君还是父都不影响社会对他的道德评判。然而,回答君与回答父终究是不同的,就像萧绎在《终制》中先言忠是有用意的。萧绎先忠后孝的举动首先体现了他以建功立业为目的的终极追求,《金楼子·立言》云:

> 裴几原问曰:"西伯拘而阐《易》,仲尼厄而作《春秋》;孙子之遇庞涓,韩非之值秦后;虞卿穷愁,不韦迁蜀,士嬴疾行,夷、齐潜隐,皆心有不悦,尔乃著书。夫子实尊千乘,襄帷万里,地得周旦,声齐燕爽,豪匹四君,威同五伯,玳簪之客,雁行接踵,珠剑之宾,肩随鳞次,下帷著书,其义何也? 殊为牴牾,良用于邑。"予答曰:"吾于天下亦不贱也,所以一沐三握发,一食再吐哺,何者? 正以名节未树也。吾尝欲陵威瀚海,绝幕居延,出万死而不顾,必令威振诸夏。然后度聊城而长望,向阳关而凯入,尽忠尽力,以报国家。此吾之上愿焉。次则清浊一壶,弹琴一曲,有志不遂,命也如何。脱略刑名,萧散怀抱,而未能为也。但性过抑扬,恒欲权衡称物,所以隆暑不辞热,凝冬不惮寒,著《鸿烈》者,盖为此也。"②

这里萧绎表达了两个愿望:其一是北伐以建功,萧绎以为"上愿"也;其二则是"清浊一壶,弹琴一曲,有志不遂,命也如何",此愿居于次

---

① 《三国志》,第353页。
② 《金楼子校笺》,第810—811页。

也。然而,萧绎心知肚明,这两个愿望都很难实现。如果说前者的难以实现更多的是因为种种外部原因的话,后者的难以实现,则是萧绎自行放弃,他说自己"性过抑扬,恒欲权衡称物",由是尽管两个愿望都难以实现,但是他仍不放弃,其目的则在于树立名节。又,《序言》:

> 余于天下为不贱焉。窃念臧文仲既殁,其言立于世。曹子桓云:"立德著书,可以不朽。"杜元凯言:"德者非所企及,立言或可庶几。"故户牖悬刀笔,而有述作之志矣……有三废学,二不解,而著书不息,何哉? 若非隐沦之愚谷,是谓高阳之狂生者也。窃重管夷吾之雅谈,诸葛孔明之宏论,足以言人世,足以陈政术,窃有慕焉……今纂开辟已来,至乎耳目所接,即以先生为号,名曰《金楼子》。盖士安之"玄晏",稚川之"抱朴"者焉。①

又,《立言上》:

> 周公没五百年有孔子,孔子没五百年有太史公。五百年运,余何敢让焉?

不难看出,萧绎是渴望树立名节的,尤其他曾寄望于"尽忠尽力,以报国家",也是因此,其以君臣关系为先而父子关系次之的选择也就不难理解了。

当然,在萧绎所处的南朝,政权更迭频繁,一个重要的原因在于武力夺取政权成为可能,而其结果则是有能力夺取政权者不免跃跃欲试,宋齐两朝殷鉴在先,萧绎自然不会不知,故此,他的先忠后孝恐怕亦有保存自己的这一支血脉,乃至于有为子孙后代示范之意。

也因此,萧绎在其《终制》中表达了先忠后孝的思想,而他所选择的随葬品既能表现忠,又能表现孝,这是萧绎的聪明之处,在成全自己忠

---

① 《金楼子校笺》,第1—2页。

臣形象的同时,亦建构了一个孝子的形象。

众所周知,中国人对于死亡的想象常常是从现实生活出发的,所以,固然"陶犬无守夜之警,瓦鸡无司晨之益。涂车不能代劳,木马不中驰逐",人们仍然以陶犬、瓦鸡、涂车、木马为明器。萧绎自然也要建构死后的世界,只不过这个世界不是陶犬、瓦鸡等明器构建的世界,而是"王服"、《曲礼》、《孝经》、《孝子传》及陶华阳剑交织构成的世界,在这个世界里,他继续过着为臣亦为子的生活。

四、关于祭祀

实际上,像《兴王》梁武帝传记那样对于孝道的突出表现在《金楼子》中不止出现过一次:

> 案《祭法》:"天子诸侯宗庙,皆月祭之。"又有《月令》:"皆荐新。"并云:"先荐寝庙。"此皆是月祭正文。《国语》云:"古者先王,月祭日祀。"虽诸侯不得祖天子,而宗庙在都,匈奴未灭,拊心长叫,万恨不追。昔鲁国孔氏有仲尼车舆冠服,汉明帝锡东平王苍光烈皇后假髻,帛巾衣一箧。《王沈集》称:"日碑垂泣于甘泉之画,扬雄显颂于麒麟之图。"遂画先君先姚之像。《傅咸集·画赞》曰:"敬图先君先姚之容像,画之丹青。"曹休画其父像,对之流泣,诚可悲也。陆机有《丞相像赞》、《大司马夫人像赞》,即其例焉。窃寻《孝经》所说,必称先王,盖是先王之行,不敢以不行也。伏见台内别造至敬殿,甘旨百品,月祭日祀。又为寝室,昏定晨省,如平生焉,先帝朔望尽哀恸哭。又宣修容奉造二亲像,朝夕礼敬,虔事孜孜。四十年中,聿修功德,追荐继孝,丁兰无以尚此。绎窃慕考姚之盛,则立尊像,供养于道场内,设花幡灯烛,使僧尼顶礼。正以乌鸟之心,系恋罔极。不厌丁年之内,遭此百忧,一同见似,甘心殒越。虽复于《礼

经》无文,家门之内,行之已久。故月祭日祀,用遵《祭法》,车舆箧衣,谨同鲁圣,止令朋友知余此心。[1]

引文为《金楼子·立言》首条。引文中,萧绎首先引儒家经典对祭祀先王之礼作以说明,而从"宗庙在都,匈奴未灭,拊心长叫,万恨不追"可知此时尚处于侯景之乱中,而从"诸侯不得祖天子"可知此时他尚未登基为帝,以诸侯的身份不得行宗庙祭祀之礼。加之,宗庙本在都城,而此时都城则掌握在侯景的手中,他即便想于宗庙中行祭祀天子之礼也不可得。

此后,他叙述了前人尤其是自己的父母祭祀先祖的情况,更以《孝经》为理论指导,以父母之孝行为示范,说明自己"立尊像"等行为的合理性,此后即对自己祭祀父亲的具体行为作以说明。其中"虽复于《礼经》无文,家门之内,行之已久。故月祭日祀,用遵《祭法》,车舆箧衣,谨同鲁圣,止令朋友知余此心",虽然是标榜自己因眷恋父母的恩情,加之"家门之内,行之已久",所以才对父母"月祭日祀",但这并不能掩饰此时的萧绎对于帝位已经有了野心,所行之祭祀也再不是如《终制》中"慎无以血胏膋腥为祭也"的简单交代了。其实,不是萧绎对于俭约的追求不存在了,而是祭祀的对象发生了变化,祭祀的规格也随之发生变化,这就像当初身为诸侯终制要求强调尽忠,日后成为帝王,要求自然也要发生变化。身份的不同使得萧绎的态度发生了变化,这也恰恰证明了一般终制文中的要求在现实中很可能发生变形。

此时,那个受魏晋南北朝时期的终制作品、终制思想乃至墓葬形制进一步发展影响较深,以强烈的薄葬要求回应时代的萧绎的形象淡化了,代之以即令"《礼经》无文",也还是要"月祭日祀",甚至"用遵《祭法》,车舆箧衣,谨同鲁圣",目的只在于"令朋友知余此心"的萧绎。其

---

[1] 《金楼子校笺》,第749—750页。

实，所谓"知余此心"其目的还不是要树立名节！所以，那些关于身后住在一个不知名的山陵之上，以王服周身，伴着《孝经》、《孝子传》和一口陶华阳剑的想象，更多的是为了表现自己的高洁之志。

第四章　血脉的维系

　　华夏传统中，素来重视血脉的维系，在魏晋南北朝这样一个门阀世族社会里，自然更是如此，也就无怪乎很多社会风潮都与此相关，谱学发达是一例，家训作品繁多也是一例。应该说，我国有着悠久的家训传统，《尚书》《左传》中已载有遗言，《论语》中有孔子的庭训，等等，至魏晋南北朝时期，家训的写作繁兴，据统计当时的家训作品恐不少于百篇（部）。①萧绎这样一个希冀能名留千古的人，自然不能不考虑到家族的延续与血脉的维系，因此，其留有训诫子孙的文字是很自然的一件事，这在《金楼子》的很多篇章中都有所表现，不过《戒子》显然是重头戏。因此，本书关于萧绎家训思想的讨论就以《戒子》为中心展开。

第一节　《戒子》的编修、整理与
《金楼子》的性质

　　要以《戒子》为中心谈萧绎的家训思想，自然仍然要去看《戒子》能

---

①　台湾学者林素珍在《魏晋南北朝家训之研究》（花木兰文化出版社，2008年）中所罗列的篇目远超过一百之数。而华侨大学刘晓千在其硕士论文《魏晋六朝诫子书研究》中统计，魏晋六朝时期的诫子书达一百余篇之多（说详刘文第一章第一节，第5页）。张白茹、李必友在《魏晋南北朝家诫论略》中则指出"魏晋南北朝家诫仅现存文献可考的就有约80余篇（部）"。故本文称至少有百篇。

不能或者能在多大程度上反映萧绎的家训思想，因此，我们照例先要讨论《戒子》的编修与整理，并在这一前提下讨论《金楼子》作为家训书的性质。

一、《戒子》的编修

今存《戒子》总计 1858 字（不计标点），采录前代文献、典故等计32 种（详见附表一），内容除了前人的家训著作外，又涉及铭文、典故等，而所引文献覆盖范围也极广。因为《金楼子》采用了这种六朝式的编撰方式，不符合近代学者对于著作的认定，所以近世的学者在讨论家训著作的形式时，往往便将《金楼子·戒子》作为一种家训的特殊形式提出，如康世昌在《汉魏六朝"家训"研究》中便曾指出《金楼子》之"《戒子》共十四则，多抄自前人诫子之言，与历来诫子书、家诫之形式有所不同"①。

的确，《戒子》的编修体例很有特色，这不但是相对于其他家训著作而言，便是相对于《金楼子》中我们讨论过的另外两篇也是如此。我们认为《后妃》中除了《阮修容传》外，当皆是对前人传记的摘抄和改写，至于另外一篇《终制》的体例，我们认为它具有"自述"的性质，而《戒子》与这两者都不同。而要全面了解《戒子》的编修情况，对于其可能的材料来源②加以分析是有必要的，从目前的情况看来也并非全无可能，而在基础之上，更可以讨论其篇的编修体例，乃至内容。

（一）可能的材料来源

从《戒子》现存的十五条看来，对于所征引的文献，萧绎大多是有所说明的，不过这种说明更多的是提及所征引文献的作者，提及具体篇章

---

① 康世昌著《汉魏六朝"家训"研究》，花木兰文化出版社，2009 年，第 162 页。
② 本节在讨论《戒子》编撰与整理情况时所涉及的各条内容及可能的来源详参附表一，故不再另行注明所引及的各条材料的具体出处。

的情况相对较少，而即便是提到了篇章，萧绎也并不进一步说明出处。而萧绎本身是一个有着大量藏书又作了大量阅读的人，加之六朝书籍又多已散佚，想要获知相关材料的完整的详细的来源几乎不可能，但是其中部分条目的来源还是有迹可寻的。而值得一说的是，就在《戒子》中，萧绎有"凡读书必以《五经》为本，所谓非圣人之书勿读。读之百遍，其义自见。此外众书，自可泛观耳。正史既见得失成败，此经国之所急。《五经》之外，宜以正史为先。谱牒所以别贵贱，明是非，尤宜留意。或复中表亲疏，或复通塞升降，百世衣冠，不可不悉"之论，也即强调《五经》、正史的重要地位，而这恰恰与今可知诸材料的出处有相符之处，故下文将结合萧绎个人的知识结构从传世文献中探寻本篇可能的材料来源。

1. 可能来自经部的文献、典故

《戒子》中明确可知出自《五经》的有：第 7 条"内省不疚"二句出自《论语》；第 11 条"与人以实"出自《韩诗外传》，同条"君子戒慎乎其所不睹"出自《礼记·中庸》，同条"必使长者安之"出自《论语·公冶长》，同条"君子居其室"出自《周易·系辞上》。上述诸条中，唯第 7 条在征引"内省不疚"二句时，明言引自《论语》，而此前又先后提及颜延之、枚乘，康世昌在其《汉魏六朝"家训"研究》附录《汉魏六朝家训辑录》中专门讨论了这一问题，认为此条非《庭诰》本文。音成彩在《〈金楼子·戒子篇〉出典表》中也将"枚叔有言"数语及"内省不疚"二句与《庭诰》本文分开，笔者亦同意二氏的观点，故此虽然在征引体例上有所不同，仍当出自《五经》无疑。

又，四库本《金楼子》中，第 10 条下有馆臣按语称：

> 别卷载此条，下有"孔子闻斯言也，曰：'二三子志之，孰谓参也不如孔子'"二十字，但自称孔子，似亦有误。①

---

① 《景印文渊阁四库全书》第 848 册，第 818 页。

别卷下所载可见《永乐大典》中原有此条异文,不过异文中孔子自称"孔子",四库馆臣指出"但自称孔子,似亦有误",而后之许德平、康世昌、许逸民皆进一步指出"别卷"所载条目更近于《家语》,唯"不如孔子"四字,《家语》作"不知礼乎"。异文的存在从侧面说明此条出于《家语》的可能性极大。

此外,第 2 条中"后稷庙堂金人铭"、第 14 条"高季羔为卫之士师"亦见于《家语》。当然,此二条亦别见于其他文献,但是笔者以为此二者亦可能出自《家语》。今传《家语》经王肃作注,后人有以此书为伪作者,但在齐梁时期此书地位却很高。《南齐书·礼志》中记载王俭据《家语》讨论丧礼之事,同书刘瓛陆澄合传末"史臣曰"中有"而王肃依经辩理,与硕相非,爰兴《圣证》,据用《家语》,外戚之尊,多行晋代。江左儒门,参差互出,虽于时不绝,而罕复专家。晋世以玄言方道,宋氏以文章闲业,服膺典艺,斯风不纯,二代以来,为教衰矣。建元肇运,戎警未夷,天子少为诸生,端拱以思儒业,载戢干戈,遽诏庠序。永明纂袭,克隆均校,王俭为辅,长于经礼,朝廷仰其风,胄子观其则,由是家寻孔教,人诵儒书,执卷欣欣,此焉弥盛。建武继立,因循旧绪,时不好文,辅相无术,学校虽设,前轨难追"① 之论,显然《家语》在当时是作为圣证看待的。又加之,《隋志》置之于经部"《论语》"类下,小序称:"其《孔丛》、《家语》,并孔氏所传仲尼之旨。"故此疑上述《戒子》内容见于《家语》者,当自后者中抄出。

萧绎自幼习《五经》并博览群书,其《戒子》第 12 条更明言:"凡读书必以《五经》为本,所谓非圣人之书勿读。"故疑《戒子》中别见于经部著作且未明言出处者当即来自经部文献。

2. 可能来自史部的文献、典故

《戒子》第 1 条东方朔《诫子》内容详《汉书·东方朔传·赞》,第

---

① 《南齐书》,第 686—687 页。

5条均引自王昶《家诫》,详《三国志·王昶传》,第7条枚乘之言详《汉书·枚乘传》,至于"御寒莫如重裘,止谤莫若自修"二句见存于《三国志》王昶本传所录《家诫》,第12条"处广厦之下,细毡之上,明师居前,劝诵在后"出于《汉书·王吉传》,第13条王昶"人或毁己"数句详《三国志》本传,孔光事见《汉书·孔光传》,第15条陆逊诫兄子陆穆事见《三国志·陆逊传》,郑袤劝任览事详《晋书·郑袤传》。

以上引文及典故分别存于《汉书》、《三国志》、《晋书》等史书之中,我们虽然不能排除萧绎从其他渠道征引文献及典故的可能性,但可以肯定的是他必定曾于上述诸史中得见所引内容。这首先是因为他曾阅读过相关史书。萧绎《聚书》云:"为东州时,写得《史》、《汉》、《三国志》、《晋书》。"也就是说,萧绎曾亲自抄写史书,内中包括了《史记》、《汉书》、《三国志》、《晋书》,我们有理由相信亲笔抄阅过的内容萧绎当较为熟悉。又加之本篇第12条中,萧绎曾云:"正史既见得失成败,此经国之所急。《五经》之外,宜以正史为先。"而上所述诸书自在正史之中,故此上引内容出自史部文献的可能性极高。

又,本篇第4条中裴松之"援此戒,可谓切至之言"云云,第13条任嘏事亦见于《三国志·王昶传》裴注。在前一则中,萧绎明言为裴松之言,而从上文不难得知萧绎当对《三国志》的原文较为熟悉,且其两度明言引自王昶诸句皆见于《三国志》本传所录《家诫》,故此萧绎亦当阅读过今存于《三国志》王昶本传裴注的内容,上述二则内容亦当来自《三国志》裴注。

此外,第3条杜恕《家戒》见于《三国志·邴原传》裴注,第9条向朗《戒子》见于《三国志·向朗传》注引《襄阳记》,第15条潘承明戒子的故事见《三国志·潘濬传》裴注引《吴书》,季丰(实为李丰)见诛事详《三国志·夏侯玄传》裴注引《魏略》,笔者疑以上诸条或亦引自《三国志》裴注。

又，第 4 条马援《诫兄子严、敦书》中见录于《后汉纪·光武皇帝纪》及《后汉书·马援传》，第 15 条"王仲回加子以榎楚"事见于《后汉书·王丹传》，上章已论及萧绎得见诸家后汉史的可能性，故此二条恐正引自《后汉书》。又，对于前者需要注意的是，《戒子》所引首四句亦见于《三国志·王昶传》所录《家诫》，虽然萧绎征引的内容已经超出了《家诫》所及而更近于后汉诸史所录《诫兄子严、敦书》中文字，但同条裴松之的评论明显来自《三国志》王昶本传裴注，故此笔者疑萧绎在节录马援训诫时不但受到了裴松之的影响，恐怕也受到了《三国志》本身的影响，而萧绎《戒子》与王昶《家诫》文字上牵连甚多，故此在分析《戒子》时我们不能不考虑相关文献的影响。与此相应的便是第 8 条中"君子不自称也，必以让也。恶其盖人也"诸句，萧绎称其引自单襄公，这就将文献的来源指向了《国语·周语》，然而此三句亦见于王昶《家诫》，只不过王昶并不明言出自单襄公。以萧绎阅读之广，其曾阅读《国语》并不为奇，便是据《国语》而引此则内容也并非不可能，但是笔者相信此句更有可能因王昶《家诫》而记录，只不过萧绎凭借其对文献内容的熟悉，而进一步确切地说明为单襄公语罢了。

3. 其他

本篇第 6 条陶渊明《与子俨等疏》虽见录于《宋书·陶渊明传》，亦见于今传《陶渊明集》。《宋书》为沈约所撰，成于永明六年（488）。《隋志》著录"宋徵士《陶潜集》九卷"。注云："梁五卷，录一卷。"此中"梁五卷"是就阮孝绪《七录》而言的，阮氏为萧绎同时人，故萧绎亦当得见《陶潜集》。

又，第 7 条、第 13 条中引及颜延之语出于《庭诰》，沈约《宋书》中颜延之本传曾节录此文，此外《颜延之集》中亦当录有此文。据《隋志》："宋特进《颜延之集》二十五卷，梁三十卷。"注云："又有《颜延之逸集》一卷，亡。"可知萧绎时颜延之之著作尚存。又据《初学记》、《太平御览》等类书中所引《庭诰》已超出《宋书》所录，可知彼时《庭诰》当尚存。又，琅邪颜氏后人颜协曾为萧绎府僚，《梁书》颜协本传称其"释褐湘东王国常侍，又兼府记室。世祖出镇荆州，转正记室"。而其子颜之推所撰《颜氏家训》于《庭诰》多有继承，故此其家存有《庭诰》的可能性极高。

又，第13条任昉"人皆有荣进之心"数句暂未见其他记录。康世昌据《南史·任昉传》称任昉"为家诫，殷勤甚有条贯"，认为萧绎所引或来自任昉所撰《家诫》。任昉虽卒于萧绎出生之前，但是其曾入梁为官，对于萧绎来说，无论是阅读其著作还是获知其传闻都容易得多。

又，第15条朱穆撰《绝交》事详《后汉书·朱穆传》李贤注引《朱穆集》。虽然萧绎阅读诸家后汉史及近人所作注，不过据《隋志》云："益州刺史《朱穆集》二卷，录一卷。亡。"可知此时《朱穆集》尚存，萧绎自其文集中读到《绝交书》及《绝交诗》等是有可能的。

上述几则内容来源复杂，而萧绎可获取的又不止于一种来源。笔者以为，相较于前所论可能出自经部与史部的文献与典故，这一部分内容的出处更难确定，故暂记于此。至于这些可能的来源所反映的观念，我们在后文讨论萧绎的家训思想时再作进一步的讨论。

（二）《戒子》的编撰体例

如前揭《四库全书总目》，馆臣在介绍《金楼子》时称《戒子》端序述尚存且"首尾完整"，这里"首尾完整"对应的是本篇提要中《永乐大典》"诠次无法，割裂破碎，有非一篇而误合者，有割缀别卷而本篇反遗之者"以及"其他文虽搀乱"诸语，也就是说，今存《戒子》诸条在《永乐大典》中的状况应当是并见于某韵之下，并不像某些篇目那样存在"割裂破碎"、"文虽搀乱"的情况。由此，我们认为四库馆臣在整理《戒子》时，当是将此篇整体录入而略加整理，而由亲见《永乐大典》情况的馆臣之言推测今所见《戒子》面貌基本同于《永乐大典》，且较为完整。在此基础之上，我们不妨来看看《戒子》究竟采用了何种体例。

首先，全篇采用分条叙述的方式排比而成。《四库全书》本与《知不足斋丛书》本《金楼子》皆采用分段的方式抄录《戒子》，由此可知在《永乐大典》中《戒子》亦当如此。且由《金楼子》其他篇章的情况，如保存相对完整的《兴王》《说蕃》等皆分条目，可知《戒子》原文当即采用分条叙述的方式。同时代的大部分家训作品多以单篇文章的形式出现，如王昶《家诫》、颜延之《庭诰》之类虽亦涉及多个问题，但不能否认其在整体上可缀连成篇，然萧绎《戒子》却并无此种可能，这可以说是其一大特色。而如果将这种编撰特色与《永乐大典》的编撰体例结合起来，如上所述，其篇在《永乐大典》中或正存于某一韵下，这与《太平御览》将家训著作节录于"戒"类之下有着异曲同工之意，因此，我们认为《永乐大典》的编者极可能是将所见原书的全部条目抄录于该韵之下，也即今存《戒子》或同于叶森所整理至正刊本《金楼子·戒子》中的样貌，甚至同于《金楼子》成书时该篇之样貌。

其次，该篇以引用文献、典故为主，间杂以萧绎自己的评论。据表达意见的方式，大致可将各条分为如下两类：

其一，完全靠照录或节略、组合文献、典故来表达自己的意见。此中又包括三种情形，即：整段照录前代文献，如第 3 条引杜恕《家戒》等；增减一人之文章，如第 5 条节略王昶《家诫》等；节录不同来源的文字，如第 13 条先后引及任昉、王昶、颜延之与任嘏之语等。

其二，抄古人训诫之辞并杂以自己的批评。如第 1 条引东方朔之言论自勉，第 4 条先引马援戒诸子之言后引裴松之评论并加入自己的论述，等等。

不难看出，萧绎在《戒子》中并未采用统一的体例来表达自己的观点，与此相类，其关于征引文献的说明体例也不统一。按萧绎对于征引文献所作说明的详细程度，大体上可以将《戒子》诸条目分为三类，即：其一，并言所采文献与原作者，如第 3 条引用杜恕《家戒》等；其二，多数仅提及原作者，也有极少数仅及相关文献的，前者较多，不一一列举，后者如第15条中便提及朱穆《绝交》；其三，亦有无任何说明者，如第11条中"戒慎乎其所不睹，恐惧乎其所不闻。莫见乎隐，莫显乎微，故君子慎其独也"已先见于《礼记·中庸》，萧绎对此未作任何说明。由此，我们认为，尽管萧绎对征引文献的说明不尽完整，但并不讳言出处。对于萧绎未作说明的条目，其原因也不难推测：一来是征引的内容出自较为常见的经典之中，如上引《礼记》中语，属信手拈来，故不作说明；二来，萧绎虽援引他人文字，但句意未尽而杂用自己的语言，其目的在于阐明己意，而非发挥原意，即如第12条中首句之类。

我们当然知道，魏晋南北朝时期的家训著作征引前代名言及典故的不在少数，以萧绎较多引及的王昶《家诫》以及同时为二者引用的马援《诫兄子严、敦书》为例。在《诫兄子严、敦书》中，马援引用了龙伯高和杜季良的事例来教训两个侄子要敦厚周慎。而在《家诫》中，王昶除了引用马援家训，或是《论语》、俗语一类前人的名言名篇以外，也同样引用了事例，远的如伯夷、叔齐，近的有郭弈、徐幹、刘桢、任嘏等。萧绎的不同在于，属于他自己的内容较少，而征引文献及典故的内容较多，而这首先与《金楼子》各条目的编撰体例有关。

实际上，比起《金楼子》中的部分篇章，如《后妃》之类，《戒子》要完整得多，因此目前关于《金楼子》体例的讨论都能在一定程度上反映《戒子》的编撰特色来。如今人钟仕伦就从《金楼子》的编撰特点入手，将今存《金楼子》诸条目大略分为整条都来自前人著述、辑缀前人句子加入个人的意见以及萧绎自撰的内容等三种，而从本章开头部分关于《戒子》编撰体例的讨论及对本篇内容的分析不难发现，于此三种之中，《戒子》有其二，唯末一种情况在篇中未见，即并无任何一条为萧绎自著。而如果从征引的内容来说，则如刘咸炘所论，《金楼子》或杂抄古事，或杂抄古言，或"自载所著之书及其序跋"，此中《戒子》亦有其二，末一种情况本篇不存。至于其所引古事、古言，曹道衡在《兰陵萧氏与南朝文学》中曾指出"《兴王》、《箴戒》、《后妃》诸篇，大抵取自古代的经、史、子及诸种传说；《戒子》、《说蕃》以下诸篇，亦多采择前人之言论及记述"①，等等。笔者有感于《戒子》被一带而过，特据萧绎的四部分类观念参照《隋志》的四部分类法作表格以梳理《戒子》所征引材料的来源及所属部类，而从表格的长度尤其可见《戒子》来源的多样性与体例的特殊性。也是因此，与同时代的许多家训著作不同，《戒子》中鲜少见到萧绎自己的陈述。

兴膳宏曾谓："如此断章取义、编辑成书，正是六朝式的方法。"② 这是将《金楼子》置于整个六朝时期的图书编撰风气之下考量，而从上文的分析看来，将《戒子》的编撰置于这种风气下考察也是行得通的。关于齐梁时代抄书的风气，兴膳宏指出："因为齐梁时代，书籍的种类、数量比从前增加许多，南朝齐竟陵王萧子良这个喜欢学问的皇族，就把很多文人学士集合在自己的沙龙，从事选编各种典籍的工作。为什么要做这个工作？由于典籍的数量大增，无法一一看过，于是需要从中选出精华，编成易于阅读的抄本。"他更从《金楼子·说蕃》中关于"萧子良沙龙里抄写典籍的情形"的记载指出："六朝抄书的风气，在整个《金楼子》里处处留下痕迹。"③ 他同时指出："这样的编书方法，也许就是从史部书籍的抄撮开始的。"④

的确，精简的抄本在魏晋南北朝时期数量大增，仅梁代就有裴子野《宋略》、张缅《晋书抄》等。而萧绎的《金楼子》确实有这种抄本或者说选本的特征。在本章第一节中，我们曾将《太平御览》卷593中"诫"类

<hr>

① 《兰陵萧氏与南朝文学》，第213页。
② 见《异域之眼——兴膳宏中国古典论集》，第160页。
③ 同上，第162页。
④ 同上，第161页。

下所录《家诫》与今存《戒子》相比较，由此推知《太平御览》所引诸条中至少马援与颜延之二条当出于《戒子》。《太平御览》的编者在采录文献上的不仔细，不但为我们保留了《戒子》传世之初的信息，更使我们在反思这种编撰错误时，不能不注意到其原因正在于《戒子》这种近于书抄乃至近于类书的编撰体例。

当然，我们还注意到，与南朝人追逐书籍简化同时，南朝人对于书籍也有着繁复的追求，如裴松之所以注《三国志》，一个重要的理由即是《三国志》"失在于略"[①]，而在裴松之后，搜罗众家史料，考其异同，以注一史的情况并不少见，梁代的王规、刘昭等皆如此，而萧绎曾作《注前汉书》十二秩一百一十五卷，想来也在相当程度上受到了这一风气的影响。《戒子》当然称不上繁复，但其大量引用文献、典故而加评注的编撰方式正是收到了当时史注体例的影响，我们不妨比之以裴松之的《三国志注》。虽然篇幅悬殊，但萧绎《戒子》与裴注相似处还是非常明显的，如裴注泛采众家，而萧绎在《戒子》中大量引用文献、典故；萧绎亦在征引文献并引用他人相关评论的基础上加入自己的评论，此与四库馆臣谓裴注"引诸家之论以辨是非"意思相近，而《戒子》第 4 条先引马援之文，后引裴松之之论，再加上自己的评价正可为例；四库馆臣亦称裴注中有"参诸书之说，以核伪异"者，萧绎《戒子》亦有类似的做法，如第 13 条先后引及任昉等四人的训诫之辞又加以孔光"笑而不语"的典故来互相增补，旨在告诫诸子为政之道；等等。萧绎《戒子》中既已直接引用了裴注，其受到后者的影响也就不足为奇，不过将这种史注体例引入到家训著作中，从而使其家训著作呈现出史评与史注的特点来，这正是《戒子》独特性所在。

从经学的脉络延伸出去，发展到史学的注释之中，通过去取文献来

---

① 裴松之撰《上三国志注表》，收在《三国志》，第 1471 页。

表达思想正是六朝人的方式,而六朝人对于用事的注意一方面受此影响,一方面又反作用于这一方式,这也就促成了《戒子》的形成。当然,其结果也诚如前文所论,更多地依赖用典与用事,导致后代类书误将萧绎对于个别条目的编修归为他人所作。

二、《戒子》的整理

如前所述,今存《戒子》基本保留了四库馆臣自《永乐大典》中抄出时的基本样貌,其中当然存在许多问题,不过目前对于该篇所作的整理工作已经解决了相当一部分,其中包括对文本内容的分类(如以首条为小序等)与对文本的校勘(计有五条,其中包括条目厘定的问题等),等等。本章在讨论中基本依靠许逸民的校笺本,而这与此前的研究在条目等方面略有差异,为了回应现有的研究并方便进一步的讨论,拟对清初以来对《戒子》的整理情况,尤其是关于条目厘定的问题略作说明。

清代学者即对《永乐大典》中《戒子》的分条情况提出质疑,近人在此基础上又有了更进一步的修订工作。目前有所更动的是"杜恕《家戒》"一条。清辑本《戒子》皆为十四条,清人朱文藻以为"杜恕《家戒》"一条似为"另一段,误连正文"①,许逸民的校笺本从朱文藻说将此别作一条,故本文所讨论的《戒子》计有十五条,较《四库全书》本多一条。

又,第 7 条有"御寒莫如重裘,止谤莫若自修"一句,许逸民在注中称:"此下二句当属前王文舒条,疑此处有错简。"② 按,《太平御览》卷593"诫"下所引《庭诰》内容与《金楼子》内容极其相似③,而如果将该类下所录家训内容与《金楼子》相较,会惊奇地发现《太平御览》卷 593 中

---

① 《丛书集成新编》,第 21 册,第 23 页。
② 《金楼子校笺》,第 492 页。
③ 《太平御览》中该条与《金楼子》所引仅有字词之差,如"御寒莫如重裘"作"御寒莫若重裘",见书第三册,第 2672 页。

"诫"类下所录《家诫》与今存《戒子》相关者计有 5 条①,即东方朔《家诫》条、马援家训、杜恕家训、陶渊明家训、颜延之家训等。其中,录马援家训之末有"裴松之以援此诫为切至之论,不刊之训也",这分明是萧绎的评价,见本篇第 4 条。又,引杜恕《家事戒》有"然其心中不知天地间何者为恶"之句,此句亦存于《三国志·邴原传》中。比照三者,除《太平御览》中脱去"何者为美"四字且将"敦然"误写为"毅然"外,尤其值得注意的是,《太平御览》中"何者为恶"与《三国志》中"何者为好"相异,而与《戒子》第 3 条相同。又,引颜延之《庭诰》之末有:"枚叔有言:'欲人勿闻,莫若勿谓。''御寒莫若重裘,止谤莫若自修。'"颜延之《庭诰》内容又见于《宋书·颜延之传》,然前所录诸句《宋书》中没有,反而与今存《戒子》中第 7 条相近。有此两条证据,自然不能不引起我们质疑,我们认为《太平御览》所引诸条中至少上述二条当出于《戒子》。而《太平御览》的编者虽然从萧绎《戒子》而录,却未审其详,只将马援家训顺序作以调整,却并不核校原文,因此将萧绎从枚乘或《三国志·王昶传》等文献中征引的内容与萧绎自己的意见或录在马援家训之后,或误归颜延之的名下。加之,从《戒子》的编撰体例看来,一条之中征引数种文献的情况是存在的。故此,笔者以为此条恐非错简,而是萧绎有意为之。

又,"向朗遗言戒子"条中有"酒酌之设,可乐而不可嗜。声乐之会,可简而不可违。淫华怪饰,奇服丽食,慎毋为也"一句,许德平加按语称:"此数语亦撮引颜延之《庭诰》之文,宜并入上节。"② 实际上从同一篇文献中截取材料却分列在不同的条目之下的情况,在今存《戒子》中不止一处,王昶《家诫》的内容在《金楼子·戒子》中就曾两度引用,分别在第 5 条与第 13 条,而在第 13 条中,王氏《家诫》文字与上下文语义相

---

① 此段所及五条见《太平御览》,第 2672—2673 页。
② 《金楼子校注》,第 93 页。

合，且前人并未对此条提出错简或类似的说法，故此，以同出于一文为由来讨论语句的归属似亦不合适。

又，如前揭第 10 条下四库馆臣原按语云：

> 别卷载此条，下有"孔子闻斯言也，曰：'二三子志之，孰谓参也不如孔子'"二十字，但自称孔子，似亦有误。

有意思的是四库馆臣提到的"别卷"。这里的"别卷"指的应当是相对于《戒子》全部内容所存之卷，《永乐大典》其他卷目中所抄录的同条的内容，也就是说，在《永乐大典》中不止一处抄录了《戒子》的内容。相对来说，《四库全书》正文中所录本于叶森所书至正刊本《金楼子》，而"别卷"所载的内容当是对其他书籍中所存相关资料的抄录。

又，按语所录异文中孔子自称"孔子"，四库馆臣指出"但自称孔子，似亦有误"，而后之许德平、康世昌、许逸民皆进一步指出"别卷"所载条目更近于《孔子家语》，唯"不如孔子"四字，《孔子家语》作"不知礼乎"。此条的存在，说明今存《戒子》与本篇原始样貌可能存在些微差异。

综上，今存《戒子》虽然相对完整，但据四库馆臣按语看来，与成书时仍小有差异。而笔者在作文本分析时将大体遵从许逸民的校笺本，即除了"杜恕《家戒》"条确实与清辑本同条上文语意并不连贯外，其余诸条仍依清辑本初始状况处理。

三、具有家训性质的《金楼子》及其《戒子》

在很多家训研究中，《戒子》都被定性为家训作品。然而如果讨论的是《金楼子》的家训性质，关乎的却并不仅仅是《戒子》这一篇章。在前代的讨论中，《戒子》以外的内容中有相当一部分也被视为具有家训的性质。而要讨论这一问题，首先可以看看前人对于家训文学的界定，周法高在《家训文学的源流》一文提出：

家训文学的来源有下列三种：第一种，是古代的诫子书、家诫一类的作品（原注：在这一点上，和家书有密切的关系）。第二种，是古人的遗令或遗戒。第三种，是古人自叙生平的"自叙"。①

　　据康世昌的说法，这段文字是就《颜氏家训》的内容构成来探讨其来源的，所针对的虽然并非全部的家训著作，不过从某种角度来说还是具有相当代表性的。后来的学者也有将遗令、遗戒视作家训的几种主要表现形式之一，如今人朱明勋在《中国家训史论稿》中讨论汉魏六朝时期家训的表现形式时便是如此。而关于遗令、遗戒，朱氏更将其详分为两大类，即对自己后事的安排与对子孙辈的最后叮嘱。②

　　正是在这类家训观念的影响下，出现了将《终制》、《戒子》、《自序》均视作家训著作的情况，如林素珍在《魏晋南北朝家训之研究》中就依周法高的分类方法将这三篇都列为萧绎的家训著作。③

　　相较之下，日本学者音成彩在考虑《金楼子》中家训内容的范畴时涉及的篇章更多，在《梁元帝〈金楼子〉について》（即《关于梁元帝〈金楼子〉》）一文中，他指出：

　　　　翻って〈金楼子〉の家訓書的側面に目をむけてみると、まず自序篇においては、自伝的内容が述べられ、戒子篇においては、子孫に対する勧戒が述べられている。また、箴戒篇においては、歴代の悪名高い王達の所業を列挙して戒めとし、説蕃篇においては、歴代の侯王達の言動を挙げて、勧戒を述べている。さらに

―――――――――――――

① 周法高撰《家训文学的源流》（下），原载《大陆杂志》1961 年第 224 卷第 4 期，第 116 页。转引自康世昌著《汉魏六朝"家训"研究》，第 2 页。
② 朱明勋著《中国家训史稿》，巴蜀书社，2008 年，第 43—46 页。
③ 林氏在《魏晋南北朝家训之研究·序论》中分类列举各类家训著作时，仅在遗令、遗诫类与自叙类下分别罗列了《终制》与《自叙》（第 3—4 页），至于《戒子》则未列，这或许是因为家诫、诫子书类中有代表性的著作太多，《戒子》尚不够格。不过，在附录的《上古至魏晋南北朝家训一览表》中，他明确将三篇并列为家训著作（第150 页）。

立言篇では、多様な主題についての見解を示し、自らが理想とする士大夫像を示している。かつて守屋美都雄①氏が、当該時代の家訓類においては、自叙伝が重視されるようになったと述べているように、当該時代の家訓類においては、自伝的内容と戒子的内容を兼ね備えているものが多い。ゆえに本書が自序・戒子篇を有していることは、当該時代の家訓類の多くが、自伝的内容と戒子的内容を兼ね備えているという形式と一致しているのである。つまり、本書を家訓書として考察するという本稿の視角は、大筋において大過ないものといえるであろう。また、箴戒・説蕃は、一般士大夫の家訓類には表れない、皇室ならではの内容であるが、この点に注目し、〈金楼子〉を家訓書としてとらえる本稿の立場からこれをみたとき、本書は皇室における家訓書という性格をもつ書物であるともいうことができるであろう。②

上段文字的大意是：

　　回过头来细检《金楼子》家训书方面，首先会看到《自序》对自传内容的记载，以及《戒子》劝诫子孙的记载。同时，《箴戒》列举历代恶名昭著的诸侯王们的行径作为劝诫，《说蕃》举出历代王侯们的言行并加以劝诫。加之《立言》表现了对各种主题的见解，作者展示出了自己理想中的士大夫形象。正如守屋美都雄在论及该时代的家训类著作时曾指出自传变得受到重视那样，在这一时代的家训类著作中，自传性内容与戒子性内容兼备的情况很多。所以本书包含《自序》、《戒子》这一现象，与该时代大部分家训类著作兼

---

① 守屋美都雄曾作《关于六朝时代的家训》，初刊于《日本学士院纪要》1952年10卷3号，后收在《中国古代的家族与国家》"家族篇"之第五章，钱杭、杨晓芬译，上海古籍出版社，2010年。
② 见音成彩撰《梁元帝〈金楼子〉について》，《东洋史论集》34辑，第55页。

备自传性内容与戒子性内容这一形式相一致。总之,本文将此书作为家训书进行考察的视角,从其主要内容来看,可谓并无大碍。另外,《箴戒》与《说蕃》表现的并非一般士大夫的家训,而是包含皇室独有的内容。从本文注意到这一点,将《金楼子》定义为家训书的立场来看,大抵可以说《金楼子》是一部具有皇室家训书性质的著作。

不难看出,在音成彩的观念中,《金楼子》中与家训相关的篇章众多。他还分析了相关篇章所采用的不同的劝诫形式,如《自序》采用的是自传的形式,《戒子》则直接对子孙进行劝诫,《箴戒》通过列举历代恶名昭著君王恶业的方式,《说蕃》以历代王侯的言行加以劝诫,而《立言》中所展示的萧绎的个人见解与理想的士大夫形象也起到了示范的作用。总之,在音成彩看来,《金楼子》是一部兼有自传与家训性质的皇室家训著作。

与此类想法不同的是,也有相当的学者在给家训下定义时,主要从训勉子弟的角度着手,因此他们所设定的家训著作的范围要小得多。如康世昌《汉魏六朝"家训"研究》中在就研究范畴作说明时提出:"'终制'、'遗令',多叙丧葬身后诸事,虽其施文对象亦为子弟,然与训勉子弟修身、处世之文迥别。本文在第七章第一节'令'、'命'部分附述其概略,内容分析的部分则不予论列。然而有些临终遗令,仍以训勉子弟为主要内容,如郦炎《遗令书》、刘备《遗诏敕后主》者是,视同一般《诫子书》。"① 而关于"自叙"之文,他认为"'自叙'之系统,与家诫、家训中之自述生平,因施文对象不同,而有所别",并表示不将"自叙"之文列入讨论范围之内。

我们认为康世昌的家训观念正符合《金楼子》的情况。从编撰角度说来,《金楼子》是萧绎用以立言的杂家著述,这一点毋庸置疑,而正如同一般的杂家类著作一样,这部著述无论是在学术取向上,还是在记述

---

① 《汉魏六朝"家训"研究》,第5页。

内容上,都具有兼容并包的特点。与此同时,《金楼子》又是一部独立的著述,这就使得读者难免试图从中寻找其中可能存在的一以贯之的思想。而正是因为这两个特点,我们在看待《金楼子》这部著作时,就有了众多的阅读视角,也因此,从自传的角度也罢,从家训的角度也罢,都可以将《金楼子》的诸多篇章串联起来。

而如果同时从写作目的和对象着手,就如康世昌所论述的部分遗令那样,《金楼子·终制》"虽其施文对象亦为子弟,然与训勉子弟修身、处世之文迥别",其仅仅是"叙丧葬身后诸事"的文献。而《自序》实际上秉承了《史记·太史公自序》一类的序传传统,其设立显然也不是为了训勉子弟这一目的。而《箴戒》、《说蕃》的设立目的亦与训勉子弟等无关。当然,《箴戒》、《说蕃》、《自序》等包含了许多对于子孙后代来说具有教育意义的内容,但是从萧绎著书以立言的目的来说,其在编撰此书的大部分篇章时所要警示的对象并非仅止于自己的子孙后代,在这一前提下,将《金楼子》中具有警示意义的篇章定性为家训文献恐怕是难以令人信服的。我们认为是撰作目的与学术取向等方面的原因,造成了诸多篇章在客观上具有了类似家训的教育意义。

此外,需要特别讨论的是音成彩将《金楼子》视为"皇室家训书"的判断。音成彩判断的基础是《箴戒》与《说蕃》中展示出的有别于一般士大夫家训的内容,这一点当然没有问题,但他所谓的"皇室家训书"指的是出自帝王之手的家训书,笔者以为这却是值得商榷的。

从《戒子》的口吻看来,萧绎在编撰此篇之时还是一个藩王而非帝王。本篇第一条中,萧绎说:"方今尧舜在上,千载一朝,人思自勉,吾不欲使汝曹为之也。"[1] 如果说此时萧绎已经即位称帝,断不会说出"方今尧舜在上"这样的话来。因此,至少在著《戒子》的时候,萧绎的身份尚

---

① 《金楼子校笺》,第470页。

是藩王。出于藩王笔下的《戒子》固然可以称为"皇室家训书",但必须指出的是其绝非帝王家训,也因此,以萧绎太清之乱中的经验来解释萧绎在《戒子》中施与的训诫恐不可取。

至于说《箴戒》与《说蕃》二篇的性质,如前文所论,笔者并不认为《箴戒》《说蕃》二篇专为训勉子孙而作,因此并不赞同将二篇定性为家训。但其中内容,对于理解《戒子》乃至萧绎的教育思想有助益之处,将视具体情况加以讨论研究。

总之,我们认为《戒子》施予的对象是自己的后人,而内容上以训勉子弟为主,而在充分考虑作者的身份及其立场的前提下,我们认为《戒子》是具有诸侯家训性质的文献,而《金楼子》的家训性质正基于此。此外,本文在行文的过程中虽然并不排除采用诸篇中的相关材料,但在考虑家训文献的问题上,我们认同康世昌的做法,即并不将《箴戒》《终制》《自序》等三篇视为家训作品。

第二节　从《孝经》看《戒子》

在关于《戒子》内容的研究中,研究者常常是将现有的条目打散,将表达同一主题的内容重新归类,以主题带动对于本篇所表达的萧绎教育思想的研究。这类研究,笔者所见已有三种,略述之如下:

康世昌在《汉魏六朝"家训"研究》中将萧绎《戒子》中的教育观点归纳为五种,即:一、人生观,例以《戒子》首条;二、谨慎,指出第二、八、十一、十三条都言及谨慎的观念;三、待人,例以第十、十一条;四、勉学,例以第十二条;五、执法,例以第十四条。①

―――――――――――――――

① 《汉魏六朝"家训"研究》,第162—167页。

《中国家训史》中则将《戒子》的主要内容归纳为：一要慎言避祸；二要孝敬仁义；三要兄弟和睦；四是读书自省。在考察了梁武帝、简文帝的家训的基础之上，指出"南梁三帝的家训，其基本特点是教子读书做人，而与一般帝王家训侧重于传授统治经验，着眼于任贤使能、治国安民以承建帝王大业相区别"①。

张蓓蓓在《浅析〈金楼子·戒子篇〉的教育思想》一文中则归纳出了六大方面，即：一、修身之道，其中包括了立志、慎言、慎独、孝敬仁义、谦让、中庸、贵和等七个方面；二、齐家之道；三、兄弟之道；四、治学之道；五、交友之道；六、为政之道。②

这些研究是建立在打乱现有《戒子》布局基础上，且所归纳出的主题有诸多相近乃至相同之处，这是因为今存《戒子》中不同条目表现同一思想的情况较为突出，而其中正蕴藏着此类研究存在的合理性。这样的研究当然有助于我们了解《戒子》最为细微处的思想，笔者也受益匪浅，不过我们也不得不看到这样做的同时整个篇章也被割裂了，不但改变了条目之间的次序，甚至连条目本身的完整性都被破坏了。

而就像在上节中分析的那样，我们认为今存《戒子》中诸条在《永乐大典》中之顺序即如今貌。而如果进一步往前推导，今存《戒子》极有可能与此篇成立时的初始状况一致。在这种情况下，笔者以为在不割裂现存《戒子》条目及打破其次序的情况下去探寻萧绎的戒子思想亦有其意义所在，而这种做法并非行不通，给笔者提供灵感的恰恰是在汉魏六朝尤其是萧梁时期《孝经》学的发达与政府对于孝道的提倡。

首先是对于孝的提倡。如前所论，除了精于《孝经》以外，梁武帝还亲撰《孝思赋》以寄托哀思。以帝王身份作这样一篇赋，从政治上来说

---

① 徐少锦、陈延斌著《中国家训史》，陕西人民出版社，2003年，第264—265页。
② 《浅析〈金楼子·戒子篇〉的教育思想》，收在《作家杂志》，2010年第4期，第102—103页。

无疑是有积极意义的,就是在家族方面,对于子弟也有倡导孝友的用意。魏晋南北朝时期,随着家族聚居生活与士族政治的进一步发展,个体与家族之间休戚相关的关系也就建立了,家庭教育中孝友教育常常是重点。钱穆曾在《略论魏晋南北朝学术文化与当时门第之关系》一文中说:"当时门第传统共同理想,所希望于门第中人,上自贤父兄,下至佳子弟,不外两大要目:一则希望其能具孝友之内行,一则希望其能有经籍文史专业之修养。此两种希望,并合成为当时共同之家教。"① 而现有的家训著作也的确体现了这两点。至于孝友之教育如何完成,这虽然是一个比较复杂的问题,但是《孝经》的修习无疑是一个重点。《世说新语·德行》中说:"范宣年八岁,后园挑菜,误伤指,大啼。人问:'痛邪?'答曰:'非为痛,身体发肤,不敢毁伤,是以啼耳。'"② 此中"身体发肤,不敢毁伤"正出于《孝经·开宗明义章》,八岁孩童熟悉《孝经》至此,可见一斑。且魏晋南朝时期《孝经》学本就发达,至于梁代,中大通四年(532),时为国子博士的萧子显曾"上表置制旨《孝经》助教一人,生十人,专通高祖所释《孝经义》"③。由此可以想见《孝经》在梁代的地位。而早在这之前,《孝经》便已是兰陵萧氏萧梁房的蒙书了,武帝不但令诸子修习,更亲身钻研《孝经》,即上文所提到的《孝经义》(《梁书》作《制旨孝经义》,《隋志》作《孝经义疏》),而《隋志》亦载萧统有《孝经义》三卷,萧纲有《孝经义疏》五卷。今本《金楼子·著书》载萧绎有《孝子义疏》一种,此书自四库馆臣以来多疑当为《老子义疏》,从萧绎将之著录在丙部看来,恐怕确非《孝经》相关著作。不过,萧绎还曾撰有《孝德传》,并自注:"金楼合众家《孝子传》成此。"④ "传"孝子的目的本就是为了弘扬孝

---

① 《略论魏晋南北朝学术文化与当时门第之关系》,收在《中国学术思想史论丛》第三册,生活·读书·新知三联书店,2009 年,第 178—179 页。
② 《世说新语笺疏》,第 47 页。
③ 《梁书》,第 76 页。
④ 《金楼子校笺》,第 1001 页。

道,加之,所存序言又有引及《孝经》者,不难想象这部书籍即令不是解经之作,在编撰之时也必定受到《孝经》的影响。

此外,如前所言,时人亦常以《孝经》为蒙书,兰陵萧氏亦是如此。正是基于萧梁时期从上至下对于孝道的提倡,汉魏以来家族对于孝道的重视,萧绎个人的学术水平,我们认为《戒子》在编撰时受到了《孝经》的影响,也因此从《孝经》入手解读《戒子》是可行的。而《戒子》的内容恰恰又与《孝经》所代表的儒家经典中将孝分为始终二端的理念相合,故此笔者将本篇大致划分为三块内容,即是:篇首的序言、关于避祸保身之道的教育与关于立身行己之道的教育,试述之如下。

一、篇端序述

《戒子》开篇即称:

> 东方生戒其子以上容:"首阳为拙,柱下为工。饱食安步,以仕易农。依隐玩世,诡时不逢。"详其为谈,异乎今之世也。方今尧舜在上,千载一朝,人思自勉,吾不欲使汝曹为之也。[①]

今人在讨论这一条时,一般仅分析其所反映的萧绎的教育思想,而《四库全书》本《金楼子》中,馆臣在本段后加按语称:"此段似小序。"又,如前揭《四库全书总目提要》称:"其篇端序述,亦惟《戒子》、《后妃》、《捷对》、《志怪》四篇尚存,余皆脱逸。"也就是说,按照四库馆臣的看法,"东方生戒其子以上容"似应为《戒子》的小序。

内容上,该条先引东方朔《戒子》的内容,首句"首阳为拙,柱下为工"是说比起伯夷、叔齐不食周粟的守节行为,东方朔更赞成老子的朝隐思想,而此后的四句则是对如何行事的具体说明。首先东方朔勉励

---

① 《金楼子校笺》,第470页。

诸子去当官,不过他也同时提出要诸子"依隐玩世",即采用一种朝隐的为官方法与玩世不恭的处世态度,其结果便是既能过上很好的生活,又不会给自己带来灾祸。萧绎显然并不赞成东方朔的说法,他认为东方朔之所以这样教育子孙是因为所处的世道不好,而现在是有明君统治的千载难逢的好时代,希望诸子能够立志求上进,而不要行东方朔的处世之道,在当官的时候还过着"依隐玩世"的"朝隐"生活。

此条中,萧绎特地提出时代背景,在这一前提下,"自勉"的要求显然亦包括了对于时代的呼应。我们认为,萧绎提出"自勉"的要求针对的是东方朔提倡的"朝隐"一事,这又涉及了"饱食安步,以仕易农"的仕进态度与"依隐玩世"的为政态度。关于后者,我们将在下文中进一步分析。总的说来,萧绎提出"自勉"更近于一种总体上的要求,即希望诸子有一种积极向上的人生态度,此后才有保身、修身、齐家、处世等要求。而从这一角度看来,《戒子》后几条言论都可以看作是在此条的前提下针对具体问题所提出的具体的训诫,也即如四库馆臣所说,此条应视为《戒子》的篇首小序。

二、避祸保身之道

今存《戒子》的第 2 至 4 三条内容虽不尽相同,但其共通之处在于教育诸子以保身之道。第 2 条先引后稷庙堂金人铭:

> 戒之哉!无多言,多言多败;无多事,多事多患。勿谓何伤,其祸将长;勿谓何害,其祸将大。[1]

又引崔子玉《座右铭》:

> 无道人之短,无说己之长。施人慎勿念,受恩慎勿忘。[2]

---

① 《金楼子校笺》,第 471—472 页。
② 同上,第 472 页。

两段铭文都是在告诫人们要慎言,而萧绎要求诸子"凡此两铭,并可习诵"①,显然是告诫诸子要慎言、慎行,同时施恩莫念、受恩莫忘。至于原因,则如后稷庙堂金人铭中"勿谓何伤,其祸将长;勿谓何害,其祸将大"所言,正是为了避祸保身。

　　本篇第 3 条为:

　　　杜恕《家戒》曰:张子台,视之似鄙朴人,然其心中不知天地间何者为美,何者为恶,敦然与阴阳合德。作人如此,自可不富贵,祸害何因而生。②

　　这一条的内容在传世文献中最早见于《三国志·邴原传》裴注中。如果说第 2 条采用的还只是针对慎言、慎行等内容的座右铭式的提醒,本条则是为诸子树立一个善于避祸保身之道的榜样,即"不知天地间何者为美,何者为恶,敦然与阴阳合德"的张阁(张子台)。至于"作人如此,自可不富贵,祸害何因而生"诸语,更是明白地显示出此条的重点所在。

　　又,第 4 条为:

　　　马文渊曰:"闻人之过失,如闻亲之名,亲之名可闻,而口不可得言也。好论人长短,忘其善恶者,宁死不愿闻也。龙伯高敦厚周慎,谦约节俭,吾爱之重之,愿汝曹效之。杜季良忧人之忧,乐人之乐。有丧致客,数郡毕至,吾爱之重之,不愿汝曹效之。效伯高不得,犹为谨敕之士,所谓刻鹄不成尚类鹜者也。效季良不得,所谓画虎不成反类狗者也。"裴松之以为"援此戒,可谓切至之言,不刊之训。若乃行事,得失已暴于世。因其善恶,即以为戒"云。然戒

---

① 《金楼子校笺》,第 472 页。
② 同上,第 474 页。

龙伯高之美言，杜季良之恶行，吾谓托古人以见意，斯为善也。①

本条先援引了马援（马文渊）的家训书来提倡慎言。马援在写给侄子马严的信中要求其谨言慎行，还以两个行事作风不同的人物龙伯高与杜季良为例，对此作了进一步的说明。尽管对二者都表示赞赏，但是马援是有所偏向的，他心中更赞赏龙伯高的行为，故此要求侄子效仿龙伯高而非杜季良，并从效仿结果上说明了自己这一要求的理由。既而，萧绎又引用了裴松之对马援训诫的评价："援此戒，可谓切至之言，不刊之训。若乃行事，得失已暴于世。因其善恶，即以为戒。"裴松之认为马援此戒为"不刊之训"，对其内容非常赞赏。至于"因其善恶"，臧否的是龙伯高与杜季良二人。而萧绎所谓"戒龙伯高之美言，杜季良之恶行"承接马、裴二人的论断而来，他称龙伯高的"敦厚周慎"为"美言"，称杜季良的"忧人之忧，乐人之乐"为"恶行"，一善一恶，态度分明。

又，裴氏的评论中在"不刊之训"与"若乃行事"之间有"凡道人过失，盖谓居室之愆，人未之知，则由己而发者也"②一句，是针对慎言而发出的评论，而萧绎所取"若乃行事"诸语则是针对慎行而发。相对于"道人过失"尚有"人未之知"这样于己无害的结果，"若乃行事"则会导致"得失已暴于世"，后果相对比较严重，而萧绎取后者尤其突出了其对于保身之道的重视。至于"托古人以见意，斯为善也"，上句明言萧绎采用古训教育诸子的方法，而下句"斯为善也"中"斯"字远指马援戒子的内容，近则指"龙伯高之美言，杜季良之恶行"。

在此条中，萧绎采用了马援对于诸子的言辞上的告诫及所举的正负面的例子，还以裴松之的评价强调了此条训诫存在的重要意义，最后强调对于美言、恶行的鉴戒。

---

① 《金楼子校笺》，第 475—476 页。
② 《三国志》，第 747 页。

综上,在勉励诸子保持一种积极向上的人生态度之后,萧绎即对诸子进行了保身之道的教育,从第2条中习诵座右铭的要求到第3条举张阁为正面的榜样,再加上第4条中举龙伯高、杜季良的事例乃至后人的批评,萧绎采用了多种方法积极对诸子进行避祸保身之道的教育。

三、立身行己之道

自本篇第5条开始,内容上发生了转向。该条中两次提到"立身"一词,笔者以为这是一个标志,即相对于此前的避祸保身教育,此后诸条是萧绎对于诸子的立身之道的教育。

(一) 修身之道

先录第5条内容如下:

> 王文舒曰:"孝敬仁义,百行之首,而立身之本也。孝敬则宗族安之,仁义则乡党重之,行成于内,名著于外者矣。未有干名要利,欲而不厌,而能保于世,永全福禄者也。欲使汝曹立身行己,遵儒者之教,履道家之言。故以玄默冲虚为名,欲使顾名思义,不敢违越也。古者鏊盂有铭,几杖有戒,俯仰察焉。夫物速成而疾亡,晚就而善终。朝华之草,戒旦零落;松柏之茂,隆冬不衰。是以大雅君子,恶速成,戒阙党也。夫人有善,鲜不自伐;有能,寡不自矜。伐则掩人,矜则陵人。掩人者人亦掩之,陵人者人亦陵之也。"①

该条节略王昶《家诫》而来,先将孝敬、仁义作为一切操行之首与立身之根本,这显然是儒家思想的基本观念,同于《论语·学而》中"君子务本,本立而道生。孝悌也者,其为仁之本与"②的道理。又,王昶指出施行孝敬、仁义的举动能使"宗族安",并能为"乡党重",这与孔子"宗族

---

① 《金楼子校笺》,第478页。
② 《论语正义》,第5页。

称孝焉,乡党称悌焉"①的标准是一致的。至于"行成于内,名著于外者"则是对前文的概括,"行成于内"在这里指的是由于个人的修习而培养出孝敬、仁义的操行,而"名著于外"则是由此得来的好名声,这又与《孝经》所谓的"扬名于后世"②是一致的。据《三国志·王昶传》所录原文,在"名著于外者"之后王昶还讨论了其他问题,这些讨论萧绎皆不取,而是就扬名的问题进一步讨论追求名利而不知满足的后果——不能"保于世"及不能"永全福禄",这不但与此前的"宗族安之"、"乡党重之"对应起来,亦与《孝经》中"以显父母"的终极孝道对应起来。

从以上分析中不难看出,萧绎希望培养诸子孝敬仁义的品德,而这一行为即是后文所谓"遵儒者之教"。"立身行己"本是儒门教育子弟的重要内容,其与遵奉儒家的教育相联系本就无可厚非,但是这对王昶来说显然不够,故此他提出还需"履道家之言"。应该说本条明白昭示了萧绎戒子思想中的儒、道兼收。而如果说上文对于孝敬、仁义修养的讨论更多的体现了对于儒家道德的遵奉的话,本条后半部分的内容则更多地体现了这种儒、道兼收并蓄的特点。

王昶的"履道家之言"是有具体所指的,即指其子侄名字中所蕴含的道家思想。③王昶要求子侄以名为戒,不可以违越玄默冲虚的思想,即所谓"顾名思义,不敢违越也"。紧接着王昶又以"古者盘盂有铭,几杖有戒,俯仰察焉"为戒,意在强调古人之所以到处写下铭文戒律是为了随时自我反省,对自己的行为保持警惕。更以此为引子,指出以外物为戒尚能如此,何况是以名字为戒呢? 萧绎诸子并不"以玄默

---

① 《论语正义》,第 538 页。
② 《孝经注疏》,第 4 页。
③ 《三国志·王昶传》云:"其(按,指王昶)为兄子及子作名字,皆依谦实,以见其意,故兄子默字处静,沈字处道,其子浑字玄冲,深字道冲。"此即王昶所谓的"以玄默冲虚为名"。见《三国志》,第 744 页。

冲虚为名”，但他认同以“玄默冲虚”的道家之言为戒的做法，故照录此句。不过他略去《家诫》原文关于以名字为戒的推理部分，只留下了作为引证的“古者鎜盂有铭”诸句，要求诸子“俯仰察焉”，以随时保持警惕。此段的重点是以玄默冲虚为戒，是对“履道家之言”的直接阐释。

此后，萧绎又用“物速成而疾亡，晚就而善终”的道理告诫诸子不要追求速成，这无疑是希望他们能够得到“善终”或是“隆冬不衰”。从“疾”与“亡”、“晚就”与“善终”不断地被重复，可以看出萧绎对于“早亡”的忌惮与对于“善终”或“隆冬不衰”的期待。这里的“隆冬不衰”与《论语·子罕》中“岁寒，然后知松柏之后凋也”[①]理同，而“是以大雅君子，恶速成，戒阙党也”恐正取自《论语·宪问》中之“阙党童子将命，或问之曰：‘益者与?’子曰：‘吾见其居于位也，见其与先生并行也。非求益者也，欲速成者也。’”[②]故此，这段内容亦体现了对儒家思想的遵循。

最后，萧绎又告诫诸子“掩人者人亦掩之，陵人者人亦陵之也”，要求他们不得自夸自傲。

从萧绎对于王昶《家诫》的节录情况不难看出，他对于“儒者之教”与“道家之言”都非常重视，不过这重视又是有所区别的，如“遵儒者之教”更多的是以儒家思想为人生信条，而“履道家之言”就明显将道家思想放到了方法论的层面。而这一点在后文中亦多有体现，如第7条云：“然喜过则不重，怒过则不威。能以恬漠为体，宽裕为器，善矣。大喜荡心，微抑则定；甚怒倾性，小忍则歇。故动无响容，举无失度，则为善也。”[③]以“动无响容，举无失度”为行为举止的较高标准，以不重、不威

① 《论语正义》，第357页。
② 同上，第606页。
③ 《金楼子校笺》，第489页。

来说明喜、怒应加以控制，而"动无响容，举无失度"与不重、不威这些反映的是儒家思想的要求，而以"恬漠为体，宽裕为器"来讨论控制喜、怒的方法，正可看作是"履道家之言"，等等。

总之，自此条开始，萧绎教育诸子以"立身之道"，首要任务即是孝敬仁义。至于萧绎对于儒、道思想道、器的看法不但贯穿在本条中，更贯穿在涉及立身行己之道的诸条内容之中，可以看作这一部分的小序。

（二）齐家之道

在《戒子》中，萧绎论及了如何处理家庭关系，如上引第5条论及孝敬、仁义的部分实际上已经涉及了传统家族观念的基础部分，即孝顺父亲、敬爱兄长，不过在第6条中，萧绎更借陶渊明的《与子俨等疏》讨论齐家问题中的兄弟关系，其文如下：

> 陶渊明言曰："天地赋命，有生必终。自古圣贤，谁能独免？但恨邻靡二仲，室无莱妇，抱兹苦心，良独惘惘。汝辈既稚小，虽不同生，当思四海皆为兄弟之义。鲍叔、敬仲，分财无猜；归生、伍举，班荆道旧。遂能以败为成，因丧立功。他人尚尔，况共父之人哉！颍川韩元长，汉末名士。身处卿佐，八十而终。兄弟同居，至于没齿。济北氾稚春，晋时积行人也。七世同财，家人无怨色。《诗》云：'高山仰止，景行行止。'汝其慎哉！"①

此条中，萧绎先取陶渊明对于生命有限的感慨，虽然开始于"天地赋命，有生必终"，但是却并不节录陶渊明原文对于"死生有命"的进一步发挥，而是取"但恨邻靡二仲，室无莱妇，抱兹苦心，良独惘惘"的叹息，这就从生命将要终结过渡到了周围没有求仲、羊仲那样的邻居，家里也没有老莱子妻那样的贤妻，只有自己抱持着"苦心"，而这份"苦心"

---

① 《金楼子校笺》，第483页。

意指对于诸子能和睦相处的希望，即下文中兄弟同居、同财等行为。又，虽然综观上下文"但恨邻靡二仲，室无莱妇"四句有过渡之意，但是以萧绎的家庭情况及其在《金楼子》中对于妻子不贤亦并不避讳看来，萧绎在节录"室无莱妇"是有其用意的。此后，萧绎即节录陶渊明对于诸子当思"兄弟之义"的训诫。在训诫中，陶渊明以鲍叔牙、管仲、归生、伍举等人的例子，说明他们之所以能取得成功是因为朋友之间能团结互助。朋友尚能如此，"况共父之人哉！"由是陶渊明进一步以颍川韩融（字元长）兄弟同居及济北汜毓（字稚春）兄弟同财的故事，告诫诸子向他们学习。从所节录的文字不难看出，萧绎编撰此条的重点正在于训诫诸子向有德者学习，顾念兄弟之义，互帮互助。

此外，第 7 条亦论及齐家之道，萧绎引颜延之《庭诰》云：

> 喜怒者，性所不能无，常起于褊量，而止于宏识。然喜过则不重，怒过则不威。能以恬漠为体，宽裕为器，善矣。大喜荡心，微抑则定；甚怒倾性，小忍则歇。故动无响容，举无失度，则为善也。欲求子孝，必先为慈；将责弟悌，务念为友。虽孝不待慈，而慈固植孝；悌非期友，而友亦立悌。夫和之不备，或应以不和，犹信不足焉，必有不信。倘知思意相生，情理相出，可以使家有参、柴，人皆由、损。①

前引《论语》"孝悌也者，其为仁之本与"之论强调的是在下者对于在上者的顺从，即子对于父尽孝，弟对于兄尊敬，而颜延之在《庭诰》中却在慈与孝、友与悌中强调了慈与友，认为"虽孝不待慈，而慈固植孝；悌非期友，而友亦立悌"。这说明颜延之所要讨论的并不是慈与孝、友与悌的关系本身，而是要在这样的相对关系中讨论为父者与为兄者的

---

① 《金楼子校笺》，第 489 页。

个人修养问题。此后颜延之又论及家庭气氛,自己不够和善,别人可能就以不和善来回应;就如同自己缺乏诚信,别人必然也以不讲信义来回应一样。颜延之指出如果每个人都能明白恩惠与情义、情感与道理之间互相依存的道理,就可以使家家都出现曾参、高柴这样的孝子,人人都可以成为子路、闵损这样具有孝友二德的贤人。显然,与对慈和友的判断一样,萧绎认为要想家庭和睦当从自己做起。

至如"喜怒者,性所不能无,常起于褊量,而止于宏识",及"故动无响容,举无失度,则为善也"等诸句强调的则是个人修为,即以"宏识"代替"褊量",教育子弟不要过于欢喜或发怒,通过"以恬漠为体,宽裕为器"的方法达到"动无响容,举无失度"。这一段与后来关于要家庭和睦则须从自我做起的训诫强调的均是自我修养,而比之后来关于孝友的提倡,首几句的适用范畴更广,既适用于个体,又适用于家庭,乃至适用于与人相处,而此条中与人相处的部分在后文中将继续分析,这里不再赘述。

在主要涉及齐家之道的第5、6、7条中都体现了萧绎对于孝悌品德的重视,其中第5条是属于纲领性质的要求,第6条关于兄弟同居、同财以及共同立功等问题的讨论更体现了萧绎对于兄弟和睦相处共同促进家族繁荣的期望,而在第7条中萧绎提出了齐家的具体策略,即通过完善自己的慈、孝以及对他人的和善与诚信等修养来达成。

(三)与人相处之道

萧绎的齐家之道中已经论及与人交往的问题,如前引第7条中关于完善自我修养以促进家庭和睦的论述,实际上所论及的是与家人相处之道,而此后的8—11条则是讨论更大范围内的与人相处之道。在教育诸子与人相处的方法时,萧绎仍从重视自我修养开始,如第7条中后半部分为:

枚叔有言:"欲人不闻,莫若不言。欲人不知,莫若勿为。""御寒莫如重裘,止谤莫若自修。"①《论语》云:"内省不疚,夫何忧何惧!"②

这一段中,萧绎先后引枚乘"欲人不闻,莫若不言"诸语、"御寒莫如重裘,止谤莫若自修"之谚语及《论语》中句子,着重讨论的是人要自省的问题。其用意在于告诫诸子只有从自我修养开始,才不必担心因为自己的言行为他人所闻所知而引发什么灾祸。而《论语》中"内省不疚,夫何忧何惧"便是结论,即人只有在自我反省时不感到愧疚,才不须对自己行为的后果担心。

第 7 条前半部分讲的是与家人相处之道,而后半部分讲的是与他人相处之道,实际上整段内容是有同一主题的,都归作关于与人相处之道的讨论也并无不可。本文虽依具体内容将前半部分放在齐家之道中讨论,但这一内容与后文也有着密切的联系,故在此略作说明。

又,第 8 条为:

单襄公曰:"君子不自称也,必以让也。恶其盖人也。"吾弱年重之。中朝名士,抑扬于诗酒之际,吟咏于啸傲之间,自得如山,忽人如草,好为辞费,颇事抑扬。末甚悔之,以为深戒。③

单襄公之言见于《国语·周语》,原文为:"君子不自称也,非以让也,恶其盖人也。夫人性,陵上者也,不可盖也。求盖人,其抑下滋甚,故圣人贵让。"④其中,"非以让也"当为本条中"必以让也"的来源,萧绎

---

① 如前所论,笔者并不同意将枚乘之言与"御寒莫如重裘,止谤莫若自修"二句皆划入颜延之《庭诰》,而后二句谚语又见于王昶《家诫》,疑是从《家诫》中征引,不应当归入枚叔之言。故此,本条在句读上与许先生稍有不同。

② 《金楼子校笺》,第 489 页。

③ 同上,第 492—493 页。

④ 徐元诰撰,王树民、沈长云点校《国语集解·周语》,中华书局,2002 年,第 74—75 页。

在引用文献时虽然有时会作更动,但"必"与"非"意思截然相反,且其明言单襄公,又加之本条所引单襄公之语亦见于王昶《家诫》之中,王氏亦与《国语》所叙一致,故此,本文在释读文字时据"非以让也"解。

萧绎在本条中先借单襄公之口强调君子不自我称许,并非是因为礼让,而是不愿意盖过别人,紧接着便以西晋名士在集会中露才扬己、抑损他人为反面教材,要求诸子引以为戒。

又,王昶《家诫》中对单襄公之语的引用恰在第 6 条所引戒自矜、自伐内容之后,而二者批评的内容是一致的。相关内容的复现,尤其第 8 条中还加入了萧绎自己的经历,可知萧绎对于盖人或者说掩人(凌人)行为的不赞同,故此一再地提出告诫。

又,第 9 条云:

> 贫非人患,以和为贵。汝其勉之,以为深戒。酒酌之设,可乐而不可嗜;声乐之会,可简而不可违。淫华怪饰,奇服丽食,慎毋为也。①

萧绎承向朗原意,警告诸子要"以和为贵"。然而虽然要求诸子要"以和为贵",但是针对不同的问题也要区别对待,因此萧绎又引颜延之《庭诰》提出了对"酒酌之设"、"声乐之会"与"淫华怪饰,奇服丽食"等问题的要求,对于前二者的要求要略低些,只强调"可乐而不可嗜"与"可简而不可违",但是却并未说二者完全不须举办,而对于"淫华怪饰,奇服丽食"则特别强调"慎毋为也"。

在第 10 条中,萧绎引曾子"狎甚则相简,庄甚则不亲。是故君子之狎足以交欢,其庄足以成礼也"②之语,强调与人相处的度,既不要过于亲昵,也不要过于严肃疏远。

---

① 《金楼子校笺》,第 494 页。
② 同上,第 495 页。

又,第11条云：

> 子夏曰："与人以实,虽疏必密;与人以虚,虽戚必疏。"帅人以正,谁敢不正? 敬人以礼,孰敢不礼? 使人必须先劳后逸,先功后赏。戒慎乎其所不睹,恐惧乎其所不闻。莫见乎隐,莫显乎微,故君子慎其独也。必使长者安之,幼者爱之,朋友信之。是以君子居其室,出其言善,则千里之外应之;出其言不善,则千里之外违之。况其迩者乎? 言出乎身,加乎民;行发乎近,至于远也。言行,君子之枢机。枢机之发,荣辱之主,可不慎乎![1]

此条萧绎先引子夏之言论述与人交往的态度问题,如果待人真诚,即使关系原本疏远也会变得亲密;而如果待人虚伪,即便是亲戚关系也会变得疏远。而除了借子夏之言提出与人交往要"以实"而不"以虚"之外,萧绎又借孔子"子帅以正,孰敢不正"[2]引出"敬人以礼,孰敢不礼"之论,强调了"正"与"礼",即要"帅人以正"、"敬人以礼",如能行此,人亦当报之以"正"、"礼"。此外,萧绎告诫诸子在差使别人时要注意劳逸结合及因功予赏。接着,萧绎再次戒诸子以慎。他首先强调在别人未曾看到、不曾得闻之处要加以警惕,因此告诫诸子要慎独。在此基础上萧绎提出要注意自己的言行,称言行为"君子之枢机",要谨慎对待。

此中的戒慎与第2至4条所言及的戒慎有相通之处,但是与之不同的是此中的戒慎并不是被迫避祸的策略,而是强调在主动的处世行为中戒慎的必要性,如所引的"君子居其室,出其言善,则千里之外应之;出其言不善,则千里之外违之",将自己的一言一行与他人的反馈紧密联系,强调的是处世之道。

从自我反省到戒自我矜伐、盖人,再到以和为贵,从把握与人交往

---

[1] 《金楼子校笺》,第 496 页。
[2] 《论语正义》,第 505 页。

的度到注意交往中的态度与方法,再到慎独,等等,其目的皆是教育诸子如何与人相处。

(四)治学之道

第 12 条是今存《戒子》中唯一论及治学之道的一条:

> 处广厦之下,细毡之上,明师居前,劝诵在后。岂与夫驰骋原兽同日而语哉?凡读书必以《五经》为本,所谓非圣人之书勿读。读之百遍,其义自见。此外众书,自可泛观耳。正史既见得失成败,此经国之所急。《五经》之外,宜以正史为先。谱牒所以别贵贱,明是非,尤宜留意。或复中表亲疏,或复通塞升降,百世衣冠,不可不悉。

此条先引汉代王吉上疏谏昌邑王时的"夫广夏之下,细旃之上,明师居前,劝诵在后"[①]诸句来讨论学习的重要性。这四句是对进入学堂随老师读书情形的一种描述,其所对应的是"驰骋原兽"之类不修文德而求武功的情形,萧绎指出二者不可同日而语。

此后,萧绎对于诸子所读之书提出了具体要求,他认为"读书必以《五经》为本",因其为"圣人之书"故;其次当读正史,萧绎认为从正史中可以见到历代政权的得失成败,他认为这在参与管理国家的人来说是亟需学习的;再次是谱牒,读谱牒可以"别贵贱,明是非",等等。值得一说的是"所谓非圣人之书勿读"一句,何谓"非圣人之书"呢?《后汉纪》卷十二有"(孔)僖以才学为郎,校书东观,上言图谶非圣人书"[②]。故此,笔者以为这里萧绎要强调的是不要读图谶一类的书,而不是说不要读《五经》以外的书。

此外,萧绎在此还提到了读书方法的问题,如读《五经》则"读之百

---

① 《汉书》,第 3060 页。
② 《后汉纪校注》,第 350 页。

遍,其义自见",而对于《五经》之外的众书,泛观即可。

(五) 为政之道

《戒子》中还涉及了入仕之后应该戒慎的内容,其中第 13 条云:

> 任彦升云:"人皆有荣进之心,政复有多少耳。然口不及,迹不营,居当为胜。"王文舒曰:"人或毁己,当退而求之于身。若己有可毁之行,则彼言当矣;若己无可毁之行,则彼言妄矣。当则无怨于彼,妄则无害于身。又何反报焉?且闻人毁己而忿者,恶丑声之加己,反报者滋甚,不如默而自修也。"颜延年言:"流言谤议,有道所不免,况在阙薄,难用算防。应之之方,必先本己。或信不素积,嫌间所为;或性不和物,尤怨所聚。有一于此,何处逃之。日省吾躬,月料吾志,斯道必存,何恤人言。"任瑕"每献忠言,辄手书怀草,自在禁省,归书不封",何其美乎!入仕之后,此其勖哉!昔孔光,有人问温室之树,笑而不答,诚有以也。[①]

此条中所引任昉之语一方面肯定了"荣进之心",另一方面又强调适度原则,即"居当为胜";而对于王昶与颜延之的引用则是针对面对批评的态度,强调应首先进行自我反省,并指出针对不同问题的应对方法;又,借任瑕之语强调为官者在献言及在禁省写家书时须得谨慎。此外,萧绎亦借孔光的例子强调为官者须公私分明,不将公事告诉不相干的人,即便是家人。此条中,萧绎所引诸语及事,皆有戒慎之意,但诚如其所自言,"入仕之后,此其勖哉!"这一种戒慎是针对入仕之人而言,所论的是为官之道。

又,第 14 条云:

> 高季羔为卫之士师,刖人之足。俄而卫有蒯聩之乱,刖者守门

---

① 《金楼子校笺》,第 502 页。

焉。谓季羔曰:"于此有室。"季羔入焉。既追者罢,季羔将去,问刖者曰:"今吾在难,此正子报怨之时,而子逃我何?"曰:"曩君治臣以法,臣知之。狱决罪定,临当论刑,君愀然不乐,见于颜色,臣又知之。君岂私于臣哉? 天生君子,其道固然。此臣之所以待君子。"孔子闻之曰:"善哉! 为吏,其用法一也。"①

此条先引高柴(季羔)与刖者的故事,在故事中高柴虽刖人之足,但因为他执法严明且爱护臣属,故此当他遇难时,不但未被报之以怨,还得到了旧日臣属的帮助。

此事亦见于《孔子家语·致思》,是书在录高柴与刖者的故事后引孔子之语,称:"善哉! 为吏,其用法一也,思仁恕则树德,加严暴则树怨,公以行之,其子羔乎!"②显然意在说明执法固然需要公正严明,但执法者亦应存仁爱之心,这样才会得到爱戴和拥护。而萧绎在引用孔子诸语时却仅取首句,即"善哉! 为吏,其用法一也",似乎更强调执法的公正严明,这或许与在教导诸子立身之道时已先及于"孝敬仁义"有关。

又,第15条,亦即今存《戒子》最末一条云:

> 归义隐蕃,为豪杰所善。潘承明子蕱与之善,承明问曰:"何故与轻薄通,使人心震面热?"广陵阳竺,幼而有声,陆逊谓之必败,令其兄子穆与其别族。李丰,年十五,宾客填门,乃曰神童,而遂无周身之防,果见诛夷。相国掾魏讽,有盛名,同郡任览与讽善。郑袤谓讽奸雄,必以祸终,子宜绝之。讽果败焉。王仲回加子以榎楚,朱公叔寄言以《绝交》,此有深意,最宜思之。③

---

① 《金楼子校笺》,第 506 页。
② 《孔子家语通解》,第 78 页。
③ 《金楼子校笺》,第 509 页。

此条中,萧绎举潘翳与隐蕃、陆穆与阳竺、诸宾客与李丰、任览与魏讽、王丹(仲回)责子、朱穆著《绝交论》等事例。此中虽亦不免与交友相关,但综观诸故事,萧绎在此强调的实是诸交游事与政治相关的一面,如与隐蕃、阳竺、李丰、魏讽等交往,隐蕃等人皆因政事见诛,与之相交者见祸自然也与政治相关联。又,在本段之末,萧绎更重点提出王丹之子因同门生丧亲欲往奔丧而见笞与朱穆著《与刘伯宗绝交书及诗》二事,称"此有深意,最宜思之"。王丹之子因同门生丧亲,欲往奔丧,按说不过是同门之谊,然王丹不但不同意,还笞打儿子。当被问及原因时,他说:"交道之难,未易言也。世称管、鲍,次则王、贡。张、陈凶其终,萧、朱隙其末,故知全之者鲜矣。"①认为交友之道是一件不容易说清楚的事情,并举正反诸例,说明能自始至终保全友谊的很少。而据朱穆《与刘伯宗绝交书及诗》可知,朱穆为丰令时,刘伯宗正遭母丧之忧,却脱下孝服前去见朱穆,至朱穆为侍书御史时,刘伯宗又前去拜会他,然而当刘伯宗官秩二千石而朱穆仅为郎官时,刘却遣吏搪塞,朱穆遂作书、诗与之绝交,此正可为王丹"全之者鲜矣"的注解。综观诸例,可知萧绎告诫诸子在交游上要多加谨慎,尤其是在处理与政治人物的交游时。

上所论三条中萧绎从言行、执法、交游等方面对于诸子进行训诫,而将此与序言中鼓励诸子仕进相结合,可知萧绎在教导诸子为政之道。

综上,在《戒子》中,萧绎首先鼓励诸子培养一种积极向上的人生态度,接着展开了从保身之道到立身之道的教育。关于保身之道,萧绎强调的是敦厚周慎的态度,告诫诸子慎言、慎行。而关于立身之道,萧绎则先后论及孝敬仁义、兄弟和睦、交友处世、治学、为政等几个方面的问题。

---

① 《后汉书》,第931—932页。

至于避祸保身之道与立身行己之道,作为"孝之始"与"孝之终",无疑是萧绎实施家教的两个层级,然而这两个层级并非截然分开的,它们之间有很多相通之处,例如在保身之道与立身之道上皆须采取周慎的态度,二者虽有所不同,但皆取戒慎之意,而这正是历来从主题出发将《戒子》打散归入主题之下的原因。故此,本文既尊重此前的相关研究,同时又提出新的理解视角,二者之间虽非完全重合,但也不截然对立。

第三节　家训发达的时代与兰陵 萧氏的家风家学

魏晋南北朝时期,家训的撰作有了长足的发展。这首先表现在这一时期产生了大量的家训作品,据不完全统计,曹魏以后至于梁末之间的家训著作有百余篇之多[①],而仅兰陵萧氏齐梁房即有十三篇之多,此外,还有一部分是女训,这也是魏晋南北朝时期家训发展的一个新动向。其次,家训的撰作也从早期的自发状态发展成自觉状态,家训的作者在撰作上有了自觉的意识,表现在家训作者有意通过撰写家训文献来整饬门第,规范子孙的行为,如颜之推就在《颜氏家训·序致》中指出:"吾今所以复为此者,非敢轨物范世也,业以整齐门内,提撕子孙。"[②]此外,当时已经出现了关于家训的批评,如刘勰的《文心雕龙·诏策》。至于家训的形式也越来越多元化,既有口头又有书面形式的训诫,而后者据形式可以分为敕令、书信、诗文,等等。据施与者在家庭中的地位,又可分为父(含伯、叔)训、母训与兄训,等等。

---

① 林素珍在《魏晋南北朝家训之研究》中曾作《上古至魏晋南北朝家训一览表》,其中曹魏以后至梁代末为止已经超过了一百篇,原表附在第145—151页。
② 《颜氏家训集解(增补本)》,第1页。

而《戒子》正成立于这样一个家训著作发达的时期。如果说整个时代家训著作发达的背后隐藏着推动萧绎撰写《戒子》的力量,那么兰陵萧氏家风家学对于萧绎的影响无疑更为直接。在进一步讨论萧绎本人的教育思想之前,有必要在这里交代一下当时家训著作发达之原因、兰陵萧氏门第之兴起及其家风家学。

一、家训发达的时代

何以在魏晋南北朝时期家训如此发达?

首先,家族成为社会结构中的基本单位是首要前提。目前关于社会结构、家庭关系的研究非常丰富,本章在讨论这一问题时主要参考了许倬云《汉代家庭的大小》①与阎爱民的《汉晋家族研究》②等。

两汉时期,由丈夫、妻子与未成年子女等组成的核心家庭是社会的基本单位,国家是以户(口)为单位征收赋税。《睡虎地秦简·法律答问》:"何谓同居?户为同居。"③又说:"何谓同居?独户母之谓也。"④而商鞅变法中有"令民父子兄弟同室内息者为禁"⑤的规定。这些法令实际上规定了父子、兄弟别居。只有当父母年老、兄弟年幼时,才会出现所谓"同居"的状况。类似的法令在汉代仍然存在,《后汉书·许荆传》中有"礼有分异之义,家有别居之道"⑥之言,这说明在东汉社会,父子、兄弟别居被视为社会生活的常态。

不过,也是在汉代,随着社会的发展,以父系血缘为纽带的家族聚居逐步恢复与重建。一者,随着经济、社会的进一步发展,小规模家庭

---

① 许倬云撰《汉代家庭的大小》,收在《求古编》,新星出版社,2006年,第384—403页。
② 阎爱民著《汉晋家族研究》,上海人民出版社,2005年。
③ 睡虎地秦墓竹简整理小组编《睡虎地秦墓竹简》,文物出版社,1990年,第98页。
④ 同上,第141页。
⑤ 《史记》,第2232页。
⑥ 《后汉书》,第2471页。

形态越来越表现出不适应性，如分家带来的家庭经济基础的削弱，家庭过小造成劳动力较少不利于家庭的生产，由此造成夫妻关系不稳定、老人失赡等问题。而在面临土地兼并、战争不断等各种经济、社会方面的风险时，小家庭的弱点尤其显现出来。由此，家庭结构渐渐有了扩张的趋势。二者，与经济、社会发展相应的国家政策也开始向大家庭结构的发展趋势倾斜，如汉武帝即位之年便下有"民年九十以上，已有受鬻法，为复子若孙，令得身帅妻妾遂其供养之事"①的诏令，至曹魏时政府又除去"异子之科"②，至南朝礼、律渐趋合一，这就一步步推动了家庭规模从小转大。而自汉代开始，父家长的权威不断地提升。在早期的汉代社会中，母亲的权力较大，表现在其在一定程度上被允许保有财产上的相对独立。随着儒家地位的确立，母权渐渐被削弱与压抑，其结果便是促成了父家长在对待妻子和子女上拥有绝对权威。《说文解字》释"父"为"矩也，家长率教者，从又举杖"③，这可以看作是当时社会推崇父家长权威的表现。至曹魏时期，政府推行"除异子之科，使父子无异财也"的政策，这无疑是一项重要举措，它使得父亲拥有了支配子女财产的权力，从而大大强化了父权。而随着五礼制度的发展，晋代出现了纳礼入律，至梁代则实现了礼律的合一，这些又在道德上巩固了父家长制。与这一现象相应的是对于父亲称谓的渐趋严格。在汉代，关于父亲的称谓并没有那么严格，如可以将父母皆称呼为"大人"，然而到了魏晋南北朝时期，情况就不同了，父子之间的称谓有着严格的尊卑界限，父亲有专门的称呼如"家君"，这是母亲所不能分享的，这充分说明父家长的权威得到了进一步的推崇，与此相应的是母亲权力的减弱。随着情况愈演愈烈，不但子女自身在父亲的称谓上要受到严格的礼法要求，

① 《汉书》，第156页。
② 此事见载于《晋书·刑法志》，第925页。
③ （汉）许慎撰《说文解字（附检字）》，中华书局，1963年，第64页。

便是他人在对人子称呼其父母时也要遵循礼法的需要,如不得称呼其名字,甚至同音字也不可以。萧绎曾将小妾王氏的弟弟王珩改名为王琳,此举向为人诟病,其原因正在于王琳本是其姑父(长兴公主的丈夫,琅邪王氏子弟)的名讳。

正是因为家庭形式发生了变化,家庭生活尤其是家庭的组织与管理也随之发生了变化,而其中父家长制度的逐步形成促成了"父家长"(包括叔、伯)采用家训著作的形式教育子孙,从而实现对家庭、家族的管理。而魏晋以后,随着世家大族成为社会统治阶级,个体与家族之间越发成为利益共同体。对于士族来说,其地位在很大程度上取决于族内子弟在当世的地位,能持续地使子孙获取权势成为士族保持社会地位的一个重要手段。而对于个体来说,家族地位的高下决定了其获取政治、经济利益的方便程度与利益的多寡,等等。这就使得世家大族越发重视子弟的教育,而家训的作者亦多将传承家业视为一项重要责任。

其次,思想多元化对于家训著作的影响。两汉时代家训的撰作面对的是比较单一的儒家思想占统治地位的时代,降及魏晋,不但玄学思想渐渐兴盛,道教思想也逐渐发展,佛教更是后来居上。在这个思想多元化的时代,家训著作中儒家思想虽然仍然占据主导地位,但却不可避免地受到了来自其他思想的冲击。这里我们不拟对这个问题作方方面面的分析,仅试图从孝道思想所受到的冲击入手来探讨这一问题。之所以这样做,是因为孝道不但是儒家伦理的基础,亦是家庭教育的一项重要内容,更甚者还是家庭教育得以进行的重要前提与基础,正如此前提到的,父家长权威的建立本就离不开孝道思想的传播,而如果孝道不被认可,那么家庭教育也就没有施展的空间了,至如友于兄弟的思想也是在这一前提下成立的。

孝道思想不但有来自玄学,或者说来自道家思想的冲击,还有来自佛道二教的思想冲击,甚至还有来自儒家内部的冲击,这里我们先从后者说起。《后汉书·孔融传》载:"又前与白衣祢衡跌荡放言,云'父之于子,当有何亲?论其本意,实为情欲发耳。子之于母,亦复奚为?譬如寄物缶中,出则离矣。'"① 按照孔融的意思,父母对于子女并没有多大的恩情,他认为子女不过是父母情欲发动的产物,至于母亲怀子就相当于将物体暂存于瓦罐之中,母亲将小孩生出来,不过是把寄存在瓦罐中的物体取出罢了,而随着生产的结束,母子之间的关系也就结束了。作为孔子二十世孙的孔融,其思想本于儒家是毋庸置疑的,然而他却发出了这样惊世骇俗的言论,甚至导致自己获罪下狱,弃市而死,连妻子和儿女也因此被诛杀。且不论这一言论是否是孔融获罪的真实理由,从中我们看到的是儒家学者对于儒家思想尤其是孝道思想的反省,儒家学说自身的衰微无疑是玄学得以兴起并得以冲击儒家思想的一个重要原因。

曹魏以后,玄学渐渐发展起来,正像玄学自身的发展一样,其对于孝道的影响也经历了几个阶段。早期,也即常说的"名教本于自然"阶段,对于孝道的看法是在传统的儒家孝道的基础上强调"自然",如王弼所谓的"自然亲爱为孝,推爱及物为仁也"②。至于中期,玄学发展到"越名教而任自然"的阶段,时人在孝道方面的表现亦有超越传统礼法之处,如阮籍在初闻母亲过世之时照常下棋,甚而饮酒,但当面对母亲即将下葬的情况,他却开始大声嚎哭,甚至吐血数升。下棋饮酒既不合礼法,亦不能算是孝的表现,而哭至吐血数升却不可谓不孝,但已非传统礼法意义上的孝,即如阮籍所谓"礼岂为我辈所设也"③。至如后期,同"名教即自然"的调和姿态一致,时人对于传统礼法意义上"发乎情,止乎礼"的孝道与更重视真实情感外露之孝道加以调和。郭象曾于《大

---

① 《后汉书》,第2278页。
② 徐望驾校注《皇侃〈论语集解义疏〉》,江西人民出版社,2009年,第6页。
③ 《世说新语笺疏》,第859页。

宗师》注中说:"夫知礼意者,必游外以经内,守母以存子,称情而直往也。若乃矜乎名声,牵乎形制,则孝不任诚,慈不任实,父子兄弟,怀情相欺,岂礼之大意哉!"① 由是将外在之行为与内在之情感统一起来。

随着佛教的盛行,其出世思想与儒家孝道思想产生了激烈的冲突。佛教鼓励人追求人生的解脱,这与儒家的积极入世有着原则上的不同。而在孝道问题上,佛教主张出离家庭,断发僧服,不再遵守传统的礼法,不跪父,甚至不跪君,因而得到了"无父无君"的尖锐批评。不过,作为外来宗教,佛教想要在中国站稳脚跟就不得不做出妥协。佛教中人不断地试着调和出家与孝亲之间的矛盾,从将出家解读为既能"立身行道"又能"永光厥亲"②,到特别重视佛经中涉及侍奉父母等人伦道德的论说,更甚者到后代甚至篡改佛经以迎合中国人对于孝道的看重。相较之下,作为中国土生土长的宗教,道教更早地接受了植根于民众中的儒家的孝道观念,对于孝这一伦理概念予以充分的认可,就连东晋的葛洪在《抱朴子内篇·对俗》中亦引《玉钤经》称:"欲求仙者,要当以忠孝和顺仁信为本。"③ 将"忠孝"并称,显见其更多地受到了儒家的影响。

应该说,思想的多元化并没有改变孝道的基础地位,其仍然是魏晋南北朝时期家庭教育的重点。然而同时,我们得说,尽管在与儒家思想的激烈冲突中,佛道二教思想都发生了改变,看上去似乎儒家的孝道思想大获全胜了,实际上却并非如此,尤其当天师道、佛教成为一家乃至一族的信仰时,在家训著作中如何处理家族信仰与儒家思想之间的关系,就成为撰作者们必须面对的问题。至于看上去似乎对传统的孝道

---

① 见《庄子·大宗师》中"二人相视而笑曰:'是恶知礼意!'"条下郭象注,《庄子集释》,第 267 页。
② 孙绰《喻道论》,收在《弘明集》卷三,见(南朝梁)释僧祐撰、(唐)释道宣撰《弘明集·广弘明集》,上海古籍出版社,1991 年,第 17 页。
③ 《抱朴子内篇校释》,第 53 页。

思想影响更大的道家,更多的是改变了世人对于孝道的看法,乃至引发了时人对于礼法形式上的孝道与内心情感上的孝思的对比。这对于传统礼法意义上的孝道固然冲击很大,但却也反过来引发了以过激的方式表现孝道的潮流,尤其是在玄儒冲突调和以后,其对于孝道更多的是影响而非冲突。至于萧绎所处的当下,对于家训作者来说,佛教与道教的思想显然是比玄学更亟待处理的问题。

其三,魏晋南北朝的社会环境在家训的发达方面也起到了极大的促进作用。自东汉王朝的统治被推翻至隋代统一近四百年间,中华大地上先后建立了三十余个大大小小的政权,除了西晋王朝曾经有过短暂的统一外,分裂成为一种常态。这期间政权更迭频繁,地方割据时有发生,加之民族关系复杂,造成了整个社会长期处于不稳定的状态之中。据统计,整个魏晋南北朝时期作战次数达六百余次。[①]

而不管是正义还是非正义的战争,都必然造成人力、物力的消耗,又加之,灾荒不断,疫疾多发,致使人口死亡与流徙异常频繁。汉末以来,中原人口大量流移至江南,据高敏《魏晋南北朝经济史》统计,流徙高潮计有五次[②],其中就包括了西晋永嘉之乱后的人口流徙。永嘉之乱发生后,士大夫阶层及豪强地主率领宗亲纷纷渡江,这一次人口迁徙规模较大,持续时间较长。谭其骧在《晋永嘉丧乱后之民族迁徙》中指出:"永嘉丧乱后民族迁徙之大势,为北之东部人徙南之东部,北之西部人徙南之西部。虽四川人以李特、谯纵先后为乱之故,亦有北走汉中,

---

① 详参"中国军事史"编写组编写的《中国历代战争年表》之《作战次数统计表》,解放军出版社,2003年,第1页。据该表,三国时期(220—265)作战71次,西晋时期(265—316)作战84次,东晋时期(317—420)作战272次,南北朝时期(421—580)作战178次,总计605次。

② 高敏主编《魏晋南北朝经济史》,上海人民出版社,1996年,第19—20页。

东走湖北湖南者,然究属少数例外也。"① 在谈及南渡人口时,他指出:"若即以侨州、郡、县之户口数当南渡人口之约数,则截至宋世止,南渡人口约共有九十万,占当时全国境人口约共五百四十万之六分之一。西晋时北方诸州及徐之淮北,共有户约百四十万(《晋书·地理志》),以一户五口计,共有口七百余万,则南渡人口九十万,占其八分之一强。换言之,即晋永嘉之丧乱,致北方平均凡八人之中,有一人迁徙南土;迁徙之结果,遂使南朝所辖之疆域内,其民六之五为本土旧民,六之一为北方侨民是也。"② 正是基于此,才出现了"百姓流亡,中原萧条,千里无人烟"③ 的情景。

北人南迁的历史不仅仅涉及南朝的人口问题,更为重要的是对于世家大族来说,在南迁的过程中家族人口的损减也是较为明显的。《晋书·邓攸传》载:"石勒过泗水,攸乃斫坏车,以牛马负妻子而逃。又遇贼,掠其牛马,步走,担其儿及其弟子绥。度不能两全,乃谓其妻曰:'吾弟早亡,唯有一息,理不可绝,止应自弃我儿耳。幸而得存,我后当有子。'妻泣而从之,乃弃之。其子朝弃而暮及。明日,攸系之于树而去。"④ 邓攸本来打算趁着石勒过泗水的时候带着妻子家人逃跑,不想路上又碰到了强盗抢走了用以代步的牛马,他只好用担子挑着自己的儿子和侄子。当看到情势不乐观势必要放弃一个孩子的时候,他先考虑的是家族的血脉延续问题,弟弟已经不在了,如果舍弃了侄子,弟弟这一支的血脉就终结了,而自己尚在,还有机会有另一个继承人,因此他选择了放弃自己的儿子。

---

① 《晋永嘉丧乱后之民族迁徙》,收在谭其骧著《长水粹编》,河北教育出版社,2000 年,第 272—298 页。引文在第 294 页。
② 《长水粹编》,第 294 页。
③ 《晋书》,第 2823 页。
④ 同上,第 2339 页。

我们可以想见,像邓攸避难这样的故事在当时是很常见的,而这一故事本身尤其可见当时人对于血脉的重视,以至于为了保存一息血脉而宁可牺牲自己的骨肉。从另一个角度来说,这也解释了魏晋南北朝时期世家大族何以对子孙保身避祸如此重视。当然,造成家族人口损减的不仅仅是战争频繁、政权更迭,以及由此而来的人口流徙,在政权相对稳定的情况下,因为连坐等制度,一人犯错,整个家族遭遇灭顶之灾的情况也并不鲜见,即所谓"岂见覆巢之下,复有完卵乎"①。

　　萧绎当然也有这方面的困扰。永嘉乱后兰陵萧氏渡江至晋陵郡,后晋室南迁,南方政权长期对立,萧绎就生活在这样一个南北对峙的时代。侨姓士族南来之初,一方面要避免北方少数民族政权发动兼并统一的战争或者说侵略战争,一方面还试图北伐以收复失地。随着时代向前推移,经历了数次失败和吴姓士族的种种反对之后,侨姓士族也丧失了斗志,不再像东晋或是刘宋时期那样对于北伐充满了热情,而是习于偏安一隅。萧梁王朝曾分别于天监四年(505)和大通二年(528)发动过两次北伐战争,均以失败而告终,而这两次北伐的目的均非收复北方失地。以后一场战争为例,梁武帝的目的仅仅是通过将北魏宗室元颢送去作傀儡以发展势力。当然,除了南北的对立以外,在南朝内部亦战乱不断,在梁代由阶级矛盾引发的起义此起彼伏,如鲜于琛领导的农民起义,又如前文提到萧绎曾参与平定的刘敬躬的叛乱。此外,还有将梁代引向灭亡,却也同时是将萧绎推上帝王宝座的侯景之乱,等等。据《梁书·萧方等传》载:"会高祖欲见诸王长子,世祖遣方等入侍,方等欣然升舟,冀免忧辱。行至繹水,值侯景乱,世祖召之,方等启曰:'昔申生不爱其死,方等岂顾其生?'世祖省书叹息,知无还意,乃配步骑一万,使

---

① 《世说新语·言语》:"孔融被收,中外惶怖。时融儿大者九岁,小者八岁,二儿故琢钉戏,了无遽容。融谓使者曰:'冀罪止于身,二儿可得全不?'儿徐进曰:'大人,岂见覆巢之下,复有完卵乎?'寻亦收至。见《世说新语笺疏》,第69页。"

援京都。"① 在侯景之乱后，萧方等很快参与了平乱的战争，这一记载交代了其参战前后之事。这里尤其值得我们注意的是"世祖召之"一句，当萧绎知道侯景之乱发生之后，他的第一反应是把儿子召回来，不管后世之人如何看待萧绎父子的关系，但在召回儿子这一点上，我们不但看到了萧绎自身，也能看到当时世家大族对于子孙对于血脉的保护。

二、兰陵萧氏的家风家学

要讨论这个问题，我们还须把钱穆《略论魏晋南北朝学术文化与当时门第之关系》中的话再誊录一次：

> 当时门第传统共同理想，所希望于门第中人，上自贤父兄，下至佳子弟，不外两大要目：一则希望其能具孝友之内行，一则希望其能有经籍文史专业之修养。此两种希望，并合成为当时共同之家教。其前一项之表现，则成为家风。后一项之表现，则成为家学。②

显然，钱穆认为世家大族的家教中饱含着对于子弟寄予的希望，而这种希望正是对于门第的传承，正如他在讨论家风问题之末指出的：

> 要之门第传袭，必有人，必有教，决非无故而致。而当时一切礼法风规，亦必有其不可及处。若专一着眼在其权位与财富上，谓门第即由此支持，揆之古今人情物理，殆不其然。③

所谓"一切礼法风规，亦必有不可及处"，实际上正是强调家风对于传袭门第的重要性，想家学亦然。萧绎出自兰陵萧氏，其所受教育，所

---

① 《梁书》，第 619 页。
② 《略论魏晋南北朝学术文化与当时门第之关系》，收在《中国学术思想史论丛》第三册，生活·读书·新知三联书店，2009 年，第 178—179 页。
③ 同上，第 184 页。

施教育,无不与兰陵萧氏家风家学有关,故此交代一下兰陵萧氏门第之兴起及其家风家学。

(一)官学不振与私学兴盛

兰陵萧氏门第之兴与家风家学的形成都赖于南朝教育发展的特殊背景。在进一步讨论兰陵萧氏家风家学之前,拟先简述其时的教育发展情况。

自汉武帝兴办太学以后,官学教育在两汉时期蓬勃发展,至东汉末期因政治权力斗争,在各方的角力中,官学由盛转衰。降及魏晋南北朝时期,历代政府虽积极兴办官学,然而由于种种原因,各种培养机制均受到了冲击,其中官学首当其冲。在整个魏晋南北朝时期,官学时兴时废,整体呈衰败的态势,相对而言,梁代的国学可谓兴盛。受刘宋时期四学馆,萧齐时期总明观、学士馆等机构设立的影响,在即位后不久的天监四年(505),梁武帝创立了五馆,招引寒门俊才。又,于天监五年(506)设集雅馆以"招远学",此馆为边远地区甚或他国求学的学子而设。天监七年(508),梁武帝又下诏兴办国子学,还曾于天监九年(510)驾幸国子学,亲临讲肆。大同七年(541),在宫城西边建立了士林馆以延揽并聚集精英学者讲学,这又为学者讲学及研究提供了平台,而梁代官学之发达由此可见一斑。

而相较于官学不振,私学则是蓬勃发展。一方面,大儒纷纷开馆,传授经史等学问,如雷次宗、刘瓛、何胤等,齐高帝萧道成少时曾从雷次宗学习,而梁武帝萧衍则服膺刘瓛,甚至为后者所赏识。另一方面,也是最为重要的一点,即是家庭更多地承担了教育子孙的任务,所谓"学在家族"正是这一情况的反应。从流传下来的家训及其他相关材料中,不难看出六朝时期家庭教育或由父亲及叔伯施之于子侄,兄长施之于弟弟,乃至母亲施之于子女。至于受教育的内容,即如前文所引及的钱穆的说法——家风和家学。家风的存在更多的是为了维护和延续家族的血脉,在家族内部来说即是要形成和睦的风气,即子女孝顺父母,兄弟相互友爱。而一旦将个人与家族利益捆绑在一起,就要求子弟在外须以保身为上,忠君、爱国等其他方面的要求在维护个人及家族利益面前统统让步,而这种价值取向在魏晋南北朝的世家大族中随处可见。至于家学则是以培养子弟之文化修养为主,包括了儒学、玄学、文学、史学、科学技术,等等,甚至于出现了宗教信仰世代承袭的情况。当然,因为文士社会地位较高,而武士则为人看轻,加之从事武职不利于家族血脉的延续,士族在家学培养方面以文的方面的培养为上,武的方面的培养相对缺失。又,上所言家庭教育指的是一般士大夫的家庭教育,当我们考虑到萧绎的皇子身份时,就不能不考虑当时皇子教育的特出之处。

首先是身份上的特殊。皇子的身份既不同于一般士大夫,又不同于太子。比之士大夫,国家利益从某种角度来说即是家族利益,这就决定了皇子不能像普通士大夫一样将家族利益置于国家利益之上。当然,皇子的身份亦不同于太子,而"窃国者诸侯"对于皇子,尤其是南朝的皇子来说诱惑力极强,且付诸实践的可能性也较大。

正是因为皇子的身份特殊,在教育内容方面,一方面不能免除家风教育,对于皇帝来说,皇子和睦相处的要求比之一般的士大夫家庭来得尤为迫切。而在士族仍在统治阶层,士族文化仍居社会主导地位的南朝,对于皇子的文化修养自然也不能小视,这一点在萧梁皇室尤为明显,梁武帝非常重视对于子孙这方面的培养。而也因为皇子身份的特殊,在文化修养以外,他们还须具备治国之才与抚民之德。

其次,皇子所受的教育在形式上也较一般士大夫不同,以萧齐为例。士大夫的家庭教育中固然离不开师,然而友、学却不尽然是必须的,而萧齐时,帝王乃至宗室会为自己的后代高选师、友、学,而师、友、学在引导皇子学习时同时亦作为他们的属臣,这就使得他们之间难以保持普通的师徒、朋友、学友之间的关系。梁武帝就曾被萧子显推荐而为萧昭业的友、学,而他自身也曾根据诸子的身份为他们选择师、友、学。

得益于魏晋南北朝私学的兴盛,得益于近距离观察萧齐皇室家风家学的转换,萧梁皇室的家风家学渐渐形成了。

(二) 兰陵萧氏门第之兴起

萧绎所在的萧梁皇室与刘宋的"皇舅房"及萧齐皇室皆出于南兰陵萧氏,同为萧整之后。柏俊才据《南齐书·乐志》中太庙歌辞考齐室在祭祀历代祖先时首祭为萧豹,故得萧整为萧豹之后,而非萧何、萧望之后。[①]这位萧豹官至广陵府丞,是个很小的官,他的儿子萧裔官至太中大夫,而萧裔的儿子即是萧整,官至淮阴令。萧氏原居东海兰陵,在今山东省的南部,枣庄市附近。《南齐书·高帝纪上》载:

> 晋元康元年,分东海为兰陵郡。中朝乱,淮阴令整字公齐,过江居晋陵武进县之东城里。寓居江左者,皆侨置本土,加以南名,于是为南兰陵兰陵人也。[②]

按,《宋书·州郡志》云:"晋永嘉大乱,幽、冀、青、并、兖州及徐州之淮北流民,相率过淮,亦有过江在晋陵郡界者。晋成帝咸和四年(329),司空郗鉴又徙流民之在淮南者于晋陵诸县,其徙过江南及留在江北者,并立侨郡县以司牧之。徐、兖二州或治江北,江北又侨立幽、冀、青、并四州。"[③]西晋时,为了避乱,北方人一度大量南迁,在此趋势之下,萧整携族南迁过淮河,被安置在晋陵郡的武进县之东城里,在今江苏省丹阳县附近,并以故土兰陵为名,故称为南兰陵萧氏,即"侨立幽、冀、青、并四州"之意。

---

① 《梁武帝萧衍考略》,第5页。
② 《南齐书》,第1页。
③ 《宋书》,第1038页。

陈寅恪在《述东晋王导之功业》中曾道：

> 东西晋之间江淮以北次等士族避难南来,相率渡过阻隔胡骑
> 之长江天堑,以求保全,以人事地形便利之故,自必觅较接近长江
> 南岸,又地广人稀之区域,以为安居殖产之所。此种人群在当时既
> 非占有政治文化上之高等地位,自不能亦不必居住长江南岸新立
> 之首都建康及其近旁。复以人数较当时避难南来之上下两层社会
> 阶级为多之故,又不便或不易插入江左文化士族所聚居之吴郡治
> 所及其近旁,故不得不择一距新邦首都不甚远,而又在长江南岸较
> 安全之京口晋陵近旁一带,此为事势所必致者也。①

显然,兰陵萧氏就是陈寅恪所说的次等士族。在"皇舅房"崛起之
前,现存萧氏族谱中的人物真正出现在史书之中是极少的。而萧整的
儿子,萧衍的高祖萧镈,作为南迁后的第二代,却因军功被记录在《晋
书·荀羡传》中,其文称：

> 及慕容俊攻段兰于青州,诏使羡救之。俊将王腾、赵盘寇琅
> 邪、鄄城,北境骚动。羡讨之,擒腾,盘迸走。军次琅邪,而兰已没,
> 羡退还下邳,留将军诸葛攸、高平太守刘庄等三千人守琅邪,参军
> 戴逯、萧镈二千人守泰山。②

慕容俊与段兰之间的战争发生在永和十二年(356),荀羡率兵北上
救援,萧镈时在荀羡军中。荀羡所率领的是早期的北府兵,因而萧镈所
担任的乃是北府兵中的参军,一个地位并不高的武官。尽管在齐梁二
史的记录中,萧豹以后的萧氏先祖官衔以文职为主,但是实际上正如
《晋书》关于萧镈的记载,兰陵萧氏作为北来的流民,在渡江以后最初是

---

① 陈寅恪著《金明馆丛稿初编》,生活·读书·新知三联书店,2001年,第66页。
② 《晋书》,第1981页。

凭借武力谋求发展的,即陈寅恪所说的"此种北来流民为当时具有战斗力之集团,易言之,即江左北人之武力集团,后来击败苻坚及创建宋、齐、梁三朝之霸业皆此集团之子孙也"。

也许正是因为刘、萧二氏都是这个集团的组成分子,身份地位相近、聚居地相近,因而二氏才有机会结为秦晋之好。《新唐书·宰相世系表》云:"苞九世孙卓,字子略,洮阳令,女为宋高祖继母,号皇舅房。"[①] 也就是说,所谓的"皇舅房"实际上是兰陵萧氏中凭借着与刘宋皇室的姻亲关系而崛起的一支,这一支中先是萧卓的女儿萧文寿嫁与刘翘为妻,成为宋高祖的继母,从而使其分支因刘宋的建立而地位上升。其后其家子孙又与刘宋皇室缔结婚姻,如萧思话女嫁与桂阳王刘休范,子萧惠基则娶江夏王刘义恭女为妻,孙女又嫁给孝武帝的儿子等。就这样,因为与皇室通婚,南兰陵萧氏中,皇舅房一支最先发展起来。

不过,在门第上升之初,萧氏所凭借的仍然是其子弟所擅长的武力。《宋书·萧思话传》中记载了萧思话一生的仕宦经历,不但自年十八任琅邪王大司马行参军起曾数任武职,且数次参与战争并曾监理数州之军事,位至镇西将军。刘宋身兼要职的官员带将军号者较多,但萧思话不但有将军的称号,且曾亲自统兵参与战争。又,宋代诸将军号以征、镇、安、平为序,其中征东、征西最贵,而萧思话生前位至镇西将军,其军事地位虽不是最高,但也实在不低。齐高祖萧道成的父亲萧承之与梁武帝萧衍的父亲萧顺之亦皆是武将出身,前者攀附萧思话而后者攀附前者,地位方得提升。而随着萧道成先建立南齐政权,萧衍灭齐而建立南梁政权,齐梁房凭其政治势力跻身世家大族之列。

(三)萧梁皇室的家风与家学

在地位上升以后,萧氏也不免注意到子孙的文化修养。"皇舅房"

---

① (宋)欧阳修、宋祁撰《新唐书》,中华书局,1975年,第2277—2278页。

自萧思话开始对此给予了更多的重视,初以书法与音乐见长,至孙辈渐博学,而家族信仰也从单一的天师道信仰转向与佛教信仰的并存,这些从《宋书》萧思话父子的本传中皆可见一斑。

而在萧齐皇室这一支,对文化修养的重视实自萧承之始。随着其家族地位的不断上升,萧齐建立以后,萧道成父子尤其注重孝友家风的培养,而师、友、学的选拔也促进了其子孙文化修养的迅速提高,萧齐皇室的家风家学渐趋形成。正是在此基础上,萧齐血脉得以在皇权斗争中保留,这便是萧嶷一支。萧嶷是萧齐子孙中道德修养方面最受称赞的,他不但在兄弟之中积极斡旋,使诸兄弟得以和平相处乃至免祸,更数诫诸子以俭约,临终前还召子廉和子恪,要他们"共相勉励,笃睦为先"。正因此,齐明帝杀萧道成的子孙,唯萧嶷之后得免,甚至在萧梁时代,萧嶷子孙仍得保全,此据《梁书·萧子恪传》中"子恪兄弟十六人,并仕梁"①可知。

如果说"皇舅房"对于子弟的培养大概代表了兰陵萧氏家学家风形成的第一阶段,那么萧承之以下萧齐皇室对于子弟的培养,则使我们看到了兰陵萧氏在巩固家族地位所作的第二阶段的努力。而相对于"皇舅房"后来与政治关系的相对疏远,萧齐皇室在家学家风的培养上自不免带有强烈的政治意图,而后者更为直接地影响了萧梁皇室家学家风之培育。

萧衍的祖父萧道赐在刘宋时官至治书侍御史,这虽然只是一个六品的官职,但却是文职。而他在乡里居住时,"专行礼让,为众所推"②,说明其不但具有一定的文化修养,在礼法道德上亦得到乡人之推重。他的长子萧尚之"敦厚有德器"③,而据《南史·梁本纪上》,其次子萧顺

---

① 《梁书》,第 509 页。
② 同上,第 367 页。
③ 同上。

之为吴郡张绪所称道,谓其"文武兼资,有德有行"①。张绪是吴郡张氏的代表人物,余英时《王僧虔〈诫子书〉与南朝清谈考辨》一文据王氏《诫子书》中"设令袁令命汝言《易》,谢中书挑汝言《庄》,张吴兴叩汝言《老》,端可复言未尝看邪"(《南齐书》)诸语认为,此时张绪玄谈造诣,与侨姓高门袁粲、谢庄可以鼎足而三,即使是惯常看不起江东士族的王俭也对张绪谈玄之能多所称赞。②而正是这位张绪认为萧顺之"文武兼资,有德有行",从此处约可知萧顺之的修养得到了吴郡高门的承认。不过,此时,族中子弟的文化素养尚不高,在这方面,萧顺之做出了相当的努力,而其诸子在文化修养方面也确有提高,第二子萧敷"少有学业,仕齐为随郡内史"③,第七子萧秀"弱冠为著作佐郎",又且"精意术学"④,第八子萧伟则"少好学,笃诚通恕,趋贤重士,常如不及。由是四方游士,当世知名者,莫不毕至"⑤,第九子萧恢"幼聪颖,年七岁,能通《孝经》、《论语》义,发摘无所遗。既长,美风表,涉猎史籍"⑥,等等。而众兄弟之中,萧衍本人的文化修养是第一等的,《金楼子·兴王》云:

> 沛国刘瓛,当时马、郑。上每析疑义,雅相推挹。深沉静默,不杂交游,所与往来,一时才隽。⑦

又,《梁书·高帝纪》载任昉劝进表云:

> 且明公本自诸生,取乐名教,道风素论,坐镇雅俗,不习孙、吴,遒兹神武。⑧

---

① 《南史》,第 167 页。
② 余英时著《历史人物考辨》,广西师范大学出版社,2006 年,第 23—24 页。
③ 《南史》,第 1273 页。
④ 《梁书》,第 342,345 页。
⑤ 同上,第 348 页。
⑥ 同上,第 350 页。
⑦ 《金楼子校笺》,第 207 页。
⑧ 《梁书》,第 22 页。

又,《隋书·音乐志》云:

> 梁武帝本自诸生,博通前载,未及下车,意先风雅,爰诏凡百,各陈所闻。①

据柏俊才考,"自太祖践阼之建元元年(479)之前,未有刘瓛在京城的记载"②,故此约当在此年即萧衍十六岁之后,其与刘瓛相识,并得到他的肯定。又,《金楼子·兴王》云:

> 太尉王俭,齐国阿衡,钦上风雅,请为户曹。属司徒竟陵王齐室骠骑,招纳士林,待上宾友之礼。范云时为司徒记室,深慕上德,自结神游,驱车到门……历司徒法曹、祭酒掾,会辅友仁之职。③

萧绎写自己的父亲,当然不免溢美之辞,但是萧衍确实曾为萧子良、王俭等辟用,与范云亦有交情,而从其自身修养来说得到众人的认可是完全有可能的。

此外,萧顺之尤其注意孝友之风的培养,《梁书·萧宏传》云:

> 十五年春,所生母陈太妃寝疾,宏与母弟南平王伟侍疾,并衣不解带,每二宫参问,辄对使涕泣。及太妃薨,水浆不入口者五日,高祖每临幸慰勉之。宏少而孝谨,齐之末年,避难潜伏,与太妃异处,每遣使参问起居。或谓宏曰:"逃难须密,不宜往来。"宏衔泪答曰:"乃可无我,此事不容暂废。"寻起为中书监,骠骑大将军、使持节、都督如故,固辞弗许。④

又,《梁书·萧伟传》云:

---

① 《隋书》,第287页。
② 《梁武帝萧衍考略》,第22页。
③ 《金楼子校笺》,第207页。
④ 《梁书》,第340—341页。

十五年，所生母陈太妃寝疾，伟及临川王宏侍疾，并衣不解带。及太妃薨，毁顿过礼，水浆不入口累日，高祖每临幸譬抑之。伟虽奉诏，而毁瘠殆不胜丧。①

萧宏、萧伟为同母兄弟，居母丧皆"水浆不入口"，而这是符合《礼记》中对于居丧的饮食要求的。又，相比于居母丧之事，齐末避难时萧宏"乃可无我，此事不容暂废"更可说明其家风中早已有重孝道这一条，毕竟陈太妃薨已是天监十五年(516)之事，时梁武帝以孝治国。

又，《梁书·萧恢传》云：

恢有孝性，初镇蜀，所生费太妃犹停都，后于都下不豫，恢未之知，一夜忽梦还侍疾，既觉忧遑，便废寝食。俄而都信至，太妃已瘳。后又目有疾，久废视瞻，有北渡道人慧龙得治眼术，恢请之。既至，空中忽见圣僧，及慧龙下针，豁然开朗，咸谓精诚所致。②

从萧衍诸兄弟竭力表现出孝顺的姿态，可知此项教育还是很有成果的。对子孙进行孝友教育是一项相当久远的传统，不过对于萧顺之来说，在传统之外，作为曾参预佐命并亲历刘宋灭亡的人物，同萧承之一样，他对诸子的教育中当含有对刘宋灭亡的鉴戒之意，而这一点对于萧衍也是有所影响的。

总之，在萧顺之的努力之下，萧衍兄弟自幼即受孝友之教育，且其文化修养在不同程度上得到了提高。以下拟讨论在兰陵萧氏崛起的背景下，萧衍对于家族教育的推进：

1. 重视对子孙的教育

在教育后代的问题上，萧衍继承了父祖的传统，非常重视子孙的教育。因为得子较晚，长子萧统出生时萧衍已位极人臣，此后诸子皆诞生

---

① 《梁书》，第347页。
② 同上，第351页。

于萧衍即位之后,而正因为子嗣皆出生在萧家得势之时,因而都受到了良好的教育。

《梁书·武帝纪》云:

> (天监九年)三月己丑,车驾幸国子学,亲临讲肆,赐国子祭酒以下帛各有差。乙未,诏曰:"王子从学,著自《礼》经,贵游咸在,实惟前诰,所以式广义方,克隆教道。今成均大启,元良齿让,自斯以降,并宜肄业。皇太子及王侯之子,年在从师者,可令入学。"①

天监九年(510),萧统十岁,引文中的"年在从师者",即《礼记》"人生十年曰幼,学"之意,故此在是年三月十七(己丑)亲临国子学六天后,萧衍即下诏要求皇太子及王侯子弟适龄者入学读书。

又,《颜氏家训·勉学篇》:

> 梁朝皇孙以下,总丱之年,必先入学,观其志尚,出身已后,便从文史,略无卒业者。②

这一条说的是萧衍孙子辈入学的情况,所谓"总丱之年"与"年在从师者"意同。而从"皇太子及王侯之子,年在从师者,可令入学"到"皇孙以下,总丱之年,必先入学"说明萧梁一支在培养子孙方面已经形成了一定的规律。也是因此,萧衍兄弟中有萧恢"年七岁,能通《孝经》、《论语》义",诸子中萧统"三岁受《孝经》、《论语》,五岁遍读《五经》,悉能讽诵",萧纲"六岁便属文",以至于萧衍"惊其早就,弗之信也,乃于御前面试,辞采甚美",等等。

除了按照《礼记》的规定,在适学年龄入学以外,萧衍还为诸子选择良师益友。如《梁书·到洽传》云:

---

① 《梁书》,第49—50页。
② 《颜氏家训集解(增补本)》,第177页。

七年,迁太子中舍人,与庶子陆倕对掌东宫管记。俄为侍读,侍读省仍置学士二人,洽复充其选。①

到洽先与陆倕同为太子中舍人,这是伴随在太子左右的官职,萧衍显然不是随意选择的,而到洽随后转为侍读尤其说明这一点。又,据《梁书》本传,萧衍曾谓"诸到可谓才子",对到洽尤为赏识,因此萧衍将到洽选为萧统侍读显然是重其才。又,殷芸亦曾为萧统侍读,据《梁书·殷芸传》,殷芸"性倜傥,不拘细行。然不妄交游,门无杂客。励精勤学,博洽群书"。所谓"不拘细行"是对殷芸个人操行的评价,结合"然不妄交游,门无杂客"看来,殷芸的个人评价虽不低,但也并不特别高。而萧衍看重的显然是其"励精勤学,博洽群书"这一点,此从其为萧纲选师友的标准中亦可见,《梁书·徐摛传》云:

高祖谓周舍曰:"为我求一人,文学俱长兼有行者,欲令与晋安游处。"舍曰:"臣外弟徐摛,形质陋小,若不胜衣,而堪此选。"高祖曰:"必有仲宣之才,亦不简其容貌。"以摛为侍读。②

《梁书·孔休源传》云:

高祖谓之曰:"荆州总上流冲要,义高分陕,今以十岁儿委卿,善匡翼之,勿惮周昌之举也。"对曰:"臣以庸鄙,曲荷恩遇,方揣丹诚,效其一割。"上善其对,乃敕晋安王曰:"孔休源人伦仪表,汝年尚幼,当每事师之。"③

徐摛为萧纲侍读在天监八年(509),而萧衍将萧纲托于孔休源则是天监十一年(512)的事。萧衍在为萧纲选取侍读时要求是"文学俱长兼

---

① 《梁书》,第404页。
② 同上,第446—447页。
③ 同上,第520页。

有行者"，并称"必有仲宣之才，亦不简其容貌"，即对侍读的要求首要是"文学俱长"，"有行"当然也很重要，但更多的是一个辅助条件。不过当他要求萧纲师事孔休源时，则谓"孔休源人伦仪表"，对侍读与导师的要求不尽一致。

又，《梁书·到溉传》云：

> 湘东王绎为会稽太守，以溉为轻车长史、行府郡事。高祖敕王曰："到溉非直为汝行事，足为汝师，间有进止，每须询访。"①

此是为萧绎选师。此外，又为诸王选友，如徐悱为萧绎友，袁君正为萧纶友，等等。如前所述，晋武帝以后历代君主皆有为诸子选师友、侍读之行为，萧衍当然不是第一个，但他在处理此事时非常慎重，从其对周舍提出的要求中尤其可以见到这一点。

萧衍对于教育子孙如此慎重，除了受当时士族社会的文化风气熏染之外，还有两点原因须加说明：其一是恐与萧衍自身的经历有关。据《南史·范云传》，萧衍曾为南郡王文学②，柏俊才考此事当在永明"七年，有司奏给班剑二十人，鼓吹一部，高选友、学"③后，而此中的"南郡王"指的即是郁林王萧昭业。萧昭业的荒唐为萧衍亲见，故此其教育诸子时焉能不谨慎。其二则是因为为诸子选择师友关系到国家的未来。萧衍在为诸子选择师友时是有区别的，如"诸到"皆受赏识，而到洽尤胜他人，故到洽为萧统侍读，而到溉可为萧绎师。又如徐悱，《梁书》本传言其"起家著作佐郎，转太子舍人，掌书记之任。累迁洗马、中舍人，犹管书记。出入宫坊者历稔，以足疾出为湘东王友，迁晋安内史"④。如果不是因足疾，徐悱后自不必"出为湘东王友，迁晋安内史"，

---

① 《梁书》，第 568 页。
② 《南史》，第 1417 页。
③ 《梁武帝萧衍考略》，第 25 页。
④ 《梁书》，第 388 页。

而是继续"出入宫坊"。总之，萧衍慎重为诸子选师友，在诸子之中尤重对太子萧统的教育，这虽然无可厚非，但在萧统殁后，尤其在侯景之乱中，叔侄兄弟骨肉相残，想来与此并非毫无干系。

此外，还有选择教材及读书内容之事。规定诸王的读书内容当然亦不自萧衍开始，前文就曾引及齐武帝规定"诸王不得读异书，《五经》之外，唯得看《孝子图》而已"之事。萧衍虽不至如此，但是《五经》之书也是首选，这一点在上一章讨论到阮修容为萧绎选择蒙书时已经论及。而值得一说的是，不但萧统、萧绎、萧大圜幼时皆受《孝经》、《论语》，便是萧衍自身亦受此二经，萧恢亦然。而由萧衍对于二经颇为精通并著书阐释可知，至晚在萧顺之，甚至可能早在萧道赐之时，萧梁皇室一支便已将二经视为家族子弟的蒙书了。

2. 萧衍所推行的家族教育

萧衍本人的文化修养还是很高的，除了此前提到的经学著作、《老子讲疏》及设五馆事外，《梁书·武帝纪》又载：

> （修饰国学，增广生员，立五馆，置《五经》博士。）天监初，则何佟之、贺玚、严植之、明山宾等覆述制旨，并撰吉凶军宾嘉五礼，凡一千余卷，高祖称制断疑。于是穆穆恂恂，家知礼节。大同中，于台西立士林馆，领军朱异、太府卿贺琛、舍人孔子祛等递相讲述。皇太子、宣城王亦于东宫宣猷堂及扬州廨开讲，于是四方郡国，趋学向风，云集于京师矣。兼笃信正法，尤长释典，制《涅盘》、《大品》、《净名》、《三慧》诸经义记，复数百卷。听览余闲，即于重云殿及同泰寺讲说，名僧硕学、四部听众，常万余人。又造《通史》，躬制赞序，凡六百卷。天情睿敏，下笔成章，千赋百诗，直疏便就，皆文质彬彬，超迈今古。诏铭赞诔，箴颂笺奏，爰初在田，洎登宝历，凡诸文集，又百二十卷。六艺备闲，棋登逸品，阴阳纬候，卜筮

占决,并悉称善。又撰《金策》三十卷。草隶尺牍,骑射弓马,莫不
奇妙。①

《梁书》本纪所罗列的著作非常丰富,其学术著作中既有对传统学
问的研究成果,又涉及外来的佛教,虽不尽为萧衍自制,但不难看出萧
衍在学术上涉猎范围之广与程度之深,此外还包括了百二十卷文集,
等等。

《梁书》本纪首先提到了萧衍对儒家经典的阐释。作为基础教育,
萧衍子孙皆曾受儒家经典与《孝经》的教育。如前所述,在萧顺之的时
代,《孝经》与《论语》便已成为萧氏的蒙书,其中《孝经》尤其受到重视。
萧衍本人对《孝经》颇有研究,《南齐书·礼志》中记录了萧衍据《孝经》
郑玄注参与讨论郊堂是否共日的问题。而上引文字中亦称萧衍有《制
旨孝经义》一部,据"制旨"二字知此书当作于登基之后。而萧衍之所以
一直重视《孝经》,是因为其中不仅仅有治家之道,亦有治世之道,故此
萧衍子孙皆曾受此经,如天监八年(509),萧统就曾"于寿安殿讲《孝
经》,尽通大义"②。当然,随着年龄的增长,皇子皇孙们也都陆续修习
其他经典,如萧统"五岁遍读《五经》,悉能讽诵"③,而萧纲对于"高祖所
制《五经讲疏》,尝于玄圃奉述,听者倾朝野"④,等等。

至于对《老子》的热爱则与南朝社会仍在流行的玄学有关。《颜氏
家训·勉学》云:"洎于梁世,兹风复阐,《庄》、《老》、《周易》,总谓三玄。
武皇、简文,躬自讲论。周弘正奉赞大猷,化行都邑,学徒千余,实为盛
美。元帝在江、荆间,复所爱习,召置学生,亲为教授,废寝忘食,以夜继

———————————

① 《梁书》,第96页。
② 同上,第165页。
③ 同上。
④ 同上,第109页。

朝,至乃倦剧愁愤,辄以讲自释。"① 这就很明白地昭示了萧氏父子讲《老子》与其时玄风的复苏有关。除了玄谈,萧纲还著有《老子义》二十卷,《庄子义》二十卷,萧绎著有《老子讲疏》四卷。从萧衍父子的行为中不难看出,玄谈已经成为萧梁皇室文化生活的重要组成部分。更甚者,在承圣三年(554)内忧外患之时,萧绎仍于龙光殿述《老子》义,萧纲子萧大器临刑之前亦在讲《老子》,这也说明对于他们来说,玄谈不仅仅是对于一种风气的追慕,更是从内心深处对于这种学问的认可。

此外,对于前文提到的萧衍开设国学馆、立《五经》博士、制定"五礼"等相关举措,《梁书·儒林传》序中亦有相关之记载:

> 高祖有天下,深愍之,诏求硕学,治五礼,定六律,改斗历,正权衡。天监四年,诏曰:"二汉登贤,莫非经术,服膺雅道,名立行成。魏、晋浮荡,儒教沦歇,风节罔树,抑此之由。朕日昃罢朝,思闻俊异,收士得人,实惟酬奖。可置《五经》博士各一人,广开馆宇,招内后进。"于是以平原明山宾、吴兴沈峻、建平严植之、会稽贺场补博士,各主一馆。馆有数百生,给其饩廪。其射策通明者,即除为吏。②

制定"五礼"是萧衍的一个重要的文化成果,其前提是萧衍本人有一定的礼学修养,而开设国学馆更促成此事,故有诸儒"覆述制旨,并撰吉凶军宾嘉五礼,凡一千余卷"。制定"五礼"的结果是"于是穆穆恂恂,家知礼节",作为萧梁皇室的成员自然更是如此。《梁书·萧综传》称:"高祖御诸子以礼,朝见不甚数。"③ 可见,萧衍以礼掌家。而上一章中曾提及阮修容"辨物书数,诏献种稑",萧绎更是五岁即诵《曲礼》,后萧

---

① 《颜氏家训集解(增补本)》,第187页。
② 《梁书》,第661—662页。
③ 同上,第823页。

衍命贺革为湘东王咨议参军,更令其开讲《三礼》,而萧纲亦有《礼大义》二十卷。

值得注意的是在萧衍改崇佛教以后,不但萧梁皇室子弟受此影响,崇佛受戒,便是连礼法之事也随之发生更改。

《南史·梁本纪上》云:

> 三月丙子,敕太医不得以生类为药;公家织官纹锦饰,并断仙人鸟兽之形,以为亵衣,裁翦有乖仁恕。于是祈告天地宗庙,以去杀之理,欲被之含识。郊庙牲牷,皆代以面,其山川诸祀则否。时以宗庙去牲,则为不复血食,虽公卿异议,朝野喧嚣,竟不从。①

又,《隋书·礼仪二》云:

> 十六年四月,诏曰:"夫神无常飨,飨于克诚,所以西邻礿祭,实受其福。宗庙祭祀,犹有牲牢,无益至诚,有累冥道。自今四时蒸尝外,可量代。"八座议:"以大脯代一元大武。"八座又奏:"既停宰杀,无复省牲之事,请立省馔仪。其众官陪列,并同省牲。"帝从之。十月,诏曰:"今虽无复牲腥,犹有脯修之类,即之幽明,义为未尽。可更详定,悉荐时蔬。"左丞司马筠等参议:"大饼代大脯,余悉用蔬菜。"帝从之。又舍人朱异议:"二庙祀,相承止有一铏羹,盖祭祀之礼,应有两羹,相承止于一铏,即礼为乖。请加熬油莼羹一铏。"帝从之。于是起至敬殿、景阳台,立七庙座。月中再设净馔。自是讫于台城破,诸庙遂不血食。②

两书所记均为天监十六年(517)下《量代牲牢诏》前后之事,只是前者将下诏之事接在三月"敕太医不得以生类为药"等事之后,未明标月

---

① 《南史》,第196页。
② 《隋书》,第134页。

份。总之,因为萧衍改道事佛,竟然去除了传统的血食之祭。

也正是因为萧衍的改道事佛,不但其自身有佞佛之行为,整个萧梁皇室亦因之崇佛。上文已及,在萧衍的影响之下,丁贵嫔与阮修容皆事佛,而萧统、萧纲、萧绎诸兄弟亦随之崇佛,甚而,萧统、萧纲皆有启请萧衍讲经之举。

又,《梁书·萧大球传》云:

> 高祖素归心释教,每发誓愿,恒云:"若有众生应受诸苦,悉衍身代当。"时大球年甫七岁,闻而惊谓母曰:"官家尚尔,儿安敢辞?"乃六时礼佛,亦云:"凡有众生应获苦报,悉大球代受。"其早慧如此。①

固然,至萧衍孙辈时,儒家经典仍为蒙学之书,但礼佛亦同时进入他们的生活之中,可见萧梁皇室的家族教育也因萧衍的佞佛而发生了改变。

又,萧衍主持编撰了《通史》六百卷,并"躬制赞序"。对于此书,萧衍颇为自负,曾谓萧子显:"我造《通史》,此书若成,众史可废。"②萧衍的造《通史》既是对当时史学大盛的一个回应,亦影响了子孙史学修养。前文已及,《金楼子》的《兴王》、《戒子》、《后妃》等篇明显采用了通史的写法,而萧绎子方等更有史学著作,凡此皆是萧梁皇室重史学修养之例证。

至于棋艺、阴阳、纬候、卜筮、占决等伎术,书法等萧氏所长之学,萧衍也都具备,因此诸子也受其影响而具有相关之修养,如萧绎之善卜筮,萧纲子大连之"妙达音乐,兼善丹青"③,大春之"善吹笙"④,等等。

---

① 《梁书》,第 618 页。
② 同上,第 511 页。
③ 同上,第 615 页。
④ 《南史》,第 1341 页。

至于萧衍子孙诗文之修养更是不在话下。

应该说,萧衍身上集中体现了萧梁皇室一支家学在子弟文化素质培养方面的成果,也因为萧衍,萧梁皇室一方面继续稳固孝友之风,另一方面家学渐渐形成,主要表现为从早期的儒学为基础兼修玄学发展到后期的杂以佛学。

(四) 武的一面

魏晋南北朝时期,世家子弟多以文化为重,重文轻武之风在当时非常盛行。不过兰陵萧氏在门第上升之初所凭借的是子弟的军事才能,也是因此,在萧氏后人中尚武之风仍在延续。在萧齐皇室一支中,萧道成不但自己以武官起家,其诸子中萧映善射,萧晃少有武力,而萧晔简直是神射手。据《南齐书》本传载:"晔善射,屡发命中,顾谓四坐曰:'手何如?'上神色甚怪。巘曰:'阿五常日不尔,今可谓仰藉天威。'帝意乃释。后于华林赌射,上敕晔叠破,凡放六箭,五破一皮,赐钱五万。"①又,萧锋亦以武力著称,《南齐书》本传称:"高宗杀诸王,锋遗书诮责,左右不为通,高宗深惮之。不敢于第收锋,使兼祠官于太庙,夜遣兵庙中收之。锋出登车,兵人欲上车防勒,锋以手击却数人,皆应时倒地,于是敢近者遂逼害之。"②萧锋既能"以手击却数人,皆应时倒地",自然也是学武出身。

与这一情况类似,萧梁皇室子弟虽然多以文学见长且多以文官起家,但亦秉承了尚武之习气。以梁武帝为例,《金楼子·兴王》中说:

> 常与儿童斗技,手无所持,蹑空而立,观者击节,咸共称神。③

又,《梁书·武帝纪》:

---

① 《南齐书》,第 625 页。
② 同上,第 630 页。
③ 《金楼子校笺》,第 206 页。

始高祖与昉遇竟陵王西邸,从容谓昉曰:"我登三府,当以卿为记室。"昉亦戏高祖曰:"我若登三事,当以卿为骑兵。"谓高祖善骑也。[1]

又,《南史·梁本纪》:

帝为儿时,能蹑空而行。[2]

显然,萧衍好武且尤善骑术。而在萧衍的诸子之中,有军事才能者不在少数,如萧续、萧纶、萧绎、萧纪等,其中后三人在侯景之乱中都表现突出,自不必言。至于萧续,《梁书·萧续传》称:"续少英果,膂力绝人,驰射游猎,应发命中。高祖常叹曰:'此我之任城也。'尝与临贺王正德及胡贵通、赵伯超等驰射于高祖前,续冠于诸人,高祖大悦。"[3] 至如孙辈亦如此,如萧绎长子方等之"善骑射"[4]。可见,萧氏虽效法世家大族重子孙文化之培养,但于武的一面也并不偏废。

(五) 萧氏家训著作的编撰

随着兰陵萧氏越来越注重门风与家学,家训著作的数量也渐渐增多,今传者自齐高帝萧道成以下计有十三篇,列之如下:

朝代	作者	篇名	出处
齐	高帝萧道成	《敕世子赜》	《南史·武陵王晔传》
		《报武陵王晔》	《南齐书·武陵王晔传》
	武帝萧赜	《敕庐陵王子卿》	《南齐书·庐陵王子卿传》
		《敕晋安王子懋》	《南齐书·晋安王子懋传》
	豫章王萧嶷	《诫诸子》	《南史·豫章王嶷传》)
		《遗令》	《南齐书·豫章王嶷传》

① 《梁书》,第 253 页。
② 《南史》,第 168 页。
③ 《梁书》,第 431 页。
④ 同上,第 619 页。

朝代	作者	篇名	出处
齐	新吴侯萧景先	《遗言》	《南齐书·萧景先传》
	齐明帝萧鸾	《临崩属后事以隆昌为戒》	《南齐书·东昏侯本纪》
梁	梁武帝萧衍	《敕晋安王》	《梁书·孔休源传》
	简文帝萧纲（时为太子）	《手敕报太子书》	《隋书·刑法志》
		《敕湘东王》	《梁书·到溉传》
		《敕太子进食》	《梁书·昭明太子传》
		《诫当阳公大心书》	《艺文类聚》卷二十五

　　广义说来,上所及十三篇皆为家训著作,其中萧嶷、萧景先并有遗令之作,观其内容,二篇中不仅仅涉及对于身后事的交代,亦涉及对于子孙的教诲,故符合本文所谓家训著作的范畴。观诸文,唯萧齐宗室以萧嶷、萧景先家训之内容较为丰富,涉及面较广,次为梁简文帝萧纲,至如齐高帝萧道成、齐武帝萧赜、梁武帝萧衍俱是一事一敕,不成体系。而以兰陵萧氏两个房支之中即有如此多的家训作品,涉及面亦不可谓不广,则萧绎之作《戒子》便不足为奇了。

第四节　萧绎教育思想的特点与性质

　　如何维系自己的血脉、家族,这是当时的世族必然要考虑的问题,《戒子》的作用正在于此,甚至从某种角度来说,这也是《金楼子》的作用之一。此前,从《孝经》出发将今传《戒子》内容作了简要分析,又简单介绍了兰陵萧氏的家风家学,为《戒子》成篇提供了一个家族背景,现在可以好好分析一下萧绎的教育思想了。

一、萧绎教育思想的特点

从《戒子》看，萧绎在思想规范的选取、治学的次第等方面都表现出对前代家训著作及父兄教育思想的继承与发展，并有自己的特色。

(一)"遵儒者之教"

魏晋南北朝时期，儒学式微，玄学、佛教乃至道教思想都在一定程度上减缓了儒学发展的速度。至于萧梁，在梁武帝的大力弘扬下，儒学地位得到一定恢复，然而，梁武帝的改崇佛教不但影响了几乎整个皇族中人崇佛受戒，更为重要的是他还修改了宗庙祭祀之礼。如上章中提到的，自天监十二年(513)至天监十六年(517)，梁武帝前后下了三道诏书去除符合儒家传统的血食之祭。如果说家训著作是家族观念强化的反映，梁武帝的做法无疑是在弱化皇室的家族观念，甚至可以说改变了儒家思想在皇室教育中的地位。天监十二年，萧绎不过六岁，正是最容易被改变的时候，然后他所作的《戒子》内容虽然驳杂，但明显以儒家思想为主导，次采道家之言，于佛理全然无涉。为了方便论述，下文将从最为简单的与佛理无涉的问题说起，次论采道家之言的问题，最后讨论本篇的主导思想。

1.《戒子》不涉佛理

事实上，在魏晋南北朝时期的家训中不无佛教的影子，如吴郡张氏后人张融的《门律》与琅邪颜氏后人颜之推的《颜氏家训》中皆有言及佛理之处，后者之《归心篇》甚至有劝子弟归心佛教之意。然而萧绎在《戒子》非但不及佛理，用字用典也几乎与佛教思想无涉。

2.《戒子》与道家思想相关之处

本篇第5条中，萧绎删略王昶《家诫》一文以教育诸子修身之法，其中"遵儒者之教，履道家之言"一句的存在非常醒目。关于前半句，从《戒子》中不但包含了传统的孝友教育与避祸保身教育，也包括了"读书必以《五经》为本,所谓非圣人之书勿读"的学术观念,公正严明的为政之道,以及萧绎在行文中多次引及儒家的经典,等等,不难看出萧绎在编撰家训的时候主要采用儒家学说来规范子孙的行为。由是,"遵儒者之教"毋庸置疑,而"履道家之言"则值得我们进一步讨论。如前文所分析的,在这一条中,萧绎意在告诫诸子若要"立身行己",必须首先遵守儒家的教诲,并且在实行的过程中又要以道家之言——玄默冲虚为戒。这里,"儒者之教"更多的是"道"这一层面的意义,而"道家之言"则更多的是"器"这一层面的意义,但是值得注意的是,"器"这一层面的意义似乎仅仅停留在"玄默冲虚"四个字上。

又如本篇第3条。萧绎引杜恕《家戒》语,其中"其心中不知天地间何者为美,何者为恶,敦然与阴阳合德",颇似道家语,然而若究其本意,"作人如此,自可不富贵,祸害何因而生"显然才是重点,至于"其心中不知天地间何者为美"诸句仍居于"器"的层面。

然而,上引二条虽有符合"道家之言"处,却也同时并不全然违背"儒者之教"。本篇第2条中"无多言,多言多败;无多事,多事多患。勿谓何伤,其祸将长;勿谓何害,其祸将大"诸句与上引二条语意上前后相承,彼此之间并无触犯,而第2条源出于《孔子家语》。可见,《戒子》所涉及的"道家之言"本就与"儒者之教"无违。更不要说,今存《戒子》诸条中尚无一条直接出自"道家之言",而像王昶这样标举"履道家之言"的内容也仅涉及"玄默冲虚"四字。

综上,所谓"履道家之言"所取的是"器"层面的意义,以致用为上,而"致用"这一原则显然更符合儒家思想之原则。

3. 以儒家思想为主导

魏晋南北朝时期是我国的思想大变革时期。汉魏之际,儒家的地位开始渐渐衰弱,而玄学思潮涌现并走向兴盛。这一时期,受荆州易学与形名思想的影响,加之融合了三国时期流行的其他各家之学,玄学思潮渐渐形成。在发展中,玄学主要经历了两个阶段,在未与佛教融合前主要经历了"名教出于自然"的儒道冲突调和期、"越名教而任自然"的冲突加剧期与"名教即自然"的融合统一期等三个时期。随着佛教的发展与介入,玄学走向了儒释道合流的阶段,而当南朝佛学极盛之时,玄学已经处于边缘化的位置了。不过萧绎所处的萧梁时代,玄学并没有完全退出思想阵地,其时在武帝的积极倡导之下,儒学得到了复兴,佛学发展至极盛,而由前揭《颜氏家训》的记载可知,玄学思潮也因梁武帝父子的爱好有了复兴的势头。如在《金楼子·立言》中,萧绎自言"以老、庄为欢宴"。而《梁书·元帝纪》则称其"出言为论,才辩敏速,冠绝一时"[1]。可以想见,萧绎对于玄学的热爱是非常明显的,甚至在西魏军队几乎兵临城下的时候,还在登台讲《老子》义,可见其在晚年时亦不曾放弃对于玄学的追求。在其影响之下,他的儿子们也都好谈玄。《梁书·忠壮世子传》载其长子萧方等所作论:

> 人生处世,如白驹过隙耳。一壶之酒,足以养性;一箪之食,足以怡形。生在蓬蒿,死葬沟壑,瓦棺石椁,何以异兹?吾尝梦为鱼,因化为鸟。当其梦也,何乐如之;及其觉也,何忧斯类;良由吾之不及鱼鸟者远矣。故鱼鸟飞浮,任其志性;吾之进退,恒存掌握。举手惧触,摇足恐堕。若使吾终得与鱼鸟同游,则去人间如脱屣耳。[2]

在在皆是玄谈之语。而同书《贞惠世子传》称:

> (萧方诸)幼聪警博学,明《老》、《易》,善谈玄,风采清越,辞辩锋生,特为世祖所爱。[3]

---

① 《梁书》,第135页。
② 同上,第619页。
③ 同上,第620页。

显然，萧方诸"特为世祖所爱"的原因即是他善于玄谈。而由此推断，萧方等恐怕也是因此才著玄论。

如果从这一视角来观察《戒子》的情况，我们会不无惊讶地发现，除了在告诫子弟为人须恬淡、虚静以及避祸保身以外，道家思想也好，玄学思想也罢，皆非本篇的主导思想。萧绎何以如此呢？

客观地说，这首先与家训著作自身的性质有关。家训著作作为训教子弟而设，更高的目的在于维系家庭和家族的正常生活，维护家庭与家族的血脉，从而使得家庭与家族能够延续和发展下去。因此，即便如张融在《门律》中专门讨论佛道同源的问题，也会在晚年另著《门律自序》，以"吾昔嗜僧言，多肆法辩，此尽游乎言笑，而汝等无幸"[①]略陈悔意。或如颜之推《颜氏家训·归心篇》中虽有劝子弟向佛之意，但在其余的大部分篇章里仍告诫子弟以继承家世为务。他们所以如此正是因为儒家学说于个体有助于修身养性，于家庭或家族则有助于建立夫义妇顺、父慈子孝、兄友弟恭的家庭关系，对于维护与繁衍一姓的血脉大有裨益。而萧绎在《戒子》中也充分表达了他对子孙避祸保身、彼此和睦相处、与他人建立和谐关系的愿望，在这些问题上以儒家学说规范子孙显然更为合适。

其次，在儒家思想推动了家庭教育的同时，家庭教育也促成了儒家思想的传播与发展。即如前揭《颜氏家训》所云："虽百世小人，知读《论语》、《孝经》者，尚为人师；虽千载冠冕，不晓书记者，莫不耕田养马。"显然，对于世家大族来说，学术文化的培养是有着非常重要的意义的，它决定了子弟的未来是入朝为官，还是"为人师"，抑或是"耕田养马"。而在魏晋南北朝时期，随着选官制度与教育制度的发展，无论是时兴时废的官学，还是兴旺发达的私学，多以经、史之学为主要授课内容，这就决

① 《南齐书》，第 729 页。

定了进行家庭教育的人包括撰写家训者本身受到了相当程度的儒学教育，而当他们从受教育者的角色转为教育者的角色时，所受到的教育自然也会反映在其施与的教育中。萧绎的《戒子》也是如此，一个最为明显的例子是在第12条，萧绎教导子孙治学之道时首重《五经》，次重正史，次为谱牒，这种对于读书层次的划分虽然有萧绎个人的经验在其中，却也反映了当时士族在文化传承中对于儒学的重视。

如果说上述两点更多地体现了家训作者的普遍性特点的话，萧绎的选择中还有其自觉主动的一面。这除了体现在萧绎引用了许多儒家经典与观念以及他个人的学术观念上以外，也体现在他为政的理念上，乃至他的人生追求上，前三种前文已稍及，这里我们不妨将重点放在讨论他的人生追求。萧绎对于建功立业与著书立言等充满了渴望，而无论是建功立业的心态，还是立言的愿望，都与儒家治国、平天下与立德、立言、立功等思想相符合。

此外，魏晋南北朝时期的世家大族希望子弟能仕进者不在少数，而这一种希望在一定程度上是出于维护家世地位的目的，萧绎在这方面恐怕也没有什么不同。他作为梁武帝的儿子，就他个人而言，荣华富贵自可享用一世。然而，一旦梁武帝死去，子又传子，子又传孙，萧绎以及他的子孙仅仅凭借血统恐怕只会越来越边缘化，唯有仕进才能保住他这一房的地位。

当然，以建功立业、自我实现为目标的萧绎对子孙"自勉"的要求自不会仅仅是为了做官本身。仍看《戒子》首条，东方朔以"柱下为工"肯定了老子的朝隐思想，而"饱食安步，以仕易农。依隐玩世，诡时不逢"可以说道出了相当一部分士族的心态。以东晋王康琚为例，他的《反招隐诗》中"小隐隐陵薮，大隐隐朝市。伯夷窜首阳，老聃伏柱史"[①] 四句

---

① 逯钦立辑校《先秦汉魏晋南北朝诗》，中华书局，2006年，第953页。

正呼应了东方朔的这一观点。萧绎清楚地看到了当时士族的这种心态,前揭《立言》中"哲人君子,戒盈思冲者,何也? 政以戒惧所不睹,恐畏所不闻,况其甚此者乎"之论中,所谓"戒盈思冲"出自《老子》的"道冲而用之或不盈,渊兮似万物之宗"①,王弼在注释中称:"夫执一家之量者,不能全家;执一国之量者,不能成国;穷力举重,不能为用。故人虽知万物治也,治而不以二仪之道,则不能赡也。地虽形魄,不法于天则不能全其宁;天虽精象,不法于道则不能保其精。冲而用之,用乃不能穷。满以造实,实来则溢。故冲而用之又复不盈,其为无穷亦已极矣。形虽大,不能累其体;事虽殷,不能充其量。万物舍此而求主,主其安在乎? 不亦渊兮似万物之宗乎?"②王弼的注释是要阐述老子的原旨,是说个人仅仅凭借自身的努力,即使竭尽全力也不够用,须得像地效法天、天效法道一样,以天地为法,以道为法,这样就能"用之或不盈"了。而萧绎"哲人君子,戒盈思冲"却并不是说"哲人君子"效法道、效法天地来做事,而是说这些人虽然"思冲"却"戒盈",也即虽然向道,但却并不用尽全力做事。在他看来造成这一现象的原因在于他们对政权掌握在那些"戒惧所不睹,恐畏所不闻"的人手中的不信任,用东方朔的话来说,即是"诡时"。对于渴望建功立业的萧绎来说,仕进是他自我实现的一种方式,加之,萧梁王朝本就是萧家的天下,家与国的合一使得他从出生起就不必担心自己的仕途,更何况萧衍又是一个对于子孙非常宽纵的人,故此,从萧绎的角度来说,将"饱食安步"视为入仕的目的与将"依隐玩世"作为规避"诡时"的方法都是十分不可取的。《戒子》首条所谓"详其为谈,异乎今之世也"是说东方朔的"朝隐"想法根源于他所处的时局不好,而萧绎与子孙所处的萧梁王朝与

---

① 《老子道德经注校释》,第 10 页。
② 同上,第 10—11 页。

之大为不同，这个时代不但不是"诡时"，还是"尧舜在上"的"千载一朝"，在这样的时代里，萧绎认为应该"人思自勉"。而作为一个积极仕进而又反对"朝隐"的人，萧绎在其《戒子》中以儒家思想作为主要规范也就不足为奇了。

综上，我们认为萧绎在《戒子》中试图以儒家思想规范子弟形成其独特的门风，这种门风的基础或者初级目的是希望子孙能避祸保身，在此基础之上建立一种孝友的家风，至于最高的期待则是希望子孙能够在仕途上积极进取以期建功立业、光耀门楣。

（二）"《五经》为本"

前文已及，《戒子》中唯一论及治学之道的是第 12 条，为讨论方便，先将其中反映萧绎治学观念的部分重录如下：

> 凡读书必以《五经》为本，所谓非圣人之书勿读。读之百遍，其义自见。此外众书，自可泛观耳。正史既见得失成败，此经国之所急。《五经》之外，宜以正史为先。谱牒所以别贵贱，明是非，尤宜留意。或复中表亲疏，或复通塞升降，百世衣冠，不可不悉。

这段内容大致可以分为三个层次：其一，"以《五经》为本"；其二，"《五经》之外以正史为先"；其三，"谱牒……不可不悉"。以下就从这三个层次展开论述：

1. "以《五经》为本，所谓非圣人之书勿读"

先看"凡读书必以《五经》为本"，这显然是萧绎心目中治学的出发点。自从汉武帝采纳董仲舒的意见"罢黜百家，独尊儒术"，并将今文《五经》立在学官，经学渐渐成了两汉学术的主流。至魏晋南北朝时期，在形名之学与荆州学派的影响之下，玄学渐渐兴起并发展，甚至开始出现盖过儒学的势头，而儒学则呈现出衰颓状态。当然这里的儒学主要指的还是今文经学，古文经学仍在发展，解经注经者仍比比皆是。只不过随着玄学的发展,经学已"从汉儒的训诂、章句之学,发展为晋人的经义之学",至南朝以后受到佛教徒讲经之法的影响,经学又发展为"南北朝的义疏之学"①。总之,经学虽不复两汉时的地位,但在整个魏晋南北朝时期仍得到不断的发展。

这一时期累世治经的情况仍然常见,许多世家大族都代有治经之人。萧梁时期有会稽贺氏、庐江何氏、山阴孔氏,等等,陈寅恪曾谓这一时期"学在家族",的确如此。在这个时代里,家庭与家族在文化的传承方面起到了非常重要的作用。士族以文化自重,加之这一时期政权更迭频繁,造成有些文化高门宁可开馆授课,也不应诏出仕,如大儒何胤在南齐尚任官职,自齐梁易代后便不再做官,不论梁武帝如何征召都坚辞不受,奖赏亦概不接受。但据《梁书·何胤传》,他曾因所居僻静招不到学生而搬家,比起为官来,他对治学富有更大的野心。当然,所谓"学在家族","家族"主要是指士族,尤其是世家大族,他们手中掌握的文化资源是一般庶族所不及的。后起的士族想要继续站稳脚跟,在文化上下功夫也是极为常见的,而如前所述,兰陵萧氏本是低等士族,在发展的过程中渐渐向高等士族靠拢,这也包括了学术文化上的提高。至晚在梁武帝一辈,兰陵萧氏已以《孝经》《论语》传家,梁武帝本人更是博学,其经学研究之作前文已录,这里不再赘引。萧绎生在天监七年(508),其时不但梁武帝本人文化素养极高,萧家的门第更非寻常士族可比,加之母亲教导有方,萧绎早早就接受了经学教育,据其本人记载,有《周易讲疏》《礼杂私记》等经学著作。

虽说是"学在家族",但政府对于经学的发展功不可没,这尤其表现在两个方面:

其一是在选拔官吏时注重经术的考察。这主要体现在通过察举与

---

① 徐有富著《目录学与学术史》,中华书局,2009年,第95页。

学校课试两途径为官者。虽然察举入仕与学校入仕在整个魏晋南北朝时期的选官途径中并不占主导地位,但是这两种选官途径在南朝却相当受到重视,甚至呈现出士族化的倾向,不但通过察举入仕的人当中士族占了相当的比重,便是"国子学入仕之途,也几乎为士族权贵独占"①。而这种倾向出现的本身,即说明这种选官途径受到了世家大族的重视,故而经术之考察也必然影响到家族教育。

其二即是培养制度上对于经学的重视,这又主要表现在官学对于经学的推动。魏晋南北朝时期官学时兴时废,尤以两晋时期最为不振。先是八王之乱、永嘉之乱等打破了西晋前期稳定的政局,从而造成官学废弛。及永嘉五年(311),匈奴兵攻陷都城洛阳后,中央官学被彻底摧毁。东晋立国后,先有王导、戴邈之请,次有袁环、冯怀之议,皆为立太学,淝水之战后谢石上疏请立国学,尽管前后三次动议,东晋中央官学的办学效果却并不佳,官学并未得到振兴。宋齐之时因为政局的不稳定,国子学时兴时废的情况未能避免。至于梁代,随着政局渐趋稳定和武帝的积极倡导,官学教育才渐渐兴盛起来,且不唯为中央发展教育,武帝还曾分遣博士、祭酒至各州郡立学,设儒林参军、劝学从事、文学从事等职务,促进地方教育的发展。而经学是梁代官学的重点教授内容。在梁武帝大力提倡并推动之下,有梁一代成为南朝经学最发达之时。在父亲的影响之下,萧绎自身亦非常重视办学,在荆州刺史任上,他曾"起州学宣尼庙。尝置儒林参军一人,劝学从事二人,生三十人,加廪饩"②。他不但在刺史位上积极兴办地方学校,还曾在自己的府邸置学。据《梁书·贺革传》载,他还曾"于府置学,以革领儒林祭酒,讲《三礼》,荆楚衣冠听者甚众"③。总之,梁代官学发展促进了经学的发展,

---

① 阎步克著《察举制度变迁史稿》,中国人民大学出版社,2009年,第185页。
② 《南史》,第243页。
③ 《梁书》,第673页。

而萧绎"以《五经》为本"，既与当时世家大族的选择不相违拗，也顺应了政治潮流。

在关于"读书必以《五经》为本"这一层次里，萧绎还谈到了读书方法如"读之百遍，其义自见"，又提到了对于《五经》以外书的态度，即"自可泛观耳"。这里特别有意思的是，在"读书必以《五经》为本"之后，萧绎又说："非圣人之书勿读。"在上一章讨论萧绎的谶纬观时，我们认为萧绎是一个愿意接受谶纬暗示的人，而在《金楼子·立言上》中，他也明确说过"以卜筮为神明"，然而在具有家训性质的《戒子》中却指出"非圣人之书勿读"，这两者之间不矛盾吗？关于这个问题，我们放到本议题的最后来解答。

2."《五经》之外，宜以正史为先"

萧绎说："此外众书，自可泛观耳。"不过，泛观也有泛观的重点，他紧接着便告诫子孙要读正史与谱牒，尤其提出"宜以正史为先"，这一观点产生于魏晋南北朝时期学术分科发生变化的大背景之下。两汉时期，史学依附经学而存在，表现在《汉志》中即是史部图书依附于《六艺略》中《春秋》经之属，这是因为彼时史学的功用被经学取代了。到了魏晋南北朝时期，今文经学渐渐没落，史学的地位非但没有随着今文经学没落，反而上升，这尤其表现在史学的独立地位得到了承认。

首先，在图书分类上，史部书籍脱离经部而独立。早在《中经新簿》中，史部已与经部、子部及集部并立，其次序排在子部之后，集部之前。至《晋元帝四部书目》中，史部已经调整到经部之后，子部之前，这也奠定了其在以后的四部分类的图书目录中的位置。而梁代的阮孝绪在《七录序》中提出："刘、王并以众史合于《春秋》。刘氏之世，史书甚寡，附见《春秋》，诚得其例。今众家纪传，倍于经典，犹从此志，实为繁芜。且《七略·诗赋》不从《六艺》诗部，盖由其书既多，所以别为一略。今依拟斯例,分出众史,序纪传录,为内篇第二。"① 阮氏不但将纪传体史书独立分类,并且提出了文献多寡对于图书目录分类有所影响的观点②,这一方面说明当时史书已多到必须另立类别,另一方面也反映出时人对于史部独立认识已经从自发上升到自觉的层面了。

　　关于史学独立地位的问题,我们所要谈的第二方面正是关于史学独立的自觉认识。东汉末年,先有太史公书的被尊称为《史记》;曹魏以后,又有了将《史记》、《汉书》并称为"《史》《汉》"的情况;此外,更出现了将《史记》、《汉书》、《东观汉记》称为"三史"的情况。不但如此,"三史"还常常被用于描述一个人的学术经历,甚至与经部学问并称,如晋刘耽"明习诗、礼、三史"③,梁裴子野"家传素业,世习儒史"④ 等,其中后者"儒史"并称,实际上从学术角度来说内中就包含了"经史"并称之意。对此,逯耀东指出,"当时三史与五经或六经并举,若省略而言,就变成了'经史'。因此,'三史'概念出现,是史学脱离经学而独立过程中,重要的发展阶段,象征着经与史对立的观念业已形成"。也是在魏晋时代,"经史"并称很普遍。⑤ 随之而来的是,魏晋南北朝时期大批文士纷纷修史,或托史书以寄意或借修撰以立言,从某种角度来说,编修史书之于他们就如治经一样,成为一种自我实现的手段。在于史家,这种自觉体现在将自己的史学理念乃至对于社会人生的思考都寄寓在所撰写

①　参见姚名达著《中国目录学史》,吉林人民出版社,2014 年,第 58 页。
②　逯耀东在《〈隋书·经籍志·史部〉形成的历程》一文中,曾指出:"如果认为刘歆的《七略》及班固的《汉书·艺文志》,不立史部,单纯由于史部书的书籍'篇帙不多',这个问题还是值得讨论的……《汉书·艺文志》不另立史部,和史学著作篇帙的多寡无关。《汉书·艺文志》所以将史部书籍附于《春秋家》,是因为当时史的独立概念还没有形成,经史没有分立,史学只不过是依附于经学下的一个旁支而已。"收在逯耀东著《魏晋史学的思想与社会基础》,中华书局,2006 年,第 24 页。
③　《晋书》,第 1676 页。
④　《梁书》,第 442 页。
⑤　详参逯耀东《〈隋书·经籍志·史部〉形成的历程》一文,同注②。

的史书之中，于是流传下来的史书中，不仅所作的序、论、赞等，便是史事的记述本身亦都体现出这种自觉。而比起史家的自觉来，更能体现出时人对于史学的思考的是史学批评的自觉。史料中保存了时人对于史书的诸多评议，如对陈寿《三国志》"质直"的评价，或如对"实录"的追求等，更不用说刘勰的《文心雕龙·史传》，尤其是后者几乎可以说是代表了这一时代史学批评的最高水平。

与此相应，在当时的官私教育之中，史学独立为科，与经学一样。而就像汉以来有以治经、传经为业的经师，魏晋南北朝时期治史的人也渐渐增多，甚至出现了累世治史的家族，如出身河东裴氏的裴子野便被与其曾祖裴松之、祖父裴骃并称为"史学三裴"。

可以说，魏晋南北朝时期是一个史学相对发达的时代，而萧绎在《戒子》中于《五经》之外最为重视正史，这充分体现了萧绎的治学观念对于时代的呼应。也正是在这种史学大发展的背景下，才有了"正史"概念的诞生，我们不妨来讨论一下萧绎所谓"正史"的概念。

首先，萧绎虽然使用了这一概念，但这个概念并不肇始于他，一般认为，"正史"一词最早出现在阮孝绪的《正史削繁》中，而与萧绎大约同时的庾元威在《论书》中亦提到"汉晋正史"①，由此推测，当时必已先有此概念。

其次，阮孝绪《七录·记传录》下分为国史部、注历部、旧事部、职官部、仪典部、法制部、伪史部、杂传部、鬼神部、土地部、谱状部、簿录部等十二部类。其中"国史部"很可能就是其依正史的概念划分的。惜此书亡佚，未能审其详。幸好成书距萧绎百年不到的《隋志》中论及这一概念：

---

① （南朝梁）庾元威（一作"唐元威"）撰《论书》，收在（唐）张彦远辑，洪丕谟点校《法书要录》，上海书画出版社，1986年，第44页。

世有著述,皆拟班、马,以为正史,作者尤广。一代之史,至数十家。唯《史记》、《汉书》,师法相传,并有解释。《三国志》及范晔《后汉》,虽有音注,既近世之作,并读之可知。梁时,明《汉书》有刘显、韦棱,陈时有姚察,隋代有包恺、萧该,并为名家。《史记》传者甚微。今依其世代,聚而编之,以备正史。①

唐初史官在编修《隋志》时曾用阮孝绪《七录》来校对隋代的目录,也就是说《隋志》中的"正史"概念虽未必同于阮氏的《七录》,但很可能受到了阮氏《七录》的影响。另外,从论述中不难发现,魏徵以《史记》、《汉书》、《三国志》一类的纪传体史书为正史,并将音注一类的注史之书亦附于其中。稍晚的刘知幾在《史通·古今正史》中则将自《史记》、《汉书》以下所有皇朝史书,不计纪传、编年之体例,皆视为"正史"。这两种定位是我们了解萧绎的重要背景。

至于萧绎,其传世的著作中虽未对"正史"的概念正面诠释过,但《金楼子》这部书却给我们提供了一些线索。

首先,萧绎指出:"正史既见得失成败,此经国之所急。"这里,萧绎将"正史"与"经国"联系在一起,则其"正史"指向的极可能就是对于当下或未来有鉴戒作用的本朝或他朝的皇朝历史。

其次,今存《金楼子·著书》中保留了他亲自编写的图书目录。这份目录中的全部书籍,按照当时的通行做法,萧绎都可以领有著作权,而从他的描述中他对这些书籍的内容还是有相当程度的了解的,因而他对于这些图书的著录就特别值得我们注意。在这份目录中,萧绎将全部图书按甲、乙、丙、丁四部著录。其分类之法承自李充《晋元帝四部书目》的甲、乙、丙、丁的分类法,而早于《隋志》经、史、子、集的分类法,当然,亦早

---

① 《隋书》,第957页。

于太清之乱后可能是萧绎自己的经、史、子、集的分类法。① 现在,试将《著书》与《隋志》二录对于萧绎同一作品的著录情况作以对比(详见附表二),需要说明的是,尽管两种目录都同时著录了一些图书,但这些图书的完成情况却未必一致。当著录的是同一书名但内容不完全一致的书籍时,两种目录作不同的分类处理是完全有可能的。且萧绎《著书》著录图书的数量与《隋志》不可同日而语,这在客观上就可能导致二录对于同一图书著录的不一致。更不要说,作为后来者,《隋志》的编修者本不必与萧绎持有同样的学术分类意见。表格呈现给我们的内容很多,这里我们只取与史部观念有关的内容总结如下:

第一,大概是因为图书数目较少,《著书》对于图书的分类只限于一级分类,即甲、乙、丙、丁四部之下无具体分类。而《著书》中对应史部的乙部类图书在《隋志》中均被著录在《史部》之下,其中,除《注前汉书》一种被著录为正史外,余皆著录为杂传。

第二,《著书》丙部中著录的部分图书在《隋志》中亦被著录在史部,这些图书或被著录为杂传,或被著录为地理类书,等等,皆非正史一类。

从两份目录的对比来看,《著书》与《隋志》关于史书的著录还是有着相当大的差别的,尤其是关于史部图书的认识,但目前尚无证据证明二者对于"正史"的概念有什么不同,尤其《著书》乙部中赫然著录着《注前汉书》,这正是《隋志》史部"正史类"中音注一类的注史之书。

---

① 颜之推自为《观我生赋》注,其中有:"王司徒表送秘阁旧事八万卷,乃诏比校,部分为正御、副御、重杂三本。左民尚书周弘正、黄门郎彭僧朗、直省学士王珪、戴陵校经部,左仆射王褒、吏部尚书宗怀正、员外郎颜之推、直学士刘仁英校史部,廷尉卿殷不害、御史中丞王孝纪、中书郎邓荩、金部郎中徐报校子部,右卫将军庾信、中书郎王固、晋安王文学宗善业、直省学士周确校集部也。"此中已直言经、史、子、集四部,但并没有对各部作进一步的说明,不过,能这样分配校书工作,可见这很可能是萧绎自己的经、史、子、集观念。《观我生赋》自注收在《北齐书》,引文见《北齐书》,第622页。

第三,《金楼子》的《聚书》中为我们保留了萧绎部分的聚书记录,这其中不但出现了《隋志》"正史"概念中的《史记》、《汉书》、《三国志》等纪传体史书,还出现了《起居注》二种。"起居注"本就是记录君王言行举止的史籍,而如果以"正史既见得失成败,此经国之所急"的标准来衡量的话,萧绎将之归为"正史"也未为不可。

综上,我们认为,萧绎所谓的"正史"当是记录皇朝历史为主且能够"鉴前世之兴衰,考当今之得失"的史籍,至于是否为纪传体例,则不得而知。值得一说的是,萧绎所用的"正史"这一概念恐非严格意义上的学术概念,不宜与《隋志》中的"正史"概念作严格对比。且以目前的材料来看,"正史"在当时或许是新生事物,以规范后的"正史"概念来看待萧绎对它的使用并不合适。而若以当时人的眼光观察的话,萧绎对于史部的认识恐怕受到的赞扬要多过批评。萧琛就曾在《和元帝诗》中论及萧绎的学术体系,其中"儒墨自玄解,文史更区分"[①]二句充分表达了对于萧绎学术方面的肯定,而"文史更区分"无疑是认为萧绎对于文与史的概念把握得很好,诗中虽不免溢美之词,但仍能在一定程度上反映时人的看法。

在这一前提下,让我们再来看看萧绎要诸子读正史的原因。与史学地位上升、史部独立相应的是,这一时期史书大增。如前所述,此时相当一批文士将编修史书视为一种自我实现的手段,因而纷纷修史。而统治者对于史书编修工作亦非常重视。魏晋南北朝时期的统治者中,在政权建立或稳定之初即组织人力编选前朝乃至本朝历史的比比皆是,梁代亦如此,如周舍曾掌国史,又如裴子野被荐为著作郎掌国史及起居注,等等。另外,随着统治者组织修史,出现了专门著史的官职,即著作郎与著作佐郎等。著作郎一职创于曹魏时期,初为一人,至西晋

---

① 引自《艺文类聚》卷五十,第901页。

时又称为大著作郎,于其下又设佐著作郎八人,宋齐以后改称著作佐郎,规模不可谓不大。且著作郎、著作佐郎皆为清要之官,后者在后世甚至成为世家大族子弟起家官之首选。又,齐梁以后,置修史学士,也称撰史学士或撰史著士。六朝时期史官制度的完善反映了统治者有意将编修史书控制在手中,而这正是对于史书作用认识加深的结果。萧绎所谓"正史既见得失成败,此经国之所急"正与此同,而这也再一次反映了萧绎对于诸子仕进的期待。

3. 谱牒不可不悉

何谓"谱牒"? 我们先借用钱杭的定义:"宗族谱牒是以记录宗族世系源流为主、收集登载其他宗族文件为辅的一种文献。谱牒性文献可以有多种名称,如宗谱、族谱、家谱、世谱等,也可单独称作'谱'。"[①] 我国以文字记录宗族世系的历史非常的悠久,现存的商代甲骨文的残片中就保留了记录世系的文献,这些残片已经具有谱牒的性质。至如周代的《世本》则已是正式的谱牒文献了,司马迁在撰写《史记》时就曾对其充分利用。谱牒从诞生以后就一直在发挥社会功用,早在西周时期谱牒是"为推行宗法分封,巩固周王朝统治服务的"。春秋战国以后,礼崩乐坏,谱牒本来的功用渐渐丧失。至于西汉,儒家地位渐渐提高以后,家族尤其是累世同居的大家族为政府所提倡,可以说这一时期的谱牒是"为恢复、重建宗族和形成、巩固世族的统治服务"。[②] 曹魏以后,士族社会渐趋形成,谱牒的社会功用也发生了变化,唐代的谱学家柳芳这样说:

> 魏氏立九品,置中正,尊世胄,卑寒士,权归右姓已。其州大中

---

① 钱杭著《中国宗族史研究入门》,复旦大学出版社,2009 年,第 121 页。
② 林其锬撰《家谱功能的历史嬗变与现代价值》,收在上海图书馆编,王鹤鸣、马远良、王世伟主编《中华谱牒研究》,上海科学技术文献出版社,2000 年,第 64—71 页。

正、主簿，郡中正、功曹，皆取著姓士族为之，以定门胄，品藻人物。晋、宋因之，始尚姓已。然其别贵贱，分士庶，不可易也。于时有司选举，必稽谱籍，而考其真伪。故官有世胄，谱有世官，贾氏、王氏谱学出焉。由是有谱局，令史职皆具。过江则为"侨姓"，王、谢、袁、萧为大；东南则为"吴姓"，朱、张、顾、陆为大；山东则为"郡姓"，王、崔、卢、李、郑为大；关中亦号"郡姓"，韦、裴、柳、薛、杨、杜首之；代北则为"虏姓"，元、长孙、宇文、于、陆、源、窦首之。①

柳芳提出"魏氏立九品，置中正，尊世胄，卑寒士"，后文则讲及谱牒的功用，这显然是认为谱牒的社会功用随着曹魏九品中正制的创设发生了变化。东汉末年著姓、冠族为了把持政权，通过清谈清议来操控官吏的选举，当时主持清谈清议的主要是名士。曹魏建立以后，政府最初在郡后来亦在州设立中正，将人才按九品评定以备政府需要，所谓"州大中正、主簿，郡中正、功曹"即是参与评定的人。曹魏设立这一制度本是为了将品评人物的权力从名士收归政府，也同时将操控选举的权力从著姓大族手中收归中央，然而这一制度被世家大族利用，于是才有了主持"定门胄，品藻人物"的官吏"皆取著姓士族为之"，其结果自然是"尊世胄，卑寒士"。于是，在民间，一方面士族主动修缮谱牒，以期求得上品；另一方面，寒门或庶族为了谋求官职伪造谱牒以抬高门第。而为了"别贵贱，分士庶"，有司在选举时必定稽查谱牒和户籍来考定真伪，除此以外，政府也开始着手建立官方档案以剔除伪冒者，维护世家大族的特权。不但如此，与选吏有关的职务亦要求应官者有熟悉谱牒之能，《南齐书·王晏传》载：

> 上欲以高宗代晏领选，手敕问之。晏启曰："鸾清干有余，然不

---

① 《新唐书》，第 5677—5678 页。

谙百氏,恐不可居此职。"上乃止。①

齐武帝想用萧鸾代替王晏担任吏部尚书之职,而王晏以萧鸾不熟悉谱牒为由加以反对,齐武帝只好作罢。又,《梁书·徐勉传》载:

> (天监)六年,除给事中、五兵尚书,迁吏部尚书。勉居选官,彝伦有序,既闲尺牍,兼善辞令,虽文案填积,坐客充满,应对如流,手不停笔。又该综百氏,皆为避讳。②

所谓"该综百氏,皆为避讳"显然指徐勉熟悉谱牒。凡此,可知谱牒在选拔官吏方面发挥着重要的作用。

对于谱牒的利用当然不止于此,当时社会交往甚至通婚之前都要查阅谱牒。一方面,交往之中十分看重彼此的门第、身份,而当时特重礼法,不经意间谈及对方家族长辈的名字是极大的忌讳。《金楼子·杂记上》载:

> 世人相与呼父为凤毛,而孝武亦施之祖,便当可得通用,不知此言意何所出。王翼在座,闻孝武此言,迳造谢超宗:"向侍御坐,天旨云弟有凤毛,吾不曾见此物,暂借一看。"翼非惟不晓此旨,近不知超宗是谢凤之儿。超宗感触既深,狼狈起还内里避之。翼谓超宗还内检取凤毛,坐斋中待望。久之,超宗心惧微歇,兼翼其已悟,于是更出对客。翼又谓之曰:"凤毛止于此一看,本不将去,差无损失,那得遂不见借。"超宗又走,乃令门人密往喻之,翼然后去。翼即是于孝武座呼羊肉为蹲鸱者,乃其人也。超宗子几卿,中拜率更令。驺人姓谢,亦名超宗,亦便自称姓名云:"超宗虫蚁,就官乞

---

① 《南齐书》,第742页。
② 《梁书》,第378页。

睞。"几卿既不容訓此言,骖人谓为不许,而言之不已,几卿又走。①

此中萧绎讲述两个关于谢超宗的故事,二者的特点是皆因谈及对方父亲名讳而令对方尴尬不已,只能回避。另一方面,当时士族在缔结婚姻方面非常重视门第。易图强在《两晋南朝士族门第婚姻的量化分析》中运用数据统计与量化分析的方法对两晋南朝士族婚姻状况作以统计,据所作图表指出:

> 两晋南朝士族之婚姻共有 216 起。其中,士族与士族通婚的有 183 起(包括高门与高门之间通婚 105 起,高门与次门之间通婚 54 起,次门与次门之间通婚 24 起),约占士族婚姻总数的 84.7%;士族与庶族通婚的有 33 起(包括高门与寒门之间通婚 23 起、次门与寒门之间通婚 10 起),约占士族婚姻总数的 15.3%。这是其一;其二,在士族与士族之间通婚的 183 起婚姻中,高门与高门之间通婚的数目约占 57.4%,高门与次门之间通婚的数目约占 29.5%,次门与次门之间通婚的数目约占 13.1%。②

易氏尽可能地利用了传世文献与出土文献③ 两种途径的资料,尽管限于史料仍不全面与历史记载自身多取特殊性而非全面性等因素,其统计并不能完全反映出当时士族通婚的状况,但统计结果非常直观地向我们展现了两晋南朝门第婚姻的状况,尤其是体现了士庶有别这一点。更何况现存史料中亦有沈约凭"婚宦失类"弹劾王源、侯景欲与王谢缔结婚姻被拒等情况的记录。前一个事件中有所谓"索璋之簿阀"

---

① 《金楼子校笺》,第 1265—1266 页。
② 易图强撰《两晋南朝士族门第婚姻的量化分析》,载于《湖南教育学院学报》,1996 年 7 月,第 14 卷,第 3 期,第 44—51 页,引文在第 50 页。
③ 据易氏表下自注,所采资料来自《晋书》、《宋书》、《南齐书》、《梁书》、《陈书》、《南史》、《世说新语》、《魏晋南北朝墓志集释》、《文物》,当时人文集以及现代人的有关论著等。

之事,说的正是通过谱牒来查询门第之事。

综上,在各种原因综合作用之下,魏晋南北朝时期谱牒大量增加,而研读他人家谱也成为一种社交需求,甚至促成了一门新兴的学问——谱学的诞生,而萧绎对谱牒与谱学极为看重,这在他的著作中已有所体现。

先从《谱》说起。《著书》中著录了《谱》一秩十卷,萧绎原注称"金楼付王兢撰",可知此书当为合撰。辛德勇在《由梁元帝著述书目看两晋南北朝时期的四部分类体系》中推测,"梁元帝著述书目中的'谱',应当是一部记录梁皇室家世的谱牒,因为除了自己的家谱之外,不大可能使用这样笼统的篇名,这与梁元帝在书目后面丁部中称自己的集子为《集》是同样的道理"①。而许逸民在《金楼子校笺》中据《隋志》子部兵家类著录有《马槊谱》等推测,"此处所谓《谱》,或亦《马槊谱》、《马射谱》之属欤?"②许先生从《隋志》分类反推《谱》的性质,其推测不无道理,然而笔者更赞成辛先生的意见,即《著书》中所录之《谱》很可能就是一部集录谱牒文献的著作。自《隋志》而后,谱牒类文献多被列在史部之下,与之不同的是萧绎并没有将这种著作放在明显接近于后代史部的乙部,而是将之置于多数文献近于子部的丙部中。关于这一点,辛德勇认为,"在两晋南北朝时期的四部分类当中,'谱系'或'谱牒'一类还未归入史部,它仍是子部下面的一个类目"③。不过笔者以为,我们还可以更退一步,即不从当时的普遍观念出发,而是将之与萧绎自身的学术观念联系起来,毕竟其《著书》的丙部中不但著录有后来常被归类于史部的谱牒,还有后来同属于史部的地理类文献等。而既然其分类方法与《隋志》如此不同,再从《隋志》子部类图书推测恐不合适。不幸的是,这

---

① 辛德勇著《历史的空间与空间的历史》,北京师范大学出版社,2013年,第325页。
② 《金楼子校笺》,第1027页。
③ 《历史的空间与空间的历史》,第325页。

部书早已散佚,我们对它的了解仅止于萧绎曾提到此书"付王蔱撰",而王蔱此人遍考未见,疑为讹写。萧绎同时代中有王克,或即为此书的撰者。近人赵图南《梁元帝著作考》中于"《谱》一秩十卷"后加按语:"他书均不著录。王蔱人无可考,惟王克者,与帝甚善,然亦未见有此作,书佚。"[1]笔者所见材料不能证赵图南的王克"与帝甚善"之说,但是萧绎的确曾提及此人,《金楼子·杂记上》载:

> 余后为江州刺史,副君赐报曰:"京师有语曰:'议论当如湘东王,仕宦当如王克。'"克时始为仆射领选也。[2]

从萧绎的记述中,可知二人同在京师,且风头正劲。又,萧绎《遗周弘直书》:

> 适有都信,贤兄博士平安。但京师搢绅,无不附逆。王克已为家臣,陆缅身充卒伍,唯有周生,确乎不拔。[3]

萧绎提到"王克已为家臣"是说王克在太清之乱中投降侯景一事,此时他对王克的定位是"京师搢绅",语意之中毫无亲近之感。且若二人曾有私交,对其甘为侯景家臣一事,萧绎当有愤怒的情绪,这一点信中也没有。故此,推测二人只不过是平平之交,但这一点并不影响二人合作撰书。据《南史·王彧传》载,王克是琅邪王氏的后人,王彧的曾孙,曾任尚书仆射。这里值得注意的是"领选"一职,这说明王克做过选拔官吏的工作。又,他的祖父王缋也曾做选拔官吏的工作,据《南史》本传记载:"吏部尚书张岱选缋为长史,呈选牒,高帝笑曰:'此可谓素望。'"[4]所谓"选牒"即是推荐官吏的公文。前文中我们已经提到当时

① 《梁元帝著作考》,第 32 页。
② 《金楼子校笺》,第 1283 页。
③ 《陈书》,第 308 页。
④ 《南史》,第 636 页。

担任选拔官吏的工作本身就需要通谱牒之学，而祖孙皆能任选吏之职，可知其对谱牒必有研究，则萧绎将《谱》交托给他撰写是完全有可能的。

其次，萧绎作品中又有《同姓同名录》一种，书一秩一卷，注为"金楼撰"①。四库馆臣为明余寅撰《同姓名录》所撰提要中提到："自梁元帝始著《古今同姓名录》一卷，见于《隋志》。唐陆善经、元叶森递相增益，其后渐佚。惟《永乐大典》有此书，而庋置禁庭，世无传本。"② 由此推测，四库馆臣认为同姓名录一类书籍的编纂始于萧绎，即便此类书的撰作并非始于萧绎，但以传世状况看来，萧绎的著作在此类书的编撰史中也相当靠前。萧绎何以编撰这样一部著作呢？《金楼子·杂记下》载："桓谭有《新论》，华谭又有《新论》，扬雄有《太玄经》，杨泉又有《太玄经》，谈者多误，动形言色。或云：'桓谭有《新论》，何处复有华谭？扬子有《太玄经》，何处复有《太玄经》？'此皆由不学使之然也。"③ 此是为区分书籍而写，同名著作非同一作者需要分别，同理，姓名虽同而人不同亦当需要分别。对于书籍的分别当起于萧绎对于聚书的爱好及对学术的追求，而对于人的分别某种角度来说也如此，但更多的当是受到了当时评鉴人物的影响，即同于谱牒对于家世的记录客观上有助于社会交往一样，《同姓同名录》自然亦有避免张冠李戴之嫌。从某种角度说来，这一可能肇始于萧绎的学问或正是受到了当时世族社会风气及谱学发展之影响。

而无论是前引《金楼子·杂记上》中关于谢超宗事的记载，还是《谱》或《同姓同名录》，都体现了萧绎对于谱牒与谱学的重视，当然这种重视与其说是出于学术的考量，毋宁说是出于致用的考量。萧绎在《戒子》中指出谱牒是用来区分贵贱与判明是非的，需要特别留意，而所谓

---

① 《金楼子校笺》，第 1016 页。
② 《四库全书总目提要》，第 3472 页。
③ 《金楼子校笺》，第 1324 页。

"或复中表亲疏,或复通塞升降",则是说谱牒可以用来区别人与人之间的亲疏关系,关乎官位乃至门第的升降。他尤其提出"百世衣冠",强调谱牒对于仕进与维护宗族地位的作用,这些都说明他更多的是考量谱牒的社会功用。

综上所述,不难发现,从《五经》到正史再到谱牒,这些学问在萧绎所处的社会都堪称显学,具有用性,即有助于仕途,或者更确切地说,有助于建功立业。萧绎自己的学问不止于此,如前揭《立言》所述:

> 余以孙、吴为营垒,以周、孔为冠带,以老、庄为欢宴,以权实为稻粮,以卜筮为神明,以政治为手足。一围之木持千钧,五寸之楗制开阖,总之者明也。[1]

萧绎的思想繁复博杂,《金楼子》即能体现这一点。而正如萧绎自己所说,"一围之木持千钧,五寸之楗制开阖,总之者明也",他用来总汇诸家思想的基础正是儒家思想。也因此,无论是在家风还是家学问题上,他都以儒家思想作为基本的规范。

当然,我们必须承认,萧绎的这种"立言"、"立功"的思想必定受到了儒家思想的影响。彼时的社会风气加之萧绎自幼以来接受的教育,甚至于他所为之奋斗的"立言"、"立功"的思想也都出于儒家,这就使得他以儒家作为思想乃至行事之规范成为可能,《金楼子》中也处处体现了对于儒家地位的尊重。然而,如果我们换个角度来思考,诚如钟仕伦所论,从萧绎的身份出发,当治国平天下成为他日常生活的一部分的时候,儒家也不过就是有助于治国安邦的一种思想。我们如果循着这一思路继续追问,那么主导他思想的究竟是儒家思想抑或是"立言"、"立功"的人生愿望本身?《金楼子·立言下》载:

---

[1] 《金楼子校笺》,第 854 页。

河上公序言："周道既衰,老子疾时王之不为政,故著《道德经》二篇,西入流沙。"至魏晋之间,询诸大方,复失老子之旨。乃以无为为宗,背礼违教,伤风败俗。至今相传,犹未袪其惑。皇甫士安云："世人见其书云:'谷神不死,是谓玄牝。'故好事者遂假托老子,以谈神仙。"老子虽存道德,尚清虚,然博贯古今垂文,《述而》之篇及礼传所载,孔子慕焉是也。而今人学者,乃欲弃礼学,绝仁义,云独任清虚,可以致治,其违老子亲行之言。①

萧绎认为"以无为为宗,背礼违教,伤风败俗"与"弃礼学,绝仁义,云独任清虚"都是"违老子亲行之言"的。老子自身并不"背礼违教",他之所以写《道德经》是因为"疾时王之不为政",甚至儒家的"《述而》之篇及礼传所载"是孔子仰慕老子而作,也就是说老子所掌握的道才是终极之道,儒家所行的那一套是从老子而来。这里我们且不具体去谈萧绎关于儒道的认知问题,我们要强调的是,诚如他认为老子所掌握的道是比儒家的礼教更为终极的追求,他自己所追求的建功立业或者说"立言"、"立功"自身就是一种终极追求,儒家的思想只是刚好与之相合。由是,与其说萧绎企图建立一种以《五经》、正史、谱牒为主导的家学,不如说他企图建立一种有助于建功立业的家学。同时,与其说他企图建立一种以儒家思想为指导的家风,不如说他企图建立一种致力于建功立业的家风。而这里尤其值得注意的是,建功立业并不等同于仕途。

现在我们可以调回头来看看萧绎的"非圣人之书勿读",这与上引萧绎自述中的"以卜筮为神明"显然不矛盾。因为萧绎编撰《戒子》的一个重要目的在于指导子孙去建功立业,至于"以卜筮为神明"更多的体现的是他个人的兴趣所在。

---

① 《金楼子校笺》,第961—962页。

二、诸侯的家训

此前,本章虽然一直围绕《戒子》展开讨论,但到目前为止,我们一直没有直接讨论其成立时间。我们当然无法给出此篇成立的确切时间,但是诚如前文所提到的,从"方今尧舜在上,千载一朝"约略可以推测出萧绎在下决心撰写《戒子》的时候身份尚为藩王,倘若他此时已是帝王,是断然说不出"尧舜在上"这样的话来的。甚至,我们可以更进一步推测,其立意撰作《戒子》时,恐还在太清之乱发生以前,也只有在天下承平或者看上去承平之时,他才会说出这样的话来,否则岂非贻笑大方。也因此,我们认为萧绎最初对《戒子》内容的设定必当是从其当下的身份及子弟的身份出发。又,前文试图从《孝经》入手来分析《戒子》的具体内容,这样分析是基于萧绎在材料去取上,既不是从篇章出发,亦不是从作者出发,而是从内容及意图出发去取材料,其表现在《戒子》中即是同一篇家训的内容会被抄录在不同的条目之下。现在我们仍从《孝经》出发来分析《戒子》,但这一次我们换个视角。

首先,看《孝经·天子章》:

> 子曰:"爱亲者,不敢恶于人;敬亲者,不敢慢于人。爱敬尽于事亲,而德教加于百姓,刑于四海。盖天子之孝也。"[1]

《孝经》中按天子、诸侯、卿大夫、士、庶人等五种不同的身份来规定"孝"的涵义,但这并不是说,这五种孝道是截然分开的。事实上,在上者往往要兼具在下者的孝道。《孝经》中对于庶人为孝的基本要求是"谨身节用,以养父母"[2],这对于天子也同样适用,而上引内容讲的就是天子的孝道。天子的孝道即是"爱敬尽于事亲,而德教加于百姓",也

---

① 《孝经注疏》,第7页。
② 同上,第25页。

就是说天子要能以爱敬之心尽力侍奉父母,这是天子以身作则来对百姓施予德教。梁武帝即位之时,父母早已不在世了,但他仍然要表现出自己的孝,为父亲造大爱敬寺,为母亲造大智度寺,在台城内设置至敬等殿,还设立了七庙堂,并于月中设净馔。此外,如前所述,萧衍还曾作《孝思赋》,此文正是为了表现其孝道。然而,对于诸侯与卿大夫的要求则是在另一个层面上的,先看《孝经·诸侯章》:

> 在上不骄,高而不危;制节谨度,满而不溢。高而不危,所以长
> 守贵也。满而不溢,所以长守富也。富贵不离其身,然后能保其社
> 稷,而和其民人。盖诸侯之孝也。①

诸侯的孝道是说纵然身份在万民之上,也能不因地位而骄矜,要能节俭并恪守礼法,如此行事就能长守富贵,而长守富贵才能保护自己的国家,使百姓和睦相处。历来都说梁武帝宽纵宗室子弟,他的弟弟联合他的女儿要杀他,他没有法办;他的侄子,曾经的养子萧正德一度叛逃,但梁武帝还是予以原谅;就连萧综认为自己是东昏侯的后人,叛梁入齐,曾让他一时愤怒而夺其爵位,在萧综客死异乡之后也选择了原谅,甚至恢复了其子的爵位;等等。这之中有"在上而骄"的,有"满而溢"的,这些萧绎皆看在眼中,且有着清醒的认识。

> 哲人君子,戒盈思冲者,何也?政以戒惧所不睹,恐畏所不闻,
> 况其甚此者乎!夫生自深宫之中,长于妇人之手,忧惧之所不加,
> 宠辱之所未至。粤自龆龀,便作邦君。其天姿卓尔,则河间所以高
> 步,穷凶极悖,广川所以显戮,致之有由者也。锡瑞蕃国,执玉秉
> 圭,春朝则驱驰千乘,秋谒则仪刑百辟,江都、广川,可以意者耳。
> 请论之,一曰骄,二曰富,三曰淫,四曰忌。幼飨尊贵,骄也。名田

---

① 《孝经注疏》,第13页。

县道，富也。歌钟盈室，淫也。杀戮无辜，忌也。夫刑罚不中，则民无所措手足，况倍此者邪？夫贵而不骄者，鲜矣。骄则轻于宪网，富则恃于金宝，淫则惑于昏纵，忌则轻于生杀。既不知稼穑之艰难，又不知民天之有本，徒见珠玑犀甲之玩，金钱翠羽之奇。动容则燕歌郑舞，顾盼则秦筝齐瑟，谓与椿鹄齐龄，宁知薤华易晚！覆其宗社，曾不三省，损其身名，不逢八议，异矣哉！古之欲明明德于天下者，先治其国；欲治其国者，先齐其家；欲齐其家者，先修其身；欲修其身者，先正其心；欲正其心者，无为不善而怨人，无刑已至而呼天。身不善而怨人，不亦反乎？刑至而呼天，不亦晚乎？太公曰："夫为人恶闻其情，而喜闻人之情；恶闻己之恶，喜闻人之恶。是以不必治也。"①

从"夫生自深宫之中，长于妇人之手"、"粤自龆龀，便作邦君"等可知，本段议论是为藩王而发。其中，"一曰骄，二曰富，三曰淫，四曰忌"正与《孝经》关于"诸侯之孝"讨论的主题一一对应。《孝经》言"不骄"，而萧绎言"骄"的后果；《孝经》言"制节谨度"，而萧绎讲"恃于金宝"；《孝经》论及"保其社稷"与"和其民人"，而萧绎则言"惑于昏纵"与"轻于生杀"。至如"身不善而怨人，不亦反乎？刑至而呼天，不亦晚乎"，其意正在于要人为善，要正心以达到修齐治平。至如"覆其宗社，曾不三省，损其身名，不逢八议，异矣哉"，则是明确对诸侯身居高位不为礼法所制的情况提出异议。

不难看出，萧绎的这段议论在相当程度上受到了《孝经》的影响，他对于诸侯所应尽之孝非常清楚，对于现实生活中皇室成员的所作所为也有所评断，如《杂记》中就写到了萧续的耽色爱财，并提出要以之为戒；《戒子》第8条也以西晋士大夫扬才露己之事告诫子弟不要做同样

---

① 《金楼子校笺》，第788—789页。

的事情,即同于《孝经》所谓"在上不骄",惟其如此,才能"高而不危"。至于"制节谨度"正是萧绎一向所强调的,《金楼子》中就不止一次提到了节俭,《兴王》与《说蕃》不止一次地赞颂前人俭约之德,如称赞曹操、曹衮、司马炎、司马泰、司马承、刘裕、刘休庆,等等,其中司马泰、司马承、刘休庆等皆为藩王,或者说诸侯。又,在行文中处处表现出对于俭约的推崇,《金楼子·立言上》:"俭约之德,其义大哉!齐之迁卫于楚丘也,卫文公大布之服,大帛之冠,务材训农,敬教劝学。元年,有车三十乘;季年,三百乘也。岂不宏之在人。"①萧绎以卫文公为例,讲了俭约能使国家强大的道理。又,如前引高堂隆对于火灾的解释:"往者承华殿灾,诏问高堂隆:'此何灾?'隆曰:'殿名崇华,而为天灾所除。是天欲使节俭,勿复兴崇华之饰也。'"或云:"公沙穆曰:'居家之方,唯俭与约;立身之道,唯谦与学。'"凡此之类,可知其对于俭约之德的推崇。至于"保其社稷,而和其民人"方面,《金楼子》中关于治国方略与为政之道的言论颇多,此不一一举例。

当然,我们也不难发现,萧绎在《戒子》中引用了大量士大夫家训,《孝经·卿大夫章》规定了士大夫之孝:

> 非先王之法服不敢服,非先王之法言不敢道,非先王之德行不敢行。是故非法不言,非道不行;口无择言,身无择行。言满天下无口过,行满天下无怨恶。三者备矣,然后能守其宗庙。盖卿大夫之孝也。②

如前所述,对于诸侯尽孝的要求,卿大夫不必遵守,反之却不同,对于士大夫孝的要求,诸侯基本也要比照遵守,只不过层次略有不同。如"非先王之法服不敢服",此条不但适用于士大夫,也同样适应于诸侯。

---

① 《金楼子校笺》,第763页。
② 《孝经注疏》,第16页。

齐武帝萧赜有《敕庐陵王子卿》一文:"吾前后有敕,非复一两过,道诸王不得作乖体格服饰,汝何意都不忆吾敕邪?忽作玳瑁乘具,何意?已成不须坏,可速送下。纯银乘具,乃复可尔,何以作镫亦是银?可即坏之。忽用金薄裹箭脚,何意?亦速坏去。凡诸服章,自今不启吾知复专辄作者,后有所闻,当复得痛杖。"① 全篇所论尽是斥责萧子卿服"非先王之法服"的内容。而萧绎即位后,立第四子方矩为太子,而后者"及升储位,昵狎群下,好着微服。尝入朝,公服中着碧丝布袴,抠衣高,元帝见之大怪,遣尚书周弘正责之,因使太子师弘正"②。这一段是说太子着奇装异服,萧绎命尚书周弘正问责此事,并命太子以周弘正为师以期矫正太子的行为。太子着衣尚且如此,何况诸侯。由此可推,萧绎在《戒子》中广引士大夫的家训并不违背《孝经》的等级之分。

此外,值得一说的是,在《戒子》第 6 条中,萧绎曾引及陶渊明《与子俨等疏》中"但恨邻靡二仲,室无莱妇"之句,表达了自己在教育子孙一事上无妻子从旁协助的孤独。汉魏六朝时期,母教渐盛。虽然大体上来说,母教的主要对象是女儿,但事实上还是有相当一部分女性也参与到了对儿子的教育之中。萧绎的母亲自不必说,萧绎在《后妃》中对她大加赞叹,而在侯景之乱中为萧绎所倚重的王僧辩之母魏太夫人在教子方面更是为时人称道。可见,母教在当时并不为人所排斥。甚至,我们如果细心对比,不难发现,阮修容对于萧绎的教育收效甚好,至少萧绎在心理上深受影响,这甚至见诸《戒子》。为了方便说明问题,我们先摘录本篇第 11 条中的句子:

> 使人必须先劳后逸,先功后赏。戒慎乎其所不睹,恐惧乎其所不闻。莫见乎隐,莫显乎微,故君子慎其独也。必使长者安之,幼

① 《南齐书》,第 703 页。
② 《南史》,第 1346 页。

者爱之，朋友信之。是以君子居其室，出其言善，则千里之外应之；出其言不善，则千里之外违之。况其迩者乎？言出乎身，加乎民；行发乎近，至于远也。

而在《后妃》中，阮修容曾教导萧绎：

言出于近，千里必应。士之生世，束修而已。广则难周，无劳交结。玉尚待沽，而况人乎？勤营功德，恒事赈赐，此为上也。①

母亲说："言出于近，千里必应。"而萧绎引《周易·系辞》"言行，君子之枢机。枢机之发，荣辱之主……可不慎乎"② 以对。母亲说："士之生世，束修而已。广则难周，无劳交结。玉尚待沽，而况人乎？勤营功德，恒事赈赐，此为上也。"而萧绎则有"使人必须先劳后逸，先功后赏"之论。萧绎受教于母亲，又将这些道理进一步深化并传授给了儿子，可知萧绎对于母教的态度。至于萧绎借陶文所抒发的孤独感，恐怕还是因为他认为妻子徐妃不能胜任教育子弟的工作，但这并不意味着萧绎要教导子孙不孝敬母亲。一来，《孝经·士章》有言："资于事父以事母，而爱同。"③ 以侍奉父亲的态度去孝敬母亲，这两种爱是一致的，故此不必特别提出要孝敬父母。二来在教育子孙孝敬父母的问题，萧绎更多的是采用身教之法，仍引《金楼子·立言上》首条：

案《祭法》："天子诸侯宗庙，皆月祭之。"又有《月令》："皆荐新。"并云："先荐寝庙。"此皆是月祭正文。《国语》云："古者先王，月祭日祀。"虽诸侯不得祖天子，而宗庙在都，匈奴未灭，拊心长叫，万恨不追。昔鲁国孔氏有仲尼车舆冠服，汉明帝锡东平王苍光烈皇后假髻，帛巾衣一箧。《王沈集》称："日碑垂泣于甘泉之画，扬雄

---

① 《金楼子校笺》，第383页。
② 《周易集解》，第570—571页。
③ 《孝经注疏》，第19页。

显颂于麒麟之图。"遂画先君先妣之像。《傅咸集·画赞》曰:"敬图
先君先妣之容像,画之丹青。"曹休画其父像,对之流泣,诚可悲也。
陆机有《丞相像赞》、《大司马夫人像赞》,即其例焉。窃寻《孝经》所
说,必称先王,盖是先王之行,不敢以不行也。伏见台内别造至敬
殿,甘旨百品,月祭日祀。又为寝室,昏定晨省,如平生焉,先帝朔
望尽哀恸哭。又宣修容奉造二亲像,朝夕礼敬,虔事孜孜。四十年
中,聿修功德,追荐继孝,丁兰无以尚此。绎窃慕考妣之盛,则立尊
像,供养于道场内,设花幡灯烛,使僧尼顶礼。正以乌鸟之心,系恋
罔极。不厌丁年之内,遭此百忧,一同见似,甘心殒越。虽复于《礼
经》无文,家门之内,行之已久。故月祭日祀,用遵《祭法》,车舆箧
衣,谨同鲁圣,止令朋友知余此心。潘岳赋云:"太夫人御板舆,乘
轻轩,柳垂阴,车结轨。或宴于林,或禊于汜。兄弟斑白,儿童稚
齿。称福寿以献觞,咸一惧而一喜。"嗟夫! 天下之至乐,唯斯而已
矣。天下之至乐,唯斯而已矣。忽忽穷生,百年之内,曷由复如此
矣。痛矣过隙,哀哉逝川。泪尽而继之以血,不知复何从陈也。①

如前所论,本条当作于太清之乱中,此时萧绎尚未登基为帝,以诸
侯的身份不得行祭祀之礼,加之,都城亦掌握在侯景的手中,即令欲前
往宗庙祭祀亦不可得。引文中,萧绎通过对儒家经典中关于祭祀天子
礼仪的勾勒,通过对父母祭祀先祖情况的叙述,以《孝经》为理论指导,
以父母之孝行为示范,说明自己祭祀行为的合理性。其中,对于《孝经》
之重视及对于"先王之行"的遵循皆可见。紧接着,萧绎引潘岳《闲居
赋》中的记载,表达了对于几世共居的天伦之乐的向往。其两叹"天下
之至乐,唯斯而已矣",旨在表达孝敬之情。而既遵《孝经》"必称先王"
的做法,又图像父母于后,更充分表现了自己的孝思,加之,此时的萧绎

---

① 《金楼子校笺》,第 749—750 页。

对于帝位已经有了野心,虽然他在文中仍然谨慎地使用了"诸侯不得祖天子"等字眼,但他对于自己的未来还是有相当的把握的。故此,他在本段中表现出来的孝思不但有教育子弟之意,更有为天下作则之意,这与撰作《戒子》时的情况已不可同日而语。

从《孝经》入手,不难看出,《戒子》中训诫之旨与《孝经》对诸侯之孝的要求相符合。同时,在《戒子》成立之时,至少编撰之初,萧绎尚是诸侯的身份,这就使得他在编撰此篇时不可避免地受到自己身份的影响,由此可以说,《戒子》具有诸侯家训的性质是毋庸置疑了。这样的身份使得萧绎一方面谨守本分,不敢僭越;另一方面,比之一般的士大夫,他的事功之心更强。而当他将这种心态带入到家庭教育之中,我们从《戒子》中所看到的那些与家风家学相关之内容,尤其是后者,与其说反映了萧绎个人的学术取向,毋宁说反映了萧绎建功立业的人生愿望。

当然,本篇承担了训诫子弟的宗旨,对于当时人来说训诫子弟是希望家族的血脉能够延续与发展下去,萧绎也不例外,而宗室的身份比起一般的世家大族危机感又更多一些,表现在《戒子》中即是在保身避祸、和谐家庭与追求事功等方面的训诫。不过,对于萧绎来说,《戒子》毕竟不仅仅是一篇家训文献,更是作为立言性质的著作存在的。故此,萧绎对于子弟保身避祸、和睦家庭,尤其是对于事功的追求,体现的不仅仅是萧绎对于子孙的期待,或是对于生命被延续的期待,更是萧绎对于个体人生的期待,对于事业被延续的期待。他对子弟的训诫,当然是在为子弟编织未来,内中或有明确针对诸子女的问题,但是更多的是为了塑造他心目中的理想人格。由此可以说,《戒子》有建构之意义,而与其说萧绎建构的是子孙的未来,不如说是他建构了一个身后的世界,在这个世界里,他的后人能延续他的生命,并继续创造属于家族的辉煌。

结语　理想与现实

　　我们一直在讨论萧绎所建构的"理想人格"，实际上这里所谓的"理想人格"就是萧绎理想化的人生状态。而我们都知道理想与现实之间总是有差异的，这种理想与现实之间的落差固然是萧绎饱受批评的重要原因，却也同时昭显出《金楼子》存在的重要价值，故此，本书以"理想与现实"代结论来谈谈萧绎《金楼子》价值之所在。

　　先从理想与现实间的差异说起。萧绎的理想化人生状态是什么样的呢？

　　萧绎很少直接说明人要成为什么样的人，但他把自己放在了各种关系中，君臣、夫妻、父子，等等，所以《金楼子》有写及君臣的《兴王》、《箴戒》、《说蕃》，有写及夫妻的《后妃》，有与子孙相关的《终制》、《戒子》，等等。当然，这些关系不是单纯而是交错地存在于各篇之中，而在这种种关系之中，特为六朝人所重视的家庭、家族关系是我们考察的重点。所以，我们看到《后妃》中特别强调后妃辅佐政事的一面，与同时代的后妃传记迥然不同。而纵观《后妃》乃至整部《金楼子》中所塑造的诸多后妃形象，阮修容无疑是其中最为重要的一个。萧绎通过将母亲塑造为有德后妃的形象构建了理想女性形象。无论是作为后妃或是妻子，这种女性能不骄不妒，能协助君王或者说丈夫成就他们的事业，能教养子女，使得皇位或是家族后继有人。

　　至于身后世界的样子，萧绎是通过以《终制》为核心的文字构建的。

我们可以想象，萧绎百年之后在一个不知名的山陵之上，身着王服，以《孝经》《孝子传》和一口陶华阳剑相伴的样子。而构建这样身后世界的目的不仅仅是为了表现俭约之德，表现忠君的价值取向，更为重要的是表现萧绎的高洁之志，树立名节。

要使家族绵长，血脉得以维系，子弟就要足够优秀，要能保身避祸，要能和睦家庭，更要走上仕进道路，维持门第。以《戒子》为中心的文字中所反映的萧绎对于子孙所施与的种种教育，尤其是鼓励子孙仕进的行为，体现的不仅仅是萧绎对于子孙的期待，或是对于生命被延续的期待，更是萧绎对于个体人生的期待，对于事业被延续的期待。《戒子》的撰写除了为训诫子孙，自然亦是为了塑造他心目中的理想人格。

综观本书重点讨论的三个篇章所描写的对象在生活中的角色，对于后妃的设定中包含了对于妻子的设定，而对于身后事的交代又是对死后世界的认知结果，至于对于儿子的训诫则包含了对于生命延续的期待，三者的结合，呈现了一个独立人格的多层面貌。如果再结合《金楼子》中的其他篇章，我们不难发现，《金楼子》所建构的人格讲究孝道，忠于事君，善于纳言，有俭约之德，等等。这是一个身姿伟岸的人格，然而却是过于理想化的。我们在史书当中，当然也会看到对萧绎的好的评价，比如《梁书·元帝纪》：

> 世祖聪悟俊朗，天才英发。……既长好学，博综群书，下笔成章，出言为论，才辩敏速，冠绝一时。……世祖性不好声色，颇有高名，与裴子野、刘显、萧子云、张缵及当时才秀为布衣之交，著述辞章，多行于世。

又如，经历过梁末丧乱的何之元、颜之推等，对于萧绎的评价相对比较正面，尤其肯定他平定侯景之乱的功绩。然而更多的，我们看到的是这样的说法：

昔国步初屯，兵缠魏阙，群后释位，投袂勤王。元帝以盘石之宗，受分陕之任，属君亲之难，居连率之长，不能抚剑尝胆，枕戈泣血，躬先士卒，致命前驱；遂乃拥众逡巡，内怀觊望，坐观时变，以为身幸。不急莽、卓之诛，先行昆弟之戮。又沉猜忌酷，多行无礼。骋智辩以饰非，肆忿戾以害物。爪牙重将，心膂谋臣，或顾眄以就拘囚，或一言而及菹醢。朝之君子，相顾憟然。自谓安若泰山，举无遗策，忕于邪说，即安荆楚。虽元恶克翦，社稷未宁，而西邻责言，祸败旋及。上天降鉴，此焉假手，天道人事，其可诬乎！其笃志艺文，采浮淫而弃忠信；戎昭果毅，先骨肉而后寇仇。虽口诵《六经》，心通百氏，有仲尼之学，有公旦之才，适足以益其骄矜，增其祸患，何补金陵之覆没，何救江陵之灭亡哉！（《梁书·敬帝纪》末之魏徵总论）

更不用说，清人王夫之在《读通鉴论》中对萧绎彻头彻尾的批评：

……虽然，得地利而人不和，地未可恃；人不和以内溃，未有能保其地利者；失地之利，而后其亡也必也。故非英雄特起，视天下无不可为者，则地利亦其所必争。梁元残忍忿戾，捐地利以授人，而卒以自灭，其明验矣。

梁之不和以内溃，非武陵、岳阳之罪也，元帝一起而即杀其弟憺矣，杀其兄之子誉矣，袭其兄纶矣，杀其从孙栋矣；武陵遣子圆照入援，听其节度，而阻之于白帝；圆正合众以受署，而囚之岳阳，起兵而尽力以攻之；舍侯景之大雠，而亟戕其骨肉，皆帝挟至不仁之情以激之使不相下也。呜呼！帝即不念一本之爱而安忍无亲，抑思夫二王者，一处襄阳，一处成都，为江陵生死之所自操者乎？故不仁者，未有能保其地利者也。一念之乖，而上流失、咽吭夺，困孤城以自毙，举刘弘、陶侃以来经营百年之要地委之鲜卑，亦憯矣哉！

江东四易主而不亡,刘子业、萧宝卷之凶顽,犹知地之不可弃,而帝弃之如赘疣。至不仁之人,至于弃地利而极矣,不恤己之死亡,而奚有于兄弟邪?

江陵陷,元帝焚古今图书十四万卷,或问之,答曰:"读书万卷,犹有今日,故焚之。"未有不恶其不悔不仁而归咎于读书者。曰书何负于帝哉?此非知读书者之言也。帝之自取灭亡,非读书之故,而抑未尝非读书之故也。取帝之所撰著而观之,搜索骈丽、攒集影迹、以夸博记者,非破万卷而不能。于其时也,君父悬命于逆贼,宗社垂丝于割裂,而晨览夕披,疲役于此,义不能振,机不能乘,则与六博投琼、耽酒渔色也,又何以异哉?夫人心一有所倚,则圣贤之训典,足以锢志气于寻行数墨之中;得纤曲而忘大义,迷影迹而失微言,且为大惑之资也。况百家小道、取青妃白之区区者乎!

呜呼!岂徒元帝之不仁,而读书止以导淫哉?……梁元、隋炀、陈后主、宋徽宗,皆读书者也;宋末胡元之小儒,亦读书者也;其迷均也。

或曰:"读先圣先儒之书,非雕虫之比,固不失为君子也。"夫先圣先儒之书,岂浮屠氏之言书写读诵而有功德者乎?读其书,察其迹,析其字句,遂自命为君子,无怪乎为良知之说者起而斥之也。乃为良知之说,迷于其所谓良知,以刻画而仿佛者,其害尤烈也。

夫读书将以何为哉?辨其大义,以立修己治人之体也;察其微言,以善精义入神之用也。乃善读者,有得于心而正之以书者,鲜矣。下此而如太子弘之读《春秋》而不忍卒读者,鲜矣。下此而如穆姜之于《易》,能自反而知媿者,鲜矣。不规其大,不研其精,不审其时,且有如汉儒之以《公羊》废大伦,王莽之以讥二名待匈奴,王安石以国服赋青苗者,经且为蠹,而史尤勿论已。读汉高之诛韩、彭而乱萌消,则杀亲贤者益其忮毒;读光武之易太子而国本定,则

衰元良者启其偏私；读张良之辟谷以全身，则炉火彼家之术进；读
丙吉之杀人而不问，则怠荒废事之陋成。无高明之量以持其大体，
无斟酌之权以审于独知，则读书万卷，止以导迷，顾不如不学无术
者之尚全其朴也。故子曰："吾十有五而志于学。"志定而学乃益，
未闻无志而以学为志者也。以学而游移其志，异端邪说，流俗之传
闻，淫曼之小慧，大以蚀其心思，而小以荒其日月，元帝所为至死而
不悟者也，恶得不归咎于万卷之涉猎乎？儒者之徒而效其卑陋，可
勿警哉！

王夫之将萧梁的内溃归之于萧绎，痛批萧绎在太清之乱中的捐地
利、弃人和。的确，以萧绎的生平来说，太清之乱可谓其重要转折，随之
而来的是对于萧绎是非功过评价的两极化：一种是正面评价，充分肯
定萧绎平定叛乱的功德；另一种则几乎是完的否定。而两种之中，又
以后者占了上风。因此造成此后一千多年间，对于萧绎的评价始终不
高。尽管萧绎所得评价，多是针对他在太清之乱后的表现，但是倒回去
看，自然不难得出"太清之乱前的萧绎是伪君子"这一结论，而这也影响
到了《金楼子》的研究。如曹道衡先生在《兰陵萧氏与南朝文学》中，就
试图从《金楼子》中为萧绎的所作所为寻找思想渊源。他认为《金楼
子·杂记》中"成汤诛独木，管仲诛史符，吕望诛任尚，魏操诛文举，孙策
诛高岱，黄祖诛祢衡，晋相诛嵇康，汉宣诛杨恽，此岂关大盗者，深防政
术，腹诽心谤，不可全也"[①]一条，最能代表萧绎的性格特征。他指出：

> 在这里所举的一些事例中，像曹操杀孔融、黄祖杀祢衡和司马
> 昭杀嵇康等例，是历来所公认的残害异己的暴行，绝无加以称道之
> 例，而萧绎竟把屠杀人的凶手比作成汤、吕望这样被古人视作"圣

---

① 《金楼子校笺》，第 1219 页。

贤"的人物。这说明奸雄与"圣贤"原无区别,都是他效法的榜样。无怪乎他在《金楼子》中一再地把桓温和诸葛亮并提,并对之表示仰慕。所以,萧贲仅仅对文章提出一些意见,就被他"收付狱,遂以饿终,又追戮贲尸"(《南史·齐武帝诸子传》);刘之遴只因萧绎"嫉其才学,闻其西上至夏口,乃密送药杀之"(《南史·刘虬附之遴传》)。①

萧绎所得的评价与他一直努力建构的形象大相径庭,何以产生如此大的差距呢?我们就从曹先生这段评价说起。从《南史》关于萧贲、刘之遴的记载看来,二者之死皆因萧绎,或许正是因为"腹诽心谤"的缘故,诚如曹道衡先生所论,这与《金楼子》中反映的萧绎的心态之间并非毫无关联。然而,就上引"成汤诛独木"条看来,萧绎恐怕更多的是要对"成汤诛独木"等八事做出一个通用的解释,而其出发点即是为政之术。萧绎在《金楼子序》中曾说:"窃重管夷吾之雅谈,诸葛孔明之宏论,足以言人世,足以陈政术,窃有慕焉。"恐怕就是这个意思。甚至,对桓温和诸葛亮的并提,萧绎所考虑的恐怕亦非奸雄与圣贤的问题。桓温与诸葛亮都曾有挥师中原之心,而正如前文一再引及的,萧绎的"上愿"即是挥师北上,所谓"棱威瀚海,绝幕居延,出万死而不顾,必令威振诸夏。然后度聊城而长望,向阳关而凯入,尽忠尽力,以报国家"。对于萧绎来说,建功立业的愿望恐怕是比圣贤与奸雄的区别来得更为重要。所以,太清之乱中,萧绎为了对付来犯的武陵王萧纪,甚至"问诸淫昏之鬼,求诸厌劾之符"②。只求目的,不问手段,这岂非正是萧绎招来千古骂名的重要原因之一?

---

① 《兰陵萧氏与南朝文学》,第 215 页。
② (北周)庾信撰,(清)倪璠注,许逸民校点《庾子山集注》,中华书局,1980 年,第 150 页。

这种事功之心或者说这种自我实现的诉求固然是一致的,但笔者仍然认为,应当以太清之乱为分水岭来分析与评价萧绎。从史料看来,太清之乱以前的萧绎是一个非常勤勉的人,勤于政事,热衷于搜纂以求立言,即便他"常贵无为,每嗤有待";同时,他也尽量压抑自己的欲望,如不好声色犬马之娱,即所谓"余性不耐奏对,侍姬应有二三百人,并赐将士",不爱饮酒,"又不憎人饮。每遇醉者,辄欣欣然而已";此外,他说自己"憎人治生",相应的,似乎也没有记载称他敛聚钱财。而即便中间出现了宫人李桃儿事件,但相对于萧梁皇室其他成员来说,决不能算是恶中之首。或是"性乃隘急",但却也多是大宽小急,甚至上文中提到的戮萧贲尸与鸩杀刘之遴也都发生在太清之乱后,此前他的所为即令不善,想也是小恶。所以,《梁书》称他"性不好声色,颇有高名"。想来,"高名"之说也并非尽是虚言。

萧绎之所以如此行事,与他的个人理想及现实状态有关。想要挥师北上,但他也非常清楚这个愿望不可能实现。且不说他是否可能握有如此兵权,萧梁之时,人们对于北伐早已不再有动力,偏安之心已固;想要萧散怀抱,但自幼以来所学所见都使他做不到自我解脱。尽管他自称梁武帝对他"特垂慈爱",但正如曹道衡先生所分析的,从他的仕宦经历来看,他在梁武帝诸子之中的地位并不高,又加之,北伐以建功的愿望在当时并无实现的条件,因此,如果想要树立名节,就只能不断压抑自己的欲望,通过勤谨为政及著书立说来达成所愿。更甚者,他同萧统、萧纲兄弟乃至早期同萧续的交好,恐怕亦有巩固并提高自己地位的意图。

太清之乱的出现,打破了萧绎兄弟之间的力量对比,而此时的萧绎身在两任刺史的荆州,也算占尽了天时地利,他最后能夺得天下也与此有着极大的关系。不过,如果没有太清之乱这个机会,萧绎会如何呢?以萧绎的性格,他自然会继续勤勉地生活,就像他过去几十年一样,除非有另一个机会到来。我们常说，一个人伪装一阵子很容易，伪装一辈子很难。侯景之乱起于太清二年(548)，这年萧绎四十一岁，想到他自幼即被母亲教导如何为政，想来"伪装"也有三十余年了。尽管太清之乱中他的表现实在不足称道，为人诟病一千多年也是非常自然的事情，但是否可以就此否定他三十余年的自我克制呢？恐怕不能，正如我们在前文中说过的那样，不能简单地以一种面貌来判定他的思想。

至于怎么看待萧绎在长达三十余年的生活中的自我克制，我们得换个问法：这个自我形象在太清之乱中土崩瓦解，萧绎到底需不需要高标准的理想人格？或者说，他的人生中可不可以有《金楼子》中所描绘的理想化人生状态呢？

当然需要。就像上面已经探讨过的，即从萧绎个体人生的一面来讲，他的一切行为都是基于自我实现的诉求，太清之乱前的自我克制，甚至《金楼子》中所建构的形象，都是基于以周公、孔子为典范企图继承儒家道统的目标，太清之乱后则是寄望于建功立业。不过，在这之外，我们更要从他建构理想人格的一面来说，而那是受了时代光芒的影响。比如萧绎的确追求事功，可是他并非是绝对守正的人，"首阳为拙，柱下为工。饱食安步，以仕易农。依隐玩世，诡时不逢"的认知也罢，对于张子台等人的推崇也罢，这都是魏晋以来世家大族保全家族的方式之一。他们既然不能撇开入仕的道路，就必然要有一种自保的生活方式。当然，除了眼前现实的政治环境的影响外，玄学、佛学思想的影响也是重要的因素，本书中也已多次讨论这些问题，这里不再赘述。总之，萧绎在《金楼子》中所描述的不仅仅是他个人的理想人生，从某种角度来说也是魏晋南朝世家大族子弟的理想人生，这可以说是《金楼子》的重要价值之一。

当然，时代的光芒并没有遮蔽萧绎个性化的一面。关于这个问题，今天的学者往往从个性化的写作或者私人化的写作来探讨萧绎的《金楼子》，如兴膳宏、田晓菲以及近来的陈志平等，认为可以从此书中看到萧绎的个性、为人，此书表现了萧绎个人生活的很多画面，对于理想的追求，等等。的确，我们所处的时代更重视个体的独立的人，所以我们会更关注著述私人化的一面。有趣的是，《金楼子》常常被批评的一个问题是自著的内容少，抄写的内容多，不足以充分表现其个人思想。关于这个问题，很多学者都讨论过，如最近的陈志平的《〈金楼子〉研究》中就讨论过这部书的编述体例。实际上我们只要去分析萧绎之前的典籍编纂方式，就会得出他所用的方法实际上是传统的编书方法。简而言之，就是广采成言旧说的编纂方式，在古人那里这种体例是可以表现一家之言的，至少最早声称自己要成就一家之言的司马迁就明确提出其《史记》要"整齐其世传"。更何况历史上本就有很多整合前代图籍而成就的子书作品，比如《吕氏春秋》。后人往往认为这种整合而成的书籍为秦代的大一统作了思想准备，而萧绎要"纂开辟已来，至乎耳目所接"，"以成一家之言"，不正是抱着整合的目的？而更有意思的是，我们都知道，萧绎并不是一个对文章体例毫无认识的人，《金楼子》中关于文、笔的讨论，使得萧绎被学者视为南朝人对于文体认识深刻的代表。所以，可以说，萧绎有意识地选择了这样的方式来表达自己的观点。

总之，萧绎有意识地选择了传统的编纂方式，编成了一部十卷十五篇的《金楼子》。我们通过重构其在南朝士族最为关注的家庭、家族关系中所建构的自己理想的人生状态，发现虽然此书在很大程度上表现了南朝世族的理想化的人生追求，但更重要的还是萧绎个体的人生追求。而这所体现的正是李泽厚先生所说的"人的觉醒"，从某种角度来说也是鲁迅先生所说的"文的自觉"。

附表一

《戒子》材料来源备录①

条目	具体辞句	篇 目	作 者	文献来源 经	文献来源 史	文献来源 子	文献来源 集	备 注
1	首阳为拙，柱下为工，饱食安步，以仕易农。依隐玩世，诡时不逢。	《戒子》	东方朔		《汉书》卷65《东方朔传·赞》	《艺文类聚》卷23"鉴戒"，《太平御览》卷459"鉴戒"，卷593"诫"		所存文献以《艺文类聚》相对完整，余皆有所省减。
2	戒之哉！无多言，多言多败；无多事，多事多患。勿谓何伤，其祸将长；勿谓何害，其祸将大。	后稷庙堂金人铭		《孔子家语》卷3《观周》		《说苑》卷10"敬慎"，《艺文类聚》卷19"铭"，《太平御览》卷390"言语"，卷430"谨慎"，卷458"铭"，卷590"铭"		向宗鲁以为当本自《荀子》②，今本《荀子》不存。又，《太平御览》四次引及相关内容，其中三次皆称引自《孔子家语》，唯卷三百九十称引自《孙卿子》，且此条小注又称"皇览"《家语》云出自《大公金匮》，《说苑》又载。③

① 本表仅录与《戒子》内容或文献来源相异的情况，其中无明显文献出处者作来源相异处理，余皆不录。所取文献以《太平御览》为下限。又，《戒子》条目共15条。

② 向宗鲁校证《说苑校证》，中华书局，1987年，第259页。

③ 《太平御览》，第1804页。

条目	具体辞句	篇目	作者	文献来源				备 注
				经	史	子	集	
2	无道人之短，无说己之长。施人慎勿念，受恩慎勿忘。	《座右铭》	崔瑗			《艺文类聚》卷23"鉴戒"，《太平御览》卷459"鉴戒"，卷477"施惠"	《文选》卷56《铭》	《太平御览》卷477称引自《崔氏家传》。
3	张子台，视之似鄙朴人……祸害何因而生。	《家戒》	杜恕		《三国志》卷11《邴原传》裴注	《太平御览》卷593"诫"		《太平御览》称引杜恕《家戒》。余皆称《家诫》。
4	闻人过失……所谓画虎不成反类狗者也。	《诫兄子严、敦书》	马援		《后汉纪》卷8《光武帝纪卷第八》、《后汉书》卷24《马援传》、《三国志》卷27《王昶传》	《艺文类聚》卷23"鉴戒"，《太平御览》卷458"鉴戒"，卷512"伯叔"，卷593"诫"		左边所列者引及首诸句，如《三国志·王昶传》《太平御览》卷458则引并不见及于《后汉书》卷24所载全文，甚至亦不及汉书所引及裴注所引内容。而诸书所引内容及裴注中当受《三国志》原文的影响，故此条之作亦当受《三国志》的评论的影响，故此条当受《三国志》原文及裴松之的影响，但《王昶传》原文所录马援书信内容较其《三国志注》所引为少，故萧绎亦当参考后汉诸史。
4	援此戒……即以为戒。	《三国志注》	裴松之		《三国志》卷27《王昶传》裴注			

条目	具体辞句	篇目	作者	文献来源				备 注
				经	史	子	集	
5	孝敬仁义……陵之人者人亦陵之也。	《家诫》	王昶		《三国志》卷27《王昶传》			节略自《王昶传》。
6	天地赋命……汝其慎哉!	《与子俨等疏》	陶渊明		《宋书》卷93《陶渊明传》、《南史》卷75《陶渊明传》	《太平御览》卷516"兄弟"	《陶渊明集》	萧统曾编纂《陶渊明集》所录或据此本。又,原集虽佚,但今本上承萧统编本而有所增补。
7	喜怒者……人皆由损。	《庭诰》	颜延之		《宋书》卷73《颜延之传》	《太平御览》卷593"诚"		
7	欲人不闻,莫若不言。欲人不知,莫若勿为。		枚乘		《汉书》卷51枚乘传	《艺文类聚》卷24"谏",《太平御览》卷455"谏净"、卷593"诚"		未必出自《庭诰》本文,除《太平御览》引及外,他处所录《庭诰》皆不及此语。
7	御寒莫如重裘,止谤莫如自修。				《三国志》卷27《王昶传》	《太平御览》卷496"谚",卷593"诚",卷694"裘"		此谚《太平御览》凡三见,其中除卷593"类"成下一条归之名在颜延之名之下,余皆归在王昶名下,而归在颜延之名下者,疑为误解《金楼子》所致。
7	内省不疚,夫何忧何惧!	《论语》	孔子	《论语·颜渊》				

条目	具体辞句	篇目	作者	文献来源				备　注
				经	史	子	集	
8	君子不自称也，必以让盖其善人也。		单襄公	《国语·周语》	《三国志》卷 27《王昶传》			原作："君子不自称也，非以让也。恶其盖人也。"
9	贫非人患，以和为贵。汝其勉之，以为深戒。	《戒子》	向朗		《三国志》卷 41《向朗传》注引《襄阳记》			
9	酒醴之设，可乐而不可耆；声乐之会，可简而不可违。	《庭诰》	颜延之		《宋书》卷 73《颜延之传》			节略自《庭诰》。
9	淫华怪饰，奇服丽食，填母为也。	《庭诰》	颜延之		《宋书》卷 73《颜延之传》			原作："浮华怪饰，灭质之具；奇服丽食，弃素之方。"
10	押甚则相简，庄甚则不亲。是故君子之押足以交欢，其庄足以成礼也。		曾子	《孔子家语》卷 2《好生》		《说苑》卷 16《谈丛》		据四库本条下注释，文辞更近《孔子家语》。
11	与人以实，虽疏必密；与人以虚，虽戚必疏。		子夏	《韩诗外传》卷 9"子夏过曾子"				

条目	具体辞句	篇目	作者	文献来源 经	史	子	集	备注
11	帅人以正,谁敢不正?		孔子	《论语·颜渊》				原作:"子帅以正,孰敢不正?"
11	戒慎乎其所不睹,恐惧乎其所不闻,莫见乎隐,莫显乎微,故君子慎其独也。			《礼记·中庸》				
11	必使长者安之,幼者爱之,朋友信之。		孔子	《论语·公冶长》				
11	是以君子居其室……可不慎乎!		孔子	《周易·系辞上》				
12	处广夏之下,细毡之上,明师居前,劝诵在后。		王吉		《汉书·王吉传》			
13	人皆有荣进之心。		任昉					萧绎自注,称引自任昉,他处未见。
13	人或毁己……不如默而自修也。		王昶		《三国志》卷27《王昶传》			

条目	具体辞句	篇目	作者	经	史	子	集	备注
					文献来源			
13	流言游议……伤人言。		颜延之		《宋书》卷73《颜延之传》			
13	每献忠言,辄手书怀草,自在紫省,归书不弃。		任昉		《三国志》卷27《王昶传》裴注引《任嘏别传》			
13	昔孔光,有人问温室之树,笑而不答,诚有以也。	孔光			《汉书》卷81《孔光传》			
14	高季兰为卫之士师……孔子闻之曰:"善哉!为吏,其用法一也。"	高季兰		《孔子家语》卷2《致思》				
15	归义隐蕃,为豪杰所善。潘承明子蓍与之善,承明问曰:"何故与轻薄通,使人心震面热?"				《三国志·潘濬传》裴注引《吴书》	《韩非子·外储说左下》《说苑》卷14《至公》,《太平御览》卷231"大理卿"		

条目	具体辞句	作者 篇目	文献来源				备注
			经	史	子	集	
15	广陵阳兮……令其兄见子穆与其别族。			《三国志》卷58《陆逊传》			
15	李丰年十五，宾客填门，万日日神童，而遂无周身之防，果见诛夷。						此事未详，李丰生平事迹参见《三国志》卷29《夏侯玄传》及裴注。
15	相国搂魏讽……讽果败焉。			《晋书》卷44《郑袤传》			
15	王仲回加子以横楚。			《后汉书》卷27《王丹传》			
15	朱公叔寄言以《绝交》。			《后汉书》卷43《朱传》李贤注引《穆集》			

附表二

《著书》与《隋志》著录篇目对比表

　　《金楼子·著书》在著录书籍时分为甲、乙、丙、丁四部,其各部内容及顺序颇类《隋志》中经、史、子、集四部分类之法,但二者关于具体著作的著录并不完全不同。相对于《著书》,《隋志》保存较为完整且相关之研究甚丰。为了进一步了解萧绎关于学术分类的观念,本表特依《著书》中著录诸书的次第将诸篇之篇名、在《著书》中所属之部与在《隋志》中所属之部罗列如下。又,因二者成立时间相去近百年,其中书籍多有遗失,故当《著书》中所列图书《隋志》(并注)未加著录,提供相似著作的著录位置。

序号	书名及卷数	《著书》著录位置	《隋志》著录位置	备　注
1	《连山》三秩三十卷	甲部	子部五行家	辛德勇以为此书很可能如当事人解《周易》一样,侧重于玄言玄理,故萧绎将之列入甲部,这应是一个特例。①
2	《金楼秘诀》一秩二十二卷	甲部	未著录	
3	《周易义疏》三秩三十卷	甲部	未著录	当属经部《周易》类。
4	《礼杂私记》五秩五十卷	甲部	未著录	当属经部《礼》类。
5	《注前汉书》十二秩一百一十五卷	乙部	史部正史类	
6	《孝德传》三秩三十卷	乙部	史部杂传类	
7	《忠臣传》三秩三十卷	乙部	史部杂传类	
8	《丹阳尹传》一秩十卷	乙部	史部杂传类	
9	《仙异传》一秩三卷	乙部	未著录	《列仙传》等皆在《隋志》史部杂传类下,此当与之同。
10	《黄妳自序》一秩三卷	乙部	未著录	
11	《全德志》一秩一卷	乙部	史部杂传类	
12	《怀旧志》一秩一卷	乙部	史部杂传类	
13	《研神记》一秩一卷	乙部	史部杂传类	
14	《晋仙传》一秩五卷	乙部	未著录	《列仙传》等皆在《隋志》史部杂传类下,此当与之同。
15	《繁华传》一秩三卷	乙部	未著录	《列仙传》等皆在《隋志》史部杂传类下,此当与之同。
16	《老子义疏》一秩十卷②	丙部	未著录	此当属子部道家类。
17	《玉韬》一秩十卷	丙部	子部兵书类	

---

① 　见《历史的空间与空间的历史》,第 322 页。
② 　原为《孝子义疏》。

序号	书名及卷数	《著书》著录位置	《隋志》著录位置	备 注
18	《贡职图》一秩一卷	丙部	未著录	据《两唐志》属史部地理类。
19	《语对》三秩三十卷	丙部		子部杂家类著录有"《语对》十卷,朱澹远撰"。
20	《同姓同名录》一秩一卷	丙部	史部杂传类	
21	《式赞》一秩三卷①	丙部	未著录	《崇文总目》刑法类下有"《式苑》四卷,元泳撰",加之"式"本为一种占卜工具,故当列于子部之下,具体类别或为五行类。
22	《荆南志》一秩二卷	丙部	史部地理类	原题:《荆南地志》二卷,萧世诚撰。
23	《江州记》一秩三卷	丙部	未著录	按此书当近于《荆南志》,当属史部地理类。
24	《奇字》二秩二十卷	丙部	未著录	或为经部小学类。
25	《长州苑记》一秩三卷	丙部	未著录	
26	《玉子诀》一秩三卷	丙部	未著录	辛德勇以为当属子部一类无疑。
27	《宝帐仙方》一秩三卷	丙部	未著录	同上。
28	《食要》一秩十卷	丙部	未著录	同上。
29	《辩林》二秩二十卷	丙部	子部小说家	《隋志》注称萧贲撰。
30	《药方》一秩十卷	丙部	未著录	当属子部医方类。
31	《补阙子》一秩十卷	丙部	子部纵横家	《隋志》子部纵横家有"《鬼谷子》三卷(皇甫谧注)"。注云:"梁有《补阙子》十卷,《湘东鸿烈》十卷,并元帝撰。亡。"

---

① 原为《式苑》。

序号	书名及卷数	《著书》著录位置	《隋志》著录位置	备　　注
32	《谱》一秩十卷	丙部	未著录	当属史部谱牒类。
33	《梦书》一秩十卷	丙部	未著录	《隋志》子部五行类有《梦书》十卷,不著撰人,故当属子部五行类。
34	《安成炀王集》一秩四卷	丁部	未著录	《隋志》集部别集中"梁《萧琮集》七卷"条注云:"梁又有《安成炀王集》五卷,亡。"故当属集部别集类。
35	《集》三秩三十卷	丁部	集部别集类	《隋志》集部别集类著录有"《梁元帝集》五十二卷"及"《梁元帝小集》十卷"。
36	《碑集》十秩百卷	丁部	集部总集类	《隋志》集部总集类"《杂碑集》二十二卷"小注中云:"《释氏碑文》三十卷,梁元帝撰。"
37	《诗英》一秩十卷	丁部	集部总集类	集部总集类中谢灵运所集"《诗英》九卷"注云:"梁十卷。又有《文章英华》三十卷,梁昭明太子撰,亡。"
38	《内典博要》三秩三十卷		子部杂家类	子部杂家类下著录有"《内典博要》三十卷"。然萧绎未将此书著录于某一部类之下,疑当为佛教经典类编。

参考文献

一、《金楼子》

1. 校点本

（南朝梁）萧绎撰，许德平校注.金楼子校注[M].台北：嘉新水泥公司文化基金会，1967.

（南朝梁）萧绎撰，许逸民校笺.金楼子校笺[M].北京：中华书局，2011.

（南朝梁）萧绎撰，陈志平、熊清元疏证.金楼子疏证校注[M].上海：上海古籍出版社，2014.

2. 影印本

《四库全书》本（六卷本）：

（南朝梁）萧绎.金楼子[M].见：景印文渊阁四库全书（第 848 册）.台北：台湾商务印书馆，1986.

鲍廷博《知不足斋》本（六卷本）：

（南朝梁）萧绎.金楼子[M].见：丛书集成新编（第 21 册）.台北：新文丰出版公司，1985.

谢章铤手校本（六卷本）：

（南朝梁）萧绎撰，（清）谢章铤校.金楼子[M].台北：世界书局，1990.

《百子全书》本（六卷本）：

（南朝梁）萧绎.金楼子[M].见：百子全书.台北：古今文化出版社，1963.

《龙溪精舍》本（六卷本）：

（南朝梁）萧绎.金楼子[M].见：四川大学古籍整理所、中华诸子宝藏编纂委员会.诸子集成补编.成都：四川人民出版社，1997.

《绀珠集》本（一卷本）：

（南朝梁）萧绎.金楼子[M].见：（宋）朱胜非编.绀珠集.四库全书（第

872 册).上海：上海古籍出版社,1987.

宛委山堂《说郛》本(一卷本)：

（南朝梁）萧绎.金楼子[M].见：（明）陶宗仪等编.说郛三种.上海：上海古籍出版社,1988.

《诸子汇函》本(一卷本)：

（南朝梁）萧绎.金楼子[M].见：（明）归有光辑.诸子汇函.台南：庄严文化事业有限公司,1995.

二、基本古籍

（汉）毛亨传,（汉）郑玄笺,（唐）孔颖达疏,龚抗云等整理,刘家和审定.毛诗正义[M].北京：北京大学出版社,1999.

（清）刘宝楠撰,高流水点校.论语正义[M].北京：中华书局,1990.

（唐）李隆基注,（宋）邢昺疏,金良年整理.孝经注疏[M].上海：上海古籍出版社,2009.

（汉）司马迁撰,（南朝宋）裴骃集解,（唐）司马贞索隐,（唐）张守节正义.史记[M].北京：中华书局,2000.

（汉）刘向撰,张涛译注.列女传译注[M].济南：山东大学出版社,1990.

（清）王照圆撰,虞思征点校.列女传补注[M].上海：华东师范大学出版社,2012.

（汉）班固.汉书[M].北京：中华书局,1962.

（汉）刘珍等撰,吴树平校注.东观汉记校注[M].北京：中华书局,2008.

王明编.太平经合校[M].北京：中华书局,1960.

（魏）曹植著,赵幼文校注.曹植集校注[M].北京：人民文学出版社,1984.

（魏）王弼注,楼宇烈校释.老子道德经注校释[M].北京：中华书局,2008.

杨朝明、宋立林主编.孔子家语通解[M].济南：齐鲁书社,2009.

（南朝梁）皇侃疏,徐望驾校注.《论语集解义疏》[M].南昌：江西人民出版社,2009.

周天游辑注.八家后汉书辑注[M].上海：上海古籍出版社,1986.

（晋）陈寿撰,（南朝宋）裴松之注.三国志[M].北京：中华书局,2000.

（晋）袁宏撰,周天游校注.后汉纪校注[M].天津：天津古籍出版社,1987.

（晋）张华著,范宁校正.博物志校正[M].北京：中华书局,1980.

杨明照.抱朴子外篇校笺[M].北京：中华书局,1991.

王明.抱朴子内篇校释[M].北京：中华书局,1985.

（南朝宋）范晔.后汉书[M].北京：中华书局,2000.

（南朝宋）刘义庆撰,余嘉锡笺疏.世说新语笺疏[M].北京：中华书局,2007.

（南朝梁）刘勰著,范文澜注.文心雕龙注[M].北京：人民文学出版社,1958.

（南朝梁）钟嵘著,周振甫译注.诗品译注[M].南京：江苏教育出版社,2006.

（南朝梁）萧统编,（唐）李善注.文选[M].上海：上海古籍出版社,1997.

（南朝梁）沈约.宋书[M].北京：中华书局,1974.

（南朝梁）陶弘景.古今刀剑录[M].见：丛书集成新编（第48册）.台北：新文丰出版公司,1985.

（南朝梁）萧子显.南齐书[M].北京：中华书局,1972.

（南朝梁）释僧祐撰,苏晋仁、萧鍊子点校.出三藏记集[M].北京：中华书局,1995.

（南朝梁）释僧祐撰,（唐）释道宣撰.弘明集·广弘明集[M].上海：上海古籍出版社,1991.

（南朝梁）释慧皎撰,汤用彤校注,汤一玄整理.高僧传[M].北京：中华书局,1992.

（南朝梁）庾元威.论书[A].见：（唐）张彦远辑,洪丕谟点校.法书要录.上海：上海书画出版社,1986.

（唐）李百药.北齐书[M].北京：中华书局,1972.

（清）严可均校辑.全上古三代秦汉三国六朝文[M].北京：中华书局,1958.
王利器.颜氏家训集解（增补本）[M].北京：中华书局,1996.

（唐）欧阳询撰,汪绍楹校.艺文类聚[M].上海：上海古籍出版社,1982.

（唐）房玄龄等.晋书[M].北京：中华书局,2000.

（唐）姚思廉.梁书[M].北京：中华书局,1973.

（唐）姚思廉.陈书[M].北京：中华书局,1974.

（唐）令狐德棻等.周书[M].北京：中华书局,1971.

（唐）魏徵等.隋书[M].北京：中华书局,2000.

（唐）李延寿.南史[M].北京：中华书局,1975.

（唐）李延寿.北史[M].北京：中华书局,1974.

（唐）刘知幾撰,（清）浦起龙释.史通通释[M].上海：上海古籍出版社,1978.

（唐）许嵩撰，张忱石点校.建康实录[M].北京：中华书局,1986.

（唐）瞿昙悉达.唐开元占经[M].见：景印文渊阁四库全书（第807册），台北：台湾商务印书馆,1986.

（后晋）刘昫等.旧唐书[M].北京：中华书局,1975.

（宋）欧阳修、宋祁.新唐书[M].北京：中华书局,1975.

（宋）李昉等.太平御览[M].北京：中华书局,1960.

（宋）司马光.资治通鉴[M].北京：中华书局,1956.

（宋）黄伯思.东观余论[M].北京：人民美术出版社,2010.

（宋）曾慥编纂，王汝涛等校注.类说校注[M].福州：福建人民出版社,1998.

（宋）晁公武撰，孙猛校证.郡斋读书志校证[M].上海：上海古籍出版社,1990.

（宋）陈振孙.直斋书录解题[M].上海：上海古籍出版社,1987

（宋）王应麟.玉海[M].扬州：广陵书社,2003.

（宋）祝穆.事文类聚前集[M].见：（宋）祝穆、（元）富大用、祝渊撰.新编古今事文类聚（第一册）.日本京都：株式会社中文出版社,1989.

（元）郝经.续后汉书[M].见：丛书集成新编（第111册）.台北：新文丰出版公司,1985.

（明）王世贞著，陆洁栋、周明初批注.艺苑卮言[M].南京：凤凰出版社,2009.

（明）胡应麟.少室山房笔丛[M].上海：上海书店出版社,2009.

（明）胡应麟著，王国安校补.诗薮[M].上海：上海古籍出版社,1979.

（明）张溥著，殷孟伦注.汉魏六朝百三家集题辞注[M].北京：中华书局,2007.

（清）王夫之.读通鉴论[M].北京：中华书局,1975.

（清）纪昀总纂.四库全书总目提要[M].石家庄：河北人民出版社,2000.

（清）王鸣盛著，黄曙辉点校.十七史商榷[M].上海：上海书店出版社,2005.

（清）赵翼著，王树民校证.廿二史札记校证[M].北京：中华书局,2001.

（清）钱大昕.廿二史考异[M].上海：上海古籍出版社,2004.

（清）李慈铭撰，由云龙辑.越缦堂读书记[M].北京：中华书局,1963.

（清）孙诒让.札迻[M].北京：中华书局,1989.

（清）孙诒让撰，孙启治点校.墨子间诂[M].北京：中华书局，2001.

（清）张之洞撰，范希曾补正，徐鹏导读.书目答问补正[M].上海：上海古籍出版社，2001.

（清）李道平撰，潘雨廷点校.周易集解纂疏[M].北京：中华书局，1994.

（清）谭献著，范旭仑整理.复堂日记[M].见：杜泽逊主编.近世学人日记丛书.石家庄：河北教育出版社，2001.

（清）王仁俊.玉函山房辑佚书续编三种[M].上海：上海古籍出版社，1996.

（清）孙希旦撰，沈啸寰、王星贤点校.礼记集解[M].北京：中华书局，1989.

（清）王先谦撰，沈啸寰、王星贤点校.荀子集解[M].北京：中华书局，1988.

（清）郭庆藩辑，王孝鱼点校.庄子集释[M].北京：中华书局，1961.

三、今人著作及论文

1. 论著

柏俊才.梁武帝萧衍考略[M].上海：上海古籍出版社，2008.

曹道衡、傅刚.萧统评传[M].南京：南京大学出版社，2001.

曹道衡、刘跃进.南北朝文学编年史[M].北京：人民文学出版社，2000.

曹道衡、沈玉成编撰.中国文学家大辞典·先秦汉魏晋南北朝卷[M].北京：中华书局，1996.

曹道衡.兰陵萧氏与南朝文学[M].北京：中华书局，2004.

陈长琦.两晋南朝政治史稿[M].开封：河南大学出版社，1992.

陈传万.魏晋南北朝图书业与文学[M].合肥：合肥工业大学出版社，2008.

陈东原.中国妇女生活史[M].上海：上海书店出版社，1984.

陈寅恪.金明馆丛稿初编[M].北京：生活·读书·新知三联书店，2001.

陈志平.《金楼子》研究[M].南昌：江西人民出版社，2014.

杜芳琴、王政主编.中国历史中的妇女与性别[M].天津：天津人民出版社，2004.

杜志强.兰陵萧氏家族及其文学研究[M].成都：巴蜀书社，2008.

方碧玉.东晋南北朝世族家庭教育研究[M].台北：花木兰文化出版社，2009.

傅刚.《昭明文选》研究[M].北京：中国社会科学出版社，2000.

高敏主编.魏晋南北朝经济史[M].上海：上海人民出版社，1996.

［日］高楠顺次郎、渡边海旭等编.大正新修大藏经[M].台北：台湾佛陀教育基金会,1990.

葛晓音主编.汉魏六朝文学与宗教[M].上海：上海古籍出版社,2005.

葛晓音.汉唐文学的嬗变[M].北京：北京大学出版社,1990.

葛兆光.中国思想史[M].上海：复旦大学出版社,2001.

郭于华.死的困扰与生的执着——中国民间丧葬仪礼与传统生死观[M].北京：中国人民大学出版社,1992.

［日］宫崎市定著,韩昇、刘建英译.九品官人法研究：科举前史[M].北京：中华书局,2008.

顾力仁.永乐大典及其辑佚书研究[M].台北：文史哲出版社,1985.

何剑平.中国中古维摩诘信仰研究[M].成都：巴蜀书社,2009.

胡大雷.中古文学集团[M].桂林：广西师范大学出版社,1996.

胡德怀.齐梁文坛与四萧研究[M].南京：南京大学出版社,1997.

康世昌.汉魏六朝“家训”研究[M].台北：花木兰文化出版社,2009.

李祥年.汉魏六朝传记文学史稿[M].上海：复旦大学出版社,1995.

李兴宁.魏晋时期别传研究[M].台北：花木兰文化出版社,2006.

李泽厚.中国古代思想史论[M].合肥：安徽文艺出版社,1999.

梁满仓.魏晋南北朝五礼制度考论[M].北京：社会科学文献出版社,2009.

林大志.四萧研究——以文学为中心[M].北京：中华书局,2007.

林富士.中国中古时期的宗教与医疗[M].北京：中华书局,2012.

林素珍.魏晋南北朝家训之研究[M].台北：花木兰文化出版社,2008.

刘大杰.中国文学发展史[M].上海：复旦大学出版社,2006.

刘汝霖.东晋南北朝学术编年[M].见：民国丛书(第三编第4册).上海：上海书店出版社,1991.

刘绍铭.中国历史上气候之变迁[M].台北：台湾商务印书馆,1994.

刘咸炘著,黄曙辉编校.刘咸炘学术论集[M].桂林：广西师范大学出版社,2007.

刘跃进.中古文学文献学[M].南京：凤凰出版社,1997.

刘跃进、范子烨编.六朝作家年谱辑要[M].哈尔滨：黑龙江教育出版社,1999.

逯钦立辑校.先秦汉魏晋南北朝诗[M].北京：中华书局,2006.

逯钦立.汉魏六朝文学论集[M].西安：陕西人民出版社,1984.

逯耀东.魏晋史学的思想与社会基础[M].北京：中华书局，2006.

吕澂.中国佛学源流略讲[M].北京：中华书局，1979.

马以谨.魏晋南北朝的妇女缘坐[M].台北：花木兰文化出版社，2010.

毛汉光.两晋南北朝士族政治之研究[M].台北：台湾商务印书馆，1966.

蒲慕州.墓葬与生死：中国古代宗教之省思[M].北京：中华书局，2008.

钱穆.中国学术思想史论丛（三）[M].北京：生活・读书・新知三联书店，2009.

钱钟书.管锥编（第四册）[M].北京：生活・读书・新知三联书店，2007.

瞿林东.中国史学史纲[M].北京：北京师范大学出版社，2010.

上海图书馆编.中国丛书综录[M].上海：上海古籍出版社，1986.

施廷镛编.中国丛书综录续编[M].北京：北京图书馆出版社，2003.

［日］守屋美都雄著，钱杭、杨晓芬译.中国古代的家族与国家[M].上海：上海古籍出版社，2010.

孙永忠.类书渊源与体例形成之研究[M].台北：花木兰文化出版社，2007.

谭其骧.长水粹编[M].石家庄：河北教育出版社，2000.

汤用彤.汉魏两晋南北朝佛教史[M].武汉：武汉大学出版社，2008.

唐长孺.魏晋南北朝史论丛[M].北京：生活・读书・新知三联书店，1955.

唐长孺.魏晋南北朝史论丛续编[M].北京：生活・读书・新知三联书店，1978.

唐长孺.魏晋南北朝史论拾遗[M].北京：中华书局，1983.

唐长孺.魏晋南北朝隋唐史三论——中国封建社会的形成和前期的变化[M].武汉：武汉大学出版社，1992.

田晓菲.烽火与流星：萧梁王朝的文学与文化[M].北京：中华书局，2010.

田余庆.东晋门阀政治[M].北京：北京大学出版社，2005.

万绳楠整理.陈寅恪魏晋南北朝史讲演录[M].贵阳：贵州人民出版社，2007.

王永平.六朝江东世族之家风家学研究[M].南京：江苏古籍出版社，2003.

王永平.六朝家族[M].南京：南京出版社，2008.

王运熙、顾易生主编.中国文学批评通史：魏晋南北朝卷[M].上海：上海古籍出版社，1996.

王仲荦.魏晋南北朝史[M].上海：上海人民出版社，2003.

吴光兴.萧纲萧绎年谱[M].北京：社会科学文献出版社，2006.

［日］兴膳宏著，戴燕选译.异域之眼——兴膳宏中国古典论集［M］.上海：复旦大学出版社，2006.

徐冲.中古时代的历史书写与皇帝权力起源［M］.上海：上海古籍出版社，2012.

徐少锦、陈延斌.中国家训史［M］.西安：陕西人民出版社，2003.

阎爱民.汉晋家族研究［M］.上海：上海人民出版社，2005.

阎步克.品位与职位［M］.北京：中华书局，2002.

阎步克.察举制度变迁史稿［M］.北京：中国人民大学出版社，2009.

杨荫楼.中古时代的兰陵萧氏［M］.济南：山东文艺出版社，2004.

姚名达.中国目录学史［M］.上海：上海世纪出版集团，2005.

余嘉锡.目录学发微［M］.北京：中国人民大学出版社，2004.

余英时.史学、史家与时代［M］.《余英时文集》（第1卷）.桂林：广西师范大学出版社，2004.

余英时.历史人物考辨［M］.《余英时文集》（第9卷）.桂林：广西师范大学出版社，2006.

余英时著，侯旭东译.东汉生死观［M］.见：何俊编.余英时英文论著汉译集.上海：上海古籍出版社，2005.

钟仕伦.《金楼子》研究［M］.北京：中华书局，2004.

周勋初.魏晋南北朝文学论丛［M］.南京：江苏古籍出版社，1999.

周一良.魏晋南北朝史论集［M］.北京：北京大学出版社，1997.

2. 论文

［日］宫川尚志.梁の元帝——支那古今人物略传（三）［J］.东洋史研究，1941,6(5)：378-391.

赵图南.梁元帝著作考［J］.福建文化季刊，1946,2(4)：21-41.

竺可桢.中国近五千年来气候变迁的初步研究［J］.考古学报，1972(1)：2-23.

易图强.两晋南朝士族门第婚姻的量化分析［J］.湖南教育学院学报，1996(3)：44-51.

傅刚.汉魏六朝著书、编集撰人考论［J］.中国文化研究，2000：61-65.

［日］兴膳宏.萧绎与《金楼子》初探［A］.见：曹顺庆主编.岁久弥光：杨明照教授九十华诞庆典暨中国古典文献学国际学术研讨会论文集［C］.成都：巴蜀书社，2001：202-212.

辛德勇.由梁元帝著述书目看两晋南北朝时期的四部分类体系[A].见：历史的空间与空间的历史[M].北京：北京师范大学出版社,2005：320－336.

［日］音成彩.关于梁元帝《金楼子》[J].九州大学·东洋史论丛,2006(34)：50－70.

田晓菲.诸子的黄昏：中国中古时代的子书[J].中国文化,2007(27)：64－75.

赵立新.梁代的聚书风尚——以梁元帝为中心的考察[A].见：中国魏晋南北朝史学会、武汉大学中国三至九世纪研究所.魏晋南北朝史研究：回顾与探索——中国魏晋南北朝史学会第九届年会论文集[C].武汉：湖北教育出版社,2009：626－644.

赵立新.《金楼子·聚书篇》补注[J].早期中国史研究.早期中国史研究会,2009(1)：29－43.

［日］兴膳宏.金楼子译注(一)[J].中国文学报,2010(79)：73－112.

［日］兴膳宏.金楼子译注(二)[J].中国文学报,2011(80)：73－112.

［日］兴膳宏.金楼子译注(三)[J].中国文学报,2011(81)：130－169.

3. 博硕士论文

杜志强.萧绎及其《金楼子》论稿[D].兰州：西北师范大学,2002.

钟仕伦.《金楼子》研究[D].成都：四川大学,2002.

邵曼.《金楼子》研究[D].上海：上海师范大学,2005.

张蓓蓓.梁元帝与《金楼子》研究[D].济南：山东大学,2006.

陈宏怡.六朝子学之质变：以《金楼子》为探讨主轴[D].台北：台湾大学,2007.

耿广峰.《金楼子》词汇研究[D].温州：温州大学,2010.